Christine Walter

Bilder erzählen!

Weimar 2002

Christine Walter

Bilder erzählen!

Positionen Inszenierter Fotografie:
Eileen Cowin, Jeff Wall, Cindy Sherman,
Anna Gaskell, Sharon Lockhart,
Tracey Moffatt, Sam Taylor-Wood

VDG

Diese Arbeit wurde 2001 von der Ludwig-Maximilians-Universität München als Dissertation angenommen.

Die Deutsche Bibliothek – CIP-Einheitsaufnahme
Walter, Christine:
Bilder erzählen! : Positionen inszenierter Fotografie: Eileen Cowin, Jeff Wall, Cindy Sherman, Anna Gaskell, Sharon Lockhart, Tracey Moffatt, Sam Taylor-Wood / Christine Walter. - Weimar : VDG, 2002
Zugl.: München, Univ., Diss., 2001
ISBN 3-89739-282-8

Umschlagabbildung: Sharon Lockhart, *Untitled*, 1996
Cortesy neugerriemschneider, Berlin

Verlag und Autorin haben sich nach besten Kräften bemüht, die erforderlichen Reproduktionsrechte für alle Abbildungen einzuholen. Für den Fall, daß wir etwas übersehen haben, sind wir für Hinweise der Leser dankbar.

Layout: Knoblich & Wolfrum, Berlin
Druck: VDG, Weimar

Inhaltsverzeichnis

Einleitung

Inszenierte Fotografie – was ist das? Will man das Bild eines Freundes machen und bittet ihn zu diesem Zweck, sich vor die Kulisse einer stimmungsvollen Landschaft zu stellen, ist die Aufnahme dann *inszeniert*? Fotografiert man den liebevoll gedeckten Tisch, bevor die Gäste kommen, ist das Inszenierte Fotografie, ein inszeniertes Stilleben gar? Gibt es bestimmte Kriterien, die erfüllt sein müssen, damit man von »Inszenierter Fotografie« sprechen kann, oder ist jede Fotografie nicht auf irgendeine Art *in Szene gesetzt*? Was überhaupt rechtfertigt die Etablierung eines Stilbegriffs, wenn durch den allgemeinen Sprachgebrauch der Eindruck vermittelt wird, daß dessen Merkmale der Fotografie ohnehin immer inhärent sind? Und, welches sind die Kennzeichen Inszenierter Fotografie, seit wann sind sie anzutreffen, wie lassen sie sich definieren und auf welche Art entwickelten sie sich im Verlauf der letzten zwanzig Jahre? Warum begannen Künstler das Medium der Fotografie in einer Weise zu nutzen, die zuvor höchstens im Piktorialismus des 19. Jahrhunderts zu finden war, nicht aber in der Bildenden Kunst des 20. Jahrhunderts?

Diesen Fragen geht die vorliegende Untersuchung nach, wobei sich der erste Teil mit der Ursprungsklärung, Erläuterung und Definition des Terminus beschäftigt, das heißt mit der Aufarbeitung dessen, was wir bis heute über Inszenierte Fotografie wissen, während sich der zweite und dritte Teil mit der Analyse Inszenierter Fotografie an konkreten Beispielen befaßt. Nur am Rande wird auf die Verortung der Fotografie in der Kunstgeschichte eingegangen und der in dem Fach immer stärker an Bedeutung gewinnenden Frage nach dem Bild. Dafür kommt dem Einfluß anderer »Bilder« und Medien auf die Inszenierte Fotografie in dieser Publikation besondere Aufmerksamkeit zu. Selbstverständlich gehört dazu, daß die Bedingungen, die für die Entwicklung der Inszenierten Fotografie berücksichtigt werden, nicht nur im Bereich der bildenden Kunst anzusiedeln sind, sondern daß auch Aspekte technischer, historischer oder sozialer Natur einbezogen werden. Die Ausführungen, die zu diesen Bereichen erfolgen – immer nah am Werk – erlauben daher, in dieser Arbeit nicht nur einen Beitrag der Kunstgeschichte zu sehen, sondern auch der Kunstgeschichte im Sinne einer Bildwissenschaft[1]

Der Begriff ›Inszenierung‹ ist seit Beginn des 19. Jahrhunderts gebräuchlich, der Ausdruck der »Inszenierten Fotografie« ist es erst seit den siebziger Jahren des 20. Jahrhunderts. 1976/77 kam der Terminus in den USA auf und seit Mitte

der achtziger Jahre ist er auch in Deutschland geläufig. Ohne daß jemals definiert wurde, was »Inszenierte Fotografie« bedeutet, wird die Bezeichnung für nahezu jede Form von Fotografie verwendet, der man auf den ersten Blick ansieht, daß sie nicht im sog. Schnappschußverfahren entstanden ist.
Entgegen dieser geläufigen Auffassung von Inszenierter Fotografie läßt sich festhalten, daß der Terminus

1.) durchaus definierbar ist, und zwar in Anlehnung an den Theaterbegriff der Inszenierung, und daß
2.) die Inszenierte Fotografie bestimmte Merkmale erfüllt, die zuerst in der Fotokunst der siebziger Jahre des 20. Jahrhunderts auftreten, um sich dann in den achtziger Jahren voll zu entfalten.

Für die zeitgenössische Fotografie kann der Begriff nur noch mit Einschränkung verwendet werden, da sich viele Kennzeichen, die für die Inszenierte Fotografie der siebziger und achtziger Jahre charakteristisch sind, in der aktuellen Fotokunst zwar wiederfinden, durch den veränderten zeitlichen Kontext aber eine andere Bedeutung haben. Vor allem hat sich das Interesse an einer geschichtenerzählenden Kunst, die typisch für die Inszenierte Fotografie in ihrer Anfangszeit war, zu der Überlegung verlagert, wie Narration im Bild funktioniert.

Bisher hat sich die europäische Kunstwissenschaft relativ wenig mit Fotografie beschäftigt. Während in den USA die wissenschaftliche Auseinandersetzung mit dem Medium schon in den siebziger Jahren einsetzte, begann man in Europa erst etwa fünfzehn Jahre später, sich der Fotografie als einem kunsthistorisch relevanten Bereich anzunehmen.[2] Entsprechend bewegt sich die fototheoretische Forschung auch auf einem anderen Terrain: Werden in den USA etwa Fragen der Identitätssuche auf der Basis von feministischen, homophilen oder ethnisch/kulturellen Thesen diskutiert[3], bleibt es hier häufig bei der Frage, ob eine Fotografie der Wirklichkeit entspricht. Trotz dieser Diskrepanz zwischen europäischer und amerikanischer Fotografieforschung versuchte man in den letzten Jahren, an die fototheoretische Auseinandersetzung in den USA anzuknüpfen, ohne zuvor die Grundlagen für den Umgang mit Fotografie als relativ neuem Medium der Kunstgeschichte zu klären.[4] Zu diesen Grundlagen gehört neben der oben angesprochenen Frage nach dem fotografischen Bild auch die Definition und Analyse bestimmter Richtungen von Fotografie. Diese stehen zwar auch in der amerikanischen Fototheorie nicht immer im Einklang zu den dazu verwendeten Begriffen, durch die bereits viel länger währende Auseinandersetzung mit Fotografie werden dort aber bestimmte stilistische Ausprägungen für selbstverständlich genommen, über die hierzulande kein Konsens besteht – zumindest was die Fotokunst der zweiten Hälfte des 20. Jahrhunderts betrifft.

Und da prinzipiell die kunsthistorische Aufarbeitung eines Mediums, einer Gattung oder einer künstlerischen Richtung ohne eine präzise Sprache nicht möglich ist, ist hier noch Grundsätzliches zu leisten. Wie schon Werner Hofmann in seinen »Grundlagen moderner Kunst« feststellte, ist »die Neuschöpfung des Kunstwerks im Wort die einzige Form der Aneignung, deren wir fähig sind.«[5] Erst wenn das Bild in der Sprache einen angemessenen Ausdruck findet, kann auch ein Gespräch über Kunst stattfinden.

Der gesamte erste Teil dient daher Fragen der Begriffsklärung: Wann wurde der Begriff der Inszenierten Fotografie in welchem Zusammenhang verwendet und wie läßt er sich aus heutiger Sicht näher bestimmen?
In den siebziger Jahren waren viele Fotokünstler der *Street Photography* überdrüssig und suchten nach neuen Wegen, sich mittels der Fotografie künstlerisch auszudrücken, ohne länger auf den »entscheidenden Augenblick« zu warten. Gleichzeitig wurde das Medium Fotografie in anderen Kunstrichtungen (Concept Art, Land Art etc.) immer bedeutender, anfangs als Mittel der Dokumentation, später zum eigenständigen Schaffensprozeß. Beides trug zur Anerkennung der Fotografie als Medium der Bildenden Kunst bei und war damit wesentliche Voraussetzung für die Etablierung Inszenierter Fotografie.

Dem Überblick über Fotografie und Kunst in den fünfziger und sechziger Jahren schließt sich eine Übersicht der kunsthistorischen Literatur zur Inszenierten Fotografie an, die Rückschlüsse auf die zeitliche, örtliche und stilistische Einordnung des Phänomens zuläßt, und in die Thematik einführt. Ergänzend dazu ist die tabellarische Auflistung im Anhang gedacht, die sämtliche Fotokünstler enthält, die zwischen 1976 und 1992 im Zusammenhang mit dem Phänomen der Inszenierten Fotografie ausgestellt wurden (im Anhang verzeichnete Künstler sind im Text fett gedruckt). In dieser Auflistung sind Geburts- und Wohnort (2. Spalte) von über 400 Fotokünstlern aufgenommen sowie der Ort und Zeitraum ihrer Ausbildung (1. u. 2. Zeile der 3. Spalte). Damit wird auf einen Blick die regionale und zeitliche Verbreitung Inszenierter Fotografie erfassbar und für die weitere Forschung nutzbar gemacht. Eine Kurzbeschreibung wichtiger Werkkomplexe, die sich auf Inhalt, Genre und/oder Technik der fotografischen Arbeiten bezieht, verdeutlicht wiederkehrende Charakteristika der Inszenierten Fotografie (mit Spiegelstrich versehene Zeilen der 3. Spalte). Zudem nennt die letzte Spalte der Tabelle im Anhang diejenigen Ausstellungen, an denen die Fotokünstler teilgenommen haben, so daß künstlerische Vernetzungen sichtbar werden und die Bedeutung einer Reihe von in Europa weitgehend unbekannten Fotografen hervorgehoben wird, die durch ihre rege Ausstellungstätigkeit zur Etablierung der Inszenierten Fotografie wesentlich beigetragen haben.

Der Literaturüberblick im ersten Teil dieser Untersuchung macht vor allem das sich wandelnde Verständnis von Inszenierter Fotografie deutlich und ihr Kernthema, die Frage nach dem Verhältnis zur Wirklichkeit. Einer der ersten, der sich zu dem Thema äußerte, A. D. Coleman (1976), sah Inszenierte Fotografie noch als kleinen Bereich von Fotografie, die er als interpretierend verstanden wissen wollte. Etwa zehn Jahre später wurde bereits selbstverständlich davon ausgegangen, daß Fotografie mit der Darstellung von Wirklichkeit nichts mehr gemein habe. Vielmehr wurde nun ein differenzierterer Blick auf das Phänomen geworfen, der weitere Unterteilungen hinsichtlich Methode und Inhalt erforderte.

Oft wurde Inszenierte Fotografie mit Strategien der Postmoderne in Verbindung gebracht, die in der Fotografie zeitlich mehr oder weniger parallel auftreten. Die Ausführungen zur postmodernen Fotografie erläutern daher neben dem wissenschaftlichen Stand fototheoretischer Forschung deren Merkmale, die auch für die Inszenierte Fotografie überprüft werden. Zwei unterschiedliche Ansätze postmoderner Fototheorie zeigen dabei die Schwierigkeiten, die sich aus dem Umgang mit einer Theorie der Fotografie und ihrer Analyse ergeben – vorausgesetzt, daß kein einheitliches Analysemodell existiert. Um ein derartiges Modell zu entwickeln, wird in dieser Untersuchung ein Vorschlag für eine Definition gemacht, die die Grundlage für Bildanalysen Inszenierter Fotografien bilden soll.

Unter der Voraussetzung, daß ein Begriff aus einer Disziplin oder Gattung nicht zufällig auf eine andere übertragen wird, wird zunächst der Inszenierungsbegriff der Theaterwissenschaften untersucht. Bislang wurde die Beziehung zwischen Theater (oder Film) und Fotografie viel zu wenig beachtet. Zwar hat man den Terminus der Inszenierung selbstverständlich für die Fotografie übernommen, allerdings ohne zu hinterfragen, worin die Verbindung zwischen dem ›In-Szene-setzen‹ des Theaters (und des Films) und einer Fotografie liegen könne. Gerade in der zweiten Hälfte des 20. Jahrhunderts veränderte sich in den Theaterwissenschaften die Auffassung von Inszenierung aber grundsätzlich. Während sich der herkömmliche Inszenierungsbegriff auf materielle Dinge wie Licht- und Bühnentechnik, Kostüm oder Maske bezog, versteht die moderne Theaterwissenschaft unter Inszenierung die Umsetzung eines dramatischen Ganzen einschließlich seiner Überarbeitung auf die Reaktion des Betrachters hin. Wenn gegen Ende der siebziger Jahre nun der Begriff der Inszenierung auf die Fotografie übertragen wurde, ist davon auszugehen, daß dieser Übertragung die veränderte, das Bedeutungsspektrum maßgeblich erweiternde, Auffassung des Terminus zugrunde lag.

Alle weiteren Merkmale zur Definition Inszenierter Fotografie stützen sich neben ihren Parallelen zur Inszenierung im Theater auf methodische Grundlagen der Kunstgeschichte. In dem Moment, in dem ein Fotokünstler sämtliche Bildmittel bewußt einsetzt, müssen kompositorische, inhaltliche und rezeptionsästhetische Fragen für die Fotografie ebenso berücksichtigt werden wie für jede andere Gattung der Bildenden Kunst. Die Inszenierte Fotografie der siebziger und achtziger Jahre fordert damit etwa im Unterschied zur *Street Photography* auch eine veränderte Betrachtungsweise, die nur über den Weg des Bildes gehen kann.
Im Gegensatz zur Inszenierten Fotografie der siebziger und achtziger Jahre stehen Fotoinszenierungen des 19. Jahrhunderts, die in Abhängigkeit von der Malerei zu sehen sind. Im sog. Piktorialismus wurde weniger eine eigene fotografische Bildästhetik reflektiert, als daß man versuchte, mit den Mitteln der Inszenierung Malerei zu imitieren. Ein Exkurs zum Piktorialismus soll auch deshalb die Grundzüge piktorialistischer Fotografie aufzeigen, um sie gegenüber der Inszenierten Fotografie der zweiten Jahrhunderthälfte abgrenzen zu können.

Der zweite und dritte Teil der Untersuchung befaßt sich schließlich mit beispielhaften Werkkomplexen. Für die siebziger und achtziger Jahre wurden die amerikanischen Fotokünstler Eileen Cowin, Jeff Wall und Cindy Sherman als repräsentative Vertreter ausgewählt, für die zeitgenössische Fotokunst Anna Gaskell, Sharon Lockhart, Tracey Moffatt und Sam Taylor-Wood. Die Entstehung Inszenierter Fotografie wird insbesondere anhand des Frühwerks von Eileen Cowin und Jeff Wall erläutert. Eingehende Analysen ihres Werkes verdeutlichen, warum und auf welche Weise sich Fotografen in den siebziger und achtziger Jahren mit der Inszenierung narrativer Szenen beschäftigten. Dabei fällt auf, daß ihr Werk und ihre dazu in Beziehung stehenden Aussagen die eingangs erwähnte Frage nach dem Bildbegriff in der Fotokunst nur marginal berühren, weshalb diese Diskussion auch nur sekundär behandelt werden kann – auch deshalb, weil sich diese Untersuchung sehr eng am Werk orientieren will.

Eileen Cowin war vor allem in der Anfangszeit auf Ausstellungen zur Inszenierten Fotografie häufig vertreten. Sie gehörte zu den ersten, die ihre Bilder in Szene setzten und damit zur Etablierung des Terminus wesentlich beitrugen. Außerdem ist Cowin seit 1975 in Santa Monica (Los Angeles/CA) ansässig, wo sie zu einem Kreis kalifornischer Fotokünstler zählt (u. a. JoAnn Callis, Robert Heinecken, Darryl Curran), der durch seine Ausstellungs- und Lehrtätigkeit die Entwicklung von der geradlinigen Fotografie (*Straight Photography*) hin zu einer Fotografie förderte, deren künstlerische Handhabung keinen Beschränkungen mehr unterliegt.

Daß viele dieser Fotokünstler in Kalifornien lebten und/oder studierten, zeichnet die kalifornische Umgebung als eine der Geburtsstätten Inszenierter Fotografie aus.[6] Das zeigt auch eine Reihe früher Ausstellungen mit inszenierten Fotografien an der amerikanischen Westküste.[7] Zweifellos war hier die Nähe zu Hollywoods Filmindustrie inspirierend und der Blick auf die Filmbranche lag allein aus praktischen Gründen nahe: Auch wenn die inhaltlichen Anliegen Inszenierter Fotografie mit denen der »Traumfabrik Hollywood« nichts gemein haben, konnten hier technisch-materielle Erfahrungen etwa zur Beleuchtung, zur Maskenbildnerei, zur Schauspielkunst oder zur Dramaturgie gesammelt und umgesetzt werden. Wie sehr neben diesen technischen Fragen auch Inhalte und Erzählstrukturen des Films von Fotokünstlern reflektiert und übernommen wurden, zeigen ebenfalls Cowins Fotografien. In der Serie »Family Docudrama« setzt sich die Künstlerin intensiv mit filmischen Mitteln auseinander, übernimmt Stereotypen des Films und zitiert direkt filmische Vorbilder.

Auch **Jeff Wall** ist dem Film besonders verbunden. Als junger Künstler experimentierte er mit verschiedenen Richtungen der Bildenden Kunst (abstrakte Malerei, Concept Art etc.), ohne zunächst einen Weg zu finden, seine theoretischen Interessen mit seinem Wunsch nach einem narrativen Bildkonzept zu vereinen. Gerade die konzeptuelle Fotografie konnte der Erzählung im Bild sogar hinderlich sein, wie die Analyse von Walls bisher wenig beachtetem Frühwerk zeigt. Die Arbeit »Landscape Manual« (1969) macht deutlich, daß der dokumentarische Charakter der Fotografie, wie die Concept Art ihn sich zu eigen machte, auch in seiner freiesten Anwendung über kurz oder lang zu großer formaler und inhaltlicher Ähnlichkeit verschiedener Arbeiten führen mußte. Die Abwendung von vorherrschenden Kunstformen war daher die Voraussetzung zur Idee der inszenierten Leuchtkastenbilder, für die »Picture for Women« (1979) hier exemplarisch steht.

Die amerikanische Künstlerin **Cindy Sherman** darf bei dem Thema der Inszenierten Fotografie nicht fehlen. Ihre aufwendigen Selbstdarstellungen sind geradezu zum Inbegriff des Terminus geworden. Da Shermans Werk aber bereits in vielerlei Hinsicht aufgearbeitet ist, wurde eine Analyse ihres Gesamtwerkes nicht angestrebt. Die Darstellung der Entwicklung von ihren »Untitled Film Stills« (1977) zu den sog. »History Portraits« (1988) soll allein die Weiterführung inszenatorischer Strategien für das Genre des Porträts (und des Stillebens) veranschaulichen.

Die Werkanalysen von Eileen Cowin, Jeff Wall und Cindy Sherman werfen die Frage auf, ob es sich bei der Inszenierten Fotografie der siebziger und achtziger Jahre um ein einheitliches Bildkonzept handelt, welches auch in den neunziger Jahren und später noch verfolgt wird, oder ob hier eine Vorgehensweise gegeben ist, die stilistisch, inhaltlich und formal nur für einen bestimmten Zeitraum oder sogar nur für einzelne Künstler zutrifft.

Dabei fällt auf, daß die Aufmerksamkeit, die man der Inszenierung in der Fotografie sowohl in der Praxis als auch der wissenschaftlichen Auseinandersetzung noch bis Anfang der neunziger Jahre entgegenbrachte, deutlich abgenommen hat. Ausstellungen oder Publikationen zum Thema finden sich in jüngster Zeit kaum mehr, und der Umstand, daß Fotokünstler inszenieren, scheint fast nicht mehr der Rede wert. Zu selbstverständlich ist mittlerweile die Tatsache, daß eine Fotografie manipuliert oder inszeniert wird, als daß ihre Entstehungsweise noch thematisiert würde. Zwar sind die Grundzüge Inszenierter Fotografie nicht verloren gegangen, aber das Feld ihrer Anwendung hat sich verändert. Am Beispiel von **Anna Gaskell**, **Sharon Lockhart**, **Tracey Moffatt** und **Sam Taylor-Wood** wird ein Ausblick auf jüngste Beispiele Inszenierter Fotografie geworfen. Dabei zeigt sich, daß zeitgenössische Fotokünstler das Erbe der älteren Generation zwar übernehmen, es aber mit ihren eigenen Themen so ausbauen, daß die Frage nach der Inszenierung im Bild sekundär wird. Die Werkanalysen der jungen Fotokünstlerinnen belegen, wohin sich die Inszenierte Fotografie der siebziger und achtziger Jahre entwickelt hat, und wie sich die Fragen nach dem Bild verändert haben. Deutlich wird dabei, daß die Anwendung der aufgestellten Definition und der damit verbundene interpretative Ansatz nach wie vor eine wichtige Annäherung an das Phänomen leistet – auch wenn es sich um ein Phänomen handelt, dessen fortlaufende Veränderung selbstverständlich zu berücksichtigen ist. Inszenierte Fotografie ist keine abgeschlossene Epoche der Fotografiegeschichte, sondern muß als eine bestimmte künstlerische Darstellungsweise mit jeder neuen Fotoinszenierung neu hinterfragt werden.

Teil A Historische und begriffliche Grundlagen der Inszenierten Fotografie

1. Voraussetzungen

In der zweiten Hälfte des 20. Jahrhunderts kam es für die Fotografie nicht nur in Bezug auf die Inszenierung zu entscheidenden Veränderungen. Obwohl es aus heutiger Sicht den Anschein macht, als sei die Inszenierte Fotografie in den siebziger Jahren plötzlich und zufällig entstanden, wurde ihr Fundament genaugenommen schon seit langer Zeit vorbereitet: zum einen durch die Etablierung der *Street Photography* in der Bildenden Kunst und – damit verbunden – zum anderen durch ein sich wandelndes Verständnis gegenüber dem Medium der Fotografie.

Die *Street Photography*, die das Erscheinungsbild der Fotografie bis in die sechziger Jahre des 20. Jahrhunderts wesentlich prägte, bildet historisch gesehen die Basis der Inszenierten Fotografie, verhält sich darüber hinaus aber konträr zu dieser. In diesem Gegensatz liegt einer der Gründe, warum sie für die Inszenierte Fotografie so bedeutend war: Fotografen und Fotokünstler hatten immer seltener ein Interesse daran, auf ihr Motiv zu warten, ohne in das erhoffte Geschehen eingreifen zu können. Der Zwang zur Spontanität stand der Lebendigkeit und dem Humor der *Street Photography* im Weg, so daß sie einer »gestellten Lebendigkeit« weichen mußte, die sich nur mit den Mitteln der Inszenierung erreichen ließ.

Street Photography: Grundlage und Gegenpol Inszenierter Fotografie

Street Photography, ein Begriff für den es keine adäquate deutsche Übersetzung gibt, umfaßt die Fotografie der vierziger bis sechziger Jahre des 20. Jahrhunderts, die im weitesten Sinn das spontane Fotografieren auf der Straße beinhaltet. Häufig ist die *Street Photography* dokumentarisch, da sie bestimmte soziale Umstände festhält und öffentlich macht.[8] Umgangssprachlich wird auch der nicht genauer definierte Begriff der Schnappschußfotografie verwendet, der die gleichen Inhalte wie die *Street Photography* transportiert. Der Ausdruck

»Schnappschußfotografie« wird in der Regel aber noch allgemeiner gebraucht, da der Begriff weder stilistisch, lokal (durch die ›Straße‹) noch zeitlich eingeschränkt ist.[9] Ein ›Schnappschuß‹ (engl. candid shot/snap shot) ist eine ungestellte Fotografie, für die der Fotograf weder kenntlich noch bewußt in das Bildsujet eingreift.

Obwohl es derartige Aufnahmen schon seit dem 19. Jahrhundert gegeben hat, entwickelte sich die *Street Photography* erst seit den zwanziger Jahren des 20. Jahrhunderts zu einem eigenen künstlerischen Zweig. Diese Entwicklung wurde wesentlich durch die Erfindung von Kleinbildkameras gefördert (Markteinführung der Leica 1925), die es dem Fotografen ermöglichte, seine Kamera immer bei sich zu tragen, so daß er nach der Erfindung des Blitzlichtes (1887 Erfindung des Blitzlichtpulvers, 1925 Erfindung des Blitzes) sogar in Innenräumen fotografieren konnte – im übrigen eine Situation für die der Ausdruck der *Street Photography* genaugenommen nicht mehr greift. Eine ganz eigene Ästhetik dieser spontanen, ungestellten Fotografie in Hinsicht auf ihren künstlerischen Wert entwickelte Henri Cartier-Bresson, der mit seinem Werk »Images à la Sauvette« (1952) den Begriff des »entscheidenden Moments« in die Fotografiegeschichte einführte.[10] Der entscheidende Moment, Ausdruck für eine spontan entstandene, aber dennoch künstlerische Aufnahme »verkörpert eine Wechselbeziehung zwischen Auge, Körper und Geist, in der intuitiv der Moment erkannt wird, in dem formale und psychologische Elemente [...] eine größere Bedeutung erkennen lassen.«[11] In Europa trugen neben Henri Cartier-Bresson vor allem André Kertesz und Brassaï dazu bei, daß sich die *Street Photography* als künstlerische Fotografie durchsetzte, während in den USA **Garry Winogrand**, Robert Frank und **Lee Friedlander** Wegbereiter dieses *street style* waren. Obwohl die Bilder der *Street Photography* in formaler Hinsicht selten einen gemeinsamen Nenner haben, lassen sich einige Charakteristika ausmachen, die eine stilistische Zuordnung erlauben: Oft sind es alltägliche Situationen, die mit der Kamera festgehalten werden. Die häufigsten Motive sind Menschen auf der Straße, beim Einkaufen, bei der Arbeit oder im Gespräch mit anderen. Der Fotograf sieht etwas, was seine Modelle nicht sehen können, Szenen, die alltäglich sind, dafür aber Widersprüche oder im Motiv verborgene Analogien enthalten, und zwar in ungewohnter, unterhaltender oder belustigender Weise. Formale Kennzeichen der *Street Photography* sind schwarzweißes Fotopapier mittelgroßen Formats, große Tiefenschärfe, starke Kontraste und die Konzentration des Hauptmotivs in der Bildmitte.

Neben der *Street Photography* gab es andere künstlerische Richtungen, die für die Entwicklung der Inszenierten Fotografie in den siebziger und achtziger Jahren von Bedeutung waren. In Bezug auf die Bildende Kunst sind hier vor allem

Pop Art, Land Art, Performancekunst und Concept Art zu nennen. Andere Bereiche, die zur Entstehung der Inszenierten Fotografie beitrugen, betreffen einen größeren sozialen und kulturellen Kontext. Einige grundsätzliche Bemerkungen zur Fotografie der sechziger Jahre sollen die Veränderungen hinsichtlich ihres Status als Gattung der Bildenden Kunst skizzieren.

Fotografie in der Bildenden Kunst der sechziger Jahre

Zunächst einmal ist festzuhalten, daß es zwei Stränge innerhalb der Fotografiegeschichte gibt, für die zu unterscheiden gilt, wie sehr sich das Medium eigenständig, das heißt aufgrund seiner spezifischen Eigenschaften entwickelte und wie sehr es an zeitgenössische Tendenzen der Bildenden Kunst, insbesondere der Malerei, gebunden war. Seit Erfindung der Fotografie orientierten sich Fotografen immer stark an der Malerei und imitierten, was ihre malenden Kollegen mit Pinsel und Farbe erreichten. Erst mit der *Straight Photography* (etwa ab den zwanziger Jahren des 20. Jahrhunderts) und noch stärker mit der *Street Photography* setzten Fotografen bewußt auf die Eigenschaften der Fotografie über die die Malerei nicht verfügt: größtmögliches objektives, authentisches oder spontanes Festhalten der Wirklichkeit. Davor entwickelte sich die Fotografie nicht nur in Anlehnung an die Malerei der Zeit, sondern ist ohne diese auch nicht denkbar, wie etwa der Piktorialismus der ersten und zweiten Phase zeigt (1850 und um 1900) oder die Fotografie, die sich unter dem Einfluß sog. ›ismen‹ entwickelte, das heißt kubistische, surrealistische und dadaistische Fotografie bis circa zur Mitte des 20. Jahrhunderts.
Die Ablösung der Fotografie als »Anhängsel« der Malerei zu einem selbständigen künstlerischen Medium führte zu spezifischeren Fragen nach Form und Inhalt. In dem Maße, in dem sich die Fotografie an die Malerei angelehnt hatte, übernahm sie auch ihre Themen und Motive. Jetzt stand aber die Aufnahmetechnik im Vordergrund. Das heißt, man wollte mit der Fotografie etwas darstellen, was **nur** mit der Fotografie so darstellbar war. Daß unter diesen Bedingungen eine Reflexion über das Medium selbst stattfand, viel stärker als es bei der an die Malerei gebundenen Fotografie der Fall sein konnte, war unerläßlich.
Entscheidende Veränderungen brachten die sechziger Jahre, als man begann, sich mit dem Medium selbst, seinem spezifischen Ausdruck und seinem Verhältnis zur Wirklichkeit zu beschäftigen. Es war nicht mehr nur der Fotograf, der fotografierte, sondern immer häufiger der Künstler, der zur Kamera griff. Dem kam entgegen, daß die Kameratechnik mittlerweile so vereinfacht war, daß selbst ein Amateur die Fotografie leicht nutzen konnte. Im Laufe der sechziger Jahre

trat die Fotografie zunehmend in den Diskurs mit der Kunst und den Markt für die Kunst ein. Besonders in den USA wurde eine Infrastruktur der Fotografie aufgebaut, zu der u. a. die Einrichtung von Lehrstühlen, von Fotomuseen und -sammlungen gehörte.[12] Fotografie etablierte sich damit nicht nur als Kunstgattung, sondern erhielt gleichzeitig ein entsprechendes Forum, das zu einem wahren »Fotografie-Boom« führte, der die Bereiche betraf, die der Fotografie zuvor verwehrt blieben – insbesondere die Auseinandersetzung mit dem Medium von Seiten der Kunsttheorie und des Kunstmarktes.

Gründe für diese die Fotografie betreffenden Veränderungen sind nicht nur in der Beschäftigung mit dem Medium selbst zu suchen, sondern auch in einem größeren kulturellen Rahmen, in dem etwa der Stellenwert von Massenmedien eine bedeutende Rolle spielt. So ist die Anerkennung von Fotografie als Medium der Bildenden Kunst – und damit verbunden ihre ungeheure Expansion – auch damit zu erklären, daß der alltägliche Nutzen von Fotografie durch die Entwicklung und Verbreitung des Fernsehens abnahm. Die statische Fotografie verlor neben den »laufenden« Bildern des Films an Bedeutung, so daß sich Fotografie, in dem Maße, in dem sie nicht mehr einziges Medium des Presse- und Unterhaltungswesen war, auch als »Kunst« etablieren konnte bzw. von anderen Bereichen der Bildenden Kunst genutzt wurde.[13]

Bereits innerhalb der Pop Art wurde die Fotografie als ein Medium verwendet, das mit der authentischen Wirklichkeitsdarstellung vergangener Jahrzehnte nichts mehr gemeinsam hatte. Allein durch die Verwendung von fotografischem Material in der Malerei verhalf die Pop Art der Fotografie zu einem neuen Stellenwert, der ihre Anerkennung als Medium der Bildenden Kunst förderte. Andy Warhol zum Beispiel nutzte Fotografien in Form von gesammelten Pressefotos und selbstgemachten Aufnahmen als Vorlagen für seine Siebdruckbilder. Wenngleich es Warhol weniger um das Medium als um das Motiv der fotografischen Vorlage ging, gebrauchte er die Fotografie doch mit einem Selbstverständnis, das für die Bildende Kunst bis dahin neu war. Nicht zuletzt trug er damit zum Einzug der Fotografie ins Museum bei. Noch einen Schritt weiter ging **Robert Rauschenberg**, der Fotografien, bevorzugt Pressefotos, in seine sog. *combine paintings* integrierte. Rauschenberg übte in seinem völlig freien Umgang mit dem Medium großen Einfluß auf diejenigen Künstler aus, die in den siebziger Jahren begannen mit Fotografie und/oder Malerei zu arbeiten.

Etwa zehn Jahre nachdem Warhol, Rauschenberg und andere sich mit dem plakativen Bild der Massenmedien, der Werbung und der Unterhaltungsindustrie beschäftigt hatten, begannen auch Künstler der Concept Art Fotografien in ihre Arbeiten zu integrieren. Als Joseph Kosuth als einer der Wortführer der Concept Art die Malerei als traditionellen Bildträger für tot erklärte, brauchte es andere, neue Medien als Ausdrucksträger der Kunst. Neben Sprache eignete sich hier die Fotografie besonders gut, da sich ihre Funktion auf die des Abbildens beschränken ließ, womit sie von allen subjektiven Empfindungen befreit wurde, um nur als Mittler einer Idee zu dienen.

Parallel zur Concept Art nutzten auch Land Art-Künstler wie Richard Long, Michael Heizer und Dennis Oppenheim das Medium Fotografie. Sie fotografierten, um ihre häufig vergänglichen Werke in der Landschaft festzuhalten, zu dokumentieren und einem größeren Publikum zugänglich zu machen. Von dieser dokumentarischen Aufgabe der Fotografie war der Schritt, die Arbeiten gleich für die fotografische Aufnahme zu konstruieren, nicht allzu groß. Der amerikanische Künstler **John Pfahl** richtete seine Eingriffe in der Landschaft beispielsweise so aus, daß sie ausschließlich für die Kamera konzipiert waren (z. B. »Altered Landscapes«, 1974-1978). Land Art-Künstler beschränkten sich nicht länger auf künstlerische Eingriffe in den Natur- und Landschaftsraum, sondern waren (und sind) ebenso an das fotografische Bild gebunden, das die Existenz ihrer Arbeiten erst bezeugen und gegebenenfalls sogar vervollständigen konnte.

Wie in der Land Art verselbständigte sich das fotografische Medium auch in der Performance Kunst, im Fluxus und im Happening. Während die Kamera hier anfangs zur reinen Dokumentation eingesetzt wurde, wurde das fotografische Bild mit der Zeit immer mehr zum Mittelpunkt der Arbeit. Nicht nur, daß ohne Fotografie kaum eine Performance einer breiteren Öffentlichkeit bekannt wäre, sondern viele Performances erhielten ihre Eindringlichkeit gerade erst durch die fotografische Dokumentation. Joseph Beuys' Aktion »Wie man dem toten Hasen die Bilder erklärt« wurde 1965 etwa vor einem kleinen Publikum aufgeführt, welches noch nicht einmal den Galerieraum der Handlung betreten, sondern nur durch die Scheiben das Tun des Künstlers beobachten konnte. Dennoch zählt diese Performance heute zu den bekanntesten Arbeiten von Beuys, was nicht zuletzt der ausführlichen fotografischen Dokumentation von Ute Klophaus zu verdanken ist.

Derartige Entwicklungen führten schließlich dazu, daß Künstler nicht länger nur vor Publikum performierten, sondern auch ausschließlich vor der Kamera. **Urs Lüthi, Jürgen Klauke, Bernhard Johannes und Anna Blume, Eleanor Antin** und viele mehr haben in diesem Sinne die Fotografie zum Bildträger ihrer Performances gemacht. Ihr Werk, wie auch das vieler anderer Performancekünstler, befindet sich an der Schnittstelle zwischen Performance und Inszenierter Fotografie.

2. Inszenierte Fotografie in der fotohistorischen Literatur von 1976 bis 1989

Nähert man sich der Inszenierten Fotografie über das Studium der entsprechenden Fachliteratur, fällt auf, daß der Begriff bis heute nicht definiert ist. Es ist umstritten, ob es Unterschiede zwischen Inszenierter, Konstruierter und Manipulierter Fotografie gibt, und wenn ja, welcher Art diese Unterschiede sind. Eine Annäherung an die Inszenierte Fotografie muß daher die Begriffe der Konstruierten und Manipulierten Fotografie ebenso berücksichtigen wie die entsprechenden englischen Bezeichnungen *Staged*, *Constructed*, *Fabricated* und *Manipulated Photography*. Alle diese Bezeichnungen werden vorerst unter dem Obertitel »Phänomen Inszenierte Fotografie« (bzw. dem englischen Terminus *Fabricated Photography*) zusammengefaßt, der aber keinesfalls mit dem – viel enger gefaßten – Begriff der »Inszenierten Fotografie« gleichzusetzen ist. *Fabricated Photography* dient als Sammelbezeichnung bestimmter Fotografien in Hinsicht auf ihre technisch-formalen Eigenschaften.
Im folgenden wird erläutert, welche Bezeichnungen überhaupt zum Phänomen der Inszenierten Fotografie gehören – konstruiert, manipuliert, arrangiert, inszeniert etc. – und wann sie in welchem Kontext benutzt wurden. Einer Übersicht zu diesen Bezeichnungen schließt sich ein Überblick über die Ausstellungen und Publikationen in den siebziger und achtziger Jahren an, der als Einführung in das Thema dient, insofern als hier auf verschiedene Kategorien, Strategien und thematische Schwerpunkte des Phänomens Inszenierter Fotografie näher eingegangen wird. Dazu werden die Positionen derjenigen Autoren angeführt, die zu einer genaueren Bestimmung des Terminus beigetragen haben und es werden Künstler genannt, die inszenieren. Gerade dem deutschsprachigen Leser dürfte ein Großteil der Fotografen, die mit Inszenierter Fotografie arbeiten, nicht bekannt sein, da das Phänomen in seinen Anfängen vor allem in den USA anzutreffen ist und viele Fotokünstler in Europa bis heute noch nicht zu sehen waren.

Um eine Auswahl innerhalb der Fülle an Literatur zu treffen, wird jeweils nur eine Ausstellung oder ein Beitrag zum Thema **pro Jahr** vorgestellt. Kriterien, die bei der Auswahl hilfreich waren, sind folgende: War der entsprechende Beitrag/die entsprechende Ausstellung begriffsprägend, das heißt, wurden die hier verwendeten Begriffe nachfolgend zitiert oder ganz übernommen? War die Ausstellung oder der Beitrag einem größeren Publikum zugänglich, das heißt, erschien der Beitrag in einer bekannten Zeitschrift oder fand die Ausstellung in einem größeren Museum statt? Wurden neue Aspekte zum Phänomen der Inszenierten Fotografie behandelt, oder beschränkt sich die Publikation/Ausstellung auf bereits Gesagtes?

Begriffsvielfalt ohne Konsens: Von der »Erfundenen Wirklichkeit« zur »Table-Top-Photography«

Der Begriff der Inszenierung, ursprünglich vom Theater kommend, hat sich seit den siebziger Jahren für eine bestimmte Art der Fotografie durchgesetzt.[14] Bazon Brock gebraucht den Terminus 1972 erstmalig für die Fotografie.[15] In einem kurzen Essay erläutert Brock »die spezifische Leistung der Kunst für unsere Wirklichkeitsproblematik«. Davon ausgehend, daß der Mensch prinzipiell nur vermittelt wahrnimmt, stellt er fest, daß die Wahrnehmung neben physiologischen, situativen und soziokulturellen Bedingungen vor allem durch das Medium (Fotografie, Film, Zeichnung, Sprache etc.), das vermittelt, beeinflußt ist. Am Beispiel der Fotografie will Brock demonstrieren, daß es innerhalb der fotografischen Vermittlung zwei Extreme gibt, die er als objektivierenden und *inszenierenden* Gebrauch des Mediums bezeichnet. Aber obwohl die Ziele, die er für diesen inszenierenden Gebrauch nennt, »Erzeugung einer bestimmten Wahrnehmung, Hervorrufen einer atmosphärischen Stimmung und ästhetischen Dichte und Erzeugung einer nicht näher kontrollierbaren Einstellung des Betrachters zu dem Bild«, weitgehend mit dem übereinstimmen, was aus heutiger Sicht unter Inszenierter Fotografie verstanden wird, sind Brocks Äußerungen für das Phänomen der Inszenierten Fotografie nicht weiter relevant, da Brock ausschließlich von Werbefotografie und bildjournalistischen Arbeiten ausgeht. Darüber hinaus bleibt unklar, warum er den Begriff der Inszenierung überhaupt einführt, da er die naheliegende Brücke zum Theater oder zum Film nicht schlägt.

Vor allem im englischsprachigen Raum, in erster Linie in den USA, werden die Begriffe der Inszenierung (engl. staging, production, direction) sowie die ähnlich gebrauchten Begriffe der Manipulation, der Konstruktion und des Arrangements seit etwa Mitte der siebziger Jahre für die Fotografie verwendet. Der Fotokritiker A. D. Coleman (u. a. »*Photonews. Zeitung für Fotografie*«) führt den Ausdruck der »directorial mode« (etwa: in der Weise des Regisseurs) in einem gleichnamigen Aufsatz ein und ergänzt ihn durch die Begriffe *staging* und *arranging.*[16] Vor Coleman wird der Ausdruck *Stage Photography* ausschließlich für reine Theaterfotografie verwendet, das heißt für Bilder, die zu Werbezwecken von Filmen oder Theaterstücken gemacht sind.[17] Ein Jahr nach Erscheinen seines Artikels widmet Coleman in einem 1977 erschienenen Band zur Groteske in der Fotografie den »constructed realities« ein eigenes Kapitel. Auch hier vollbringt er eine Pionierleistung, indem er den Begriff der Konstruktion auf die Fotografie überträgt, wobei er zwischen den Ausdrücken »directorial mode« und »constructed realities« nicht unterscheidet.

Ebenfalls 1977 schlägt die amerikanische Kritikerin Patricia Leighten für das Phänomen der Inszenierten Fotografie den Ausdruck der »Overtly Manipulated Photography« (dt. offenkundig manipulierte Fotografie) vor[18]. Leighten, die den Ausdruck Colemans zu eng gefaßt sieht, versteht unter »Overtly Manipulated Photography« jede Art von Fotografie, die eine Ästhetik unterstützt, die sich gegenteilig zur Ästhetik der *Straight Photography* verhält, also der reinen und direkten Fotografie, die dem Postulat der maximalen Wirklichkeitsnähe unterliegt. Nach Leightens Beitrag ist es erst die 1979 von Van Deren Coke kuratierte Ausstellung »Fabricated to be photographed«, die sich genauer mit dem Phänomen der Inszenierten Fotografie beschäftigt. Van Deren Coke führt neben der Bezeichnung *Table-Top-Photography* (dt. Tischplatten-Fotografie) den Ausdruck der *Fabricated Photography* ein.

In der Folgezeit finden in den USA, vereinzelt aber auch in Europa, eine Reihe von Ausstellungen statt, die alle die gleiche fotografische Vorgehensweise behandeln: die Erfindung, das Arrangement und/oder die Konstruktion eines Motivs, mit dem ausschließlichen Zweck, dieses abzufotografieren. Die stetig wachsende Zahl der Begriffe zum Phänomen der Inszenierten Fotografie dokumentieren Ausstellungstitel wie »Invented Images«, »Staged Photo Events«, »Arranged Image Photography«, »Image Fabriquée« und »Photographic Fictions«.[19]

Weitere wichtige Publikationen, in denen Bezeichnungen für das Phänomen der Inszenierten Fotografie verwendet werden, sind u. a. die Texte »6 Photographers: Concept/Theater/Fiction«, »Constructed Realities« oder »Singular Realities. Thoughts on staged photography«. Jeff Wall benutzt zudem den Ausdruck der Kinematografie als Oberbegriff für Arbeiten, die sich aus dramaturgischem Können und bildlicher Komposition zusammensetzen und die Kritikerin Belinda Gardner verwendet in einem Interview mit Wall den Ausdruck »Bild im Konjunktiv«.[20]

Im englischsprachigen Raum wird auch zwischen *to make pictures* und *to take pictures* unterschieden. Während *to take pictures* als Prozeß des »Bildernehmens« vor allem für die *Street* und *Straight Photography* anwendbar ist, wird beim Vorgang des »Bildermachens« (*to make pictures*) wie in der Inszenierten Fotografie der Inhalt des Bildes vom Fotografen vor der Aufnahme festgelegt.

Im deutschsprachigen Raum wird der Begriff der Inszenierung im Zusammenhang mit der Fotografie nach Bazon Brock erstmals wieder von Peter Weibel gebraucht, wobei sich Weibel nicht auf das Phänomen der Inszenierten Fotografie bezieht, sondern auf einen Wahrnehmungsbereich, der sich genau entgegengesetzt zur Inszenierung verhält. In einem 1981 publizierten Aufsatz spricht Weibel von einer »inszenierten Wahrnehmung«, die zur Voraussetzung habe, daß die »Gegenstandswelt selbst nicht künstlich arrangiert, verändert oder inszeniert wird, sondern unberührt bleibt«[21]. Sein Beitrag ist damit weniger für

das Phänomen selbst interessant, als für die Tatsache, daß der Begriff der Inszenierung sich 1981 zwar vom Theater separiert, für die Fotografie aber noch nicht etabliert hatte – zumindest nicht in der Weise, wie er heute gebräuchlich ist. Erst der ehemalige Leiter des Frankfurter Kunstvereins, Peter Weiermair, überträgt den Begriff der Inszenierung auch im deutschen explizit auf die Fotografie, und zwar in der Art, wie er heute allgemein gebräuchlich ist. Weiermair stellt fest, daß Inszenierte Fotografie »nichts anderes [sei], als daß der Bildgegenstand für die Aufnahme in räumlicher Disposition, Ausschnitt und Beleuchtung sorgfältig gestellt wird, die Aufnahme nur die Dokumentation dieses künstlerischen Aktes der ›Inszenierung‹ ist.«[22]
Seit Mitte der achtziger Jahre setzt sich der Begriff der Inszenierung für die Fotografie dann endgültig, wenn auch nicht einheitlich durch. So spricht etwa Andreas Müller-Pohle 1988 von »Inszenierender Fotografie« oder Julia Scully von einer »inszenatorischen Ausdrucksweise«, wobei sich beide auf Colemans Ausdruck »directorial mode« beziehen.[23]

Im Englischen wie im Deutschen gibt es neben dem Ausdruck der Inszenierten Fotografie (*Staged Photography* bzw. *Photography in the directorial mode*) eine Reihe verwandter, aber doch nicht gleichbedeutender Begriffe, die einen differenzierten Gebrauch notwendig machen. Dazu gehören neben Konstruierter und Arrangierter Fotografie u. a. Regie- und Atelierfotografie. Regiefotografie, ein Ausdruck aus den fünfziger Jahren, entstand für Werbefotografie, die den Begriff ihrerseits aus der Filmindustrie übernahm. Die Bezeichnung Atelierfotografie hingegen wird etwa im Zusammenhang mit der Arbeitsweise der Piktorialisten genannt, deren Arbeitsfeld sich – ähnlich wie bei den Fotokünstlern der Inszenierten Fotografie – hauptsächlich auf das Atelier beschränkt.[24]

Kritisch zu betrachten sind auch die Begriffe der Konstruierten, Arrangierten und Manipulierten Fotografie, die oft gleichbedeutend mit der Inszenierten Fotografie gebraucht werden, obwohl bei näherer Betrachtung eine Abgrenzung erforderlich ist. Ein Vorschlag dazu könnte dahingehend lauten, daß die Begriffe »Konstruieren« und »Arrangieren« für einen stärker handwerklichen Bereich im Bild eingesetzt werden, während der Terminus »Inszenieren« für die szenische, narrative Darstellung steht. Bei einer solchen Verwendung trifft die Bezeichnung Konstruierte/Arrangierte Fotografie etwa für Stilleben in der Art von **Barbara Kastens** oder **Viktor Schragers** abstrakten Kompositionen zu, nicht aber für die narrativen Darstellungen von Jeff Wall oder Eileen Cowin. Konstruierte/Arrangierte Fotografie bezieht sich demnach auf das Anordnen von leblosen Dingen im Sinne einer argumentativen Gestaltung, ohne daß sich eine erzählerische

Abfolge ergibt. Von manipulierter Fotografie wiederum sollte dann die Rede sein, wenn der Abzug oder das Negativ einer Fotografie manipuliert wurde – eine Auffassung, die die meisten Autoren teilen.[25] Zur manipulierten Fotografie gehört auch die digital bearbeitete Fotografie, da die am Computer verwendete Vorlage mit dem klassischen Negativ vergleichbar ist. Daß auch Inszenierte/Konstruierte/Arrangierte Fotografie digital bearbeitet sein kann, gehört zu den Feinheiten, die für den Betrachter heutzutage kaum mehr ersichtlich sind, die ohne Frage aber eine Neudefinition des Mediums erforderlich machen können. Das vor allem, wenn ein Bild nicht nur digitalisiert, sondern ausschließlich computergeneriert ist. In diesem Fall, sog. Postfotografie, sind dann allerdings die Bedingungen soweit verändert, daß die Bezeichnung »Fotografie« grundsätzlich hinterfragt werden muß.[26]

Schließlich gibt es noch eine weitere Bezeichnung zum Phänomen der Inszenierten Fotografie, und zwar der problematische Ausdruck der »Inszenierten/Konstruierten Wirklichkeit«. Eine Reihe von Ausstellungen sowohl im englischsprachigen Raum als auch in Deutschland versuchte dem ohnehin schon schwer zu fassenden Phänomen der Inszenierten Fotografie mit der Bezeichnung »Inszenierte/Konstruierte« oder »Erfundene Wirklichkeit« beizukommen.[27] Die Frage nach der Wirklichkeitsdarstellung in der Fotografie gehört natürlich immer zu den vorrangigen Themen in Theorie und Praxis. Dazu werden sowohl Fragen zu einer veränderten Wahrnehmung diskutiert als auch das verschobene Bild von dem, was als Wirklichkeit wahrgenommen wird. Bleibt man aber allein bei der inhaltlich-sprachlichen Bedeutung des Ausdrucks, ohne auf das gesamte Feld der Wirklichkeitsproblematik in der Fotografie einzugehen, bedeutet die Bezeichnung »Inszenierung/Erfinden der Wirklichkeit« einfach gesprochen das Paradox, daß es sich bei der Wirklichkeit in dem Moment, wo sie ›künstlich‹ hergestellt ist, um eine andere Wirklichkeit als die empirische handelt – davon abgesehen, daß die Bildwirklichkeit ohnehin eine andere ist. Es bleibt daher fraglich, ob der Begriff der »Erfundenen Wirklichkeit« zur Bestimmung einer Fotografie hilfreich sein kann.[28] Treffender ist hingegen der Begriff der simulierten oder nachgeahmten Wirklichkeit, der wiederum auf Jean Baudrillards »Agonie des Realen« zurückgeht und weit mehr beinhaltet als die Frage nach der Wirklichkeit in der Fotografie.[29] Simulierte Wirklichkeit allein als Bezeichnung für ein bestimmtes Phänomen in der Fotografie, wie es von verschiedenen Autoren vorgeschlagen wird, kann daher mißverständlich sein, auch wenn sich für die einzelne Fotografie durchaus mehrere Realitätsebenen (Simulation/Realität) ergeben.[30]

Zusammenfassend läßt sich festhalten, daß der Begriff der Inszenierung für die Fotografie im Englischen erstmals 1976 mit A. D. Colemans Ausdruck »directorial mode« und im Deutschen 1985 mit Peter Weiermair auftaucht. Danach werden eine Reihe von ähnlichen Bezeichnungen verwendet, die die Art von Fotografie bezeichnen, deren Inhalt bewußt vor der Aufnahme von dem Fotografen konstruiert, inszeniert oder in irgendeiner anderen Weise erfunden ist. Eine differenziertere Anwendung der verschiedenen Begriffe ist bis heute nicht üblich.

Das Problem, das sich im Umgang mit den Begriffen stellt, ist, daß viele Begriffe bis heute mehr oder weniger gleichrangig verwendet werden, wobei der gemeinsame Nenner der größtmögliche ist. Dieses undifferenzierte Verwenden der Begriffe ist auf mehrere Umstände zurückzuführen: Der Mißstand, daß keiner der Begriffe zum Phänomen der Inszenierten Fotografie klar definiert wurde, geht vor allem auf die Tatsache zurück, daß Fotografie sehr viele unterschiedliche Arbeitsweisen und künstlerische Ansätze bereithält. Bis in die jüngste Zeit haben sich für die Fotografie immer noch keine Bezeichnungen etabliert, die Stil oder Technik angemessen beschreiben können.[31] Das kann u. a. auf die Eigenschaft von Fotografie zurückgeführt werden, immer relativ nah an der Natur zu sein: Wird eine Aufnahme nicht willentlich verwackelt oder manipuliert, ist ihre Darstellungsweise in erster Linie realistisch abbildend, was die Möglichkeit stilistisch zu differenzieren stärker einschränkt als es etwa bei der Malerei der Fall ist. Diese Beschränkung kann dazu führen – und im Falle des Phänomens Inszenierte Fotografie ist das offenbar geschehen –, daß jeder seine eigene Bezeichnung (er-)findet, ohne sie auf die Bezeichnungen anderer Autoren abzustimmen. Dem »Fotografie-Boom«, der seit den sechziger Jahren einsetzte, konnte die foto- und kunsthistorische Literatur kaum nachkommen, so daß über die Vielzahl von Begriffen, die aufkam, bisher noch keine Einigung erzielt wurde. Verfahren wie die digitale Bildbearbeitung erweitern zudem die herkömmliche Methode des Fotografierens oder machen sie überflüssig, so daß auch immer wieder neue Begriffe gesucht werden müssen. In manchen Fällen mag die Technik dabei einer einheitlichen Begriffsfindung vorauseilen.

»Photography in the Directorial Mode« (1976) von A. D. Coleman

A. D. Coleman ist der erste, der sich ausführlich und explizit mit dem Phänomen der Inszenierten Fotografie beschäftigt, weshalb eine knappe Zusammenfassung seines 1976 verfaßten Essays »The directorial mode« diesem Kapitel vorangestellt ist.[32]

Coleman beginnt seine Ausführungen mit einem Hinweis auf zwei in der Fotografie immer wiederkehrende Kontroversen, die seiner Meinung nach auf die Entwicklung des Mediums als grafisches Ausdrucksmittel großen Einfluß hatten. Das sind zum einen die Legitimation der Fotografie per se als Ausdruck kreativen Schaffens und zum anderen der Versuch der Fotografen die Fotografie vom Imperativ des Realismus zu befreien. Jede Fotografie wird noch immer als getreues Abbild der Wirklichkeit reflektiert (»people believe photographs«), basierend auf der Annahme, daß die Fotografie nichts weiter als konkretisiertes Sehen sei, und »sehen ist glauben«[33].
Im Anschluß an diese Behauptung, entwirft Coleman das Bild einer Meßskala, an deren einem Ende sich der Zweig der Fotografie befindet, der nach wie vor an der Glaubwürdigkeit der Fotografie festhält – Dokumentarfotografie, *Straight Photography* –, während die Mitte der Skala jene Art des Fotografierens umfaßt, die dem Fotografen erlaubt, seine Objekte interpretierend abzulichten, allerdings ohne in das Motiv einzugreifen, wie beispielsweise in der *Street Photography*. Für das andere Ende der Skala schließlich führt Coleman den Begriff »directorial mode« ein, den er als bewußtes und zielgerichtetes Schaffen von Ereignissen definiert mit dem einzigen Ziel, sie abzulichten:

> *Here the photographer consciously and intentionally creates events for the express purpose of making images thereof.*[34]

Die Vorgehensweise innerhalb der *Directorial Photography*, zu der nach Coleman Studiofotografien, Stilleben, Aktfotografien und Porträtstudien gehören, bietet dabei zweierlei Möglichkeiten: entweder in das Geschehen aktueller Ereignisse einzugreifen (»intervening in ongoing ›real‹ events«) oder Tableaus zu inszenieren (»staging tableaux«). In beiden Fällen findet etwas statt, das sich ohne das bewußte Eingreifen des Fotografen vor dem Auge der Kamera nicht ergeben würde.
Um der Schwierigkeit zu begegnen, *Directorial Photography* auch als solche zu erkennen und gegen andere Arten der Fotografie abzugrenzen, erläutert Coleman explizit, das heißt im Text hervorgehoben, den Unterschied zwischen interpretierender und bewußt eingreifender Fotografie:

> *The substantial distinction, then, is between treating the external world as a given, to be altered only through photographic means (point of view, framing, printing, etc.) en route to the final image, or rather as raw material, to be itself manipulated as much as desired prior to the exposure of the negative.*[35]

Trotz dieser Differenzierung bleibt Colemans Definition noch zu allgemeingültig. Das bewußte und zielgerichtete Schaffen von Motiven mit dem einzigen Zweck, sie abzulichten, trifft mit Ausnahme der Landschaftsfotografie genaugenommen auf jedes fotografische Genre – Stilleben, Porträt etc. – zu, so daß es fraglich bleibt, warum dafür eine neue Bezeichnung eingeführt werden sollte.

Auch der Versuch, *Directorial Photography* von der Art von Fotografie, die als interpretierend bezeichnet wurde, abzugrenzen, vermag gegen die zu allgemeine Definition wenig ausrichten. Es bleibt zu bezweifeln, ob Colemans Begriff, der ihm eigentlich nur als Bezeichnung eines kleines Bereichs innerhalb der Fotografie dient (das Ende der Skala), nicht als übergeordnete Bezeichnung für alle Fotografien, deren Inhalt vor der Aufnahme bewußt und willentlich vom Fotografen gestaltet oder zumindest beeinflußt wurde, möglich ist. In diesem Fall läßt sich *Directorial Photography* nicht von der »Mitte der Skala« abgrenzen, womit Colemans Begriff seinen eigenen Anforderungen nicht standhielte.

»Fabricated to be Photographed« (1979): Erste inszenierte Fotoarbeiten

Wegweisend für das Phänomen der Inszenierten Fotografie ist schließlich die im Museum of Modern Art in San Francisco von Van Deren Coke organisierte Ausstellung »Fabricated to be Photographed« (1979). Hier wurden das erste Mal zeitgenössische Künstler ausgestellt, die sich mit der Inszenierung oder der Konstruktion eines Motivs für die Kamera beschäftigten. Parallel zu dieser Ausstellung fand im Art Space in Los Angeles eine kleinere Ausstellung desselben Themas (»Constructions for the Camera«) mit den Künstlern **Victor Schrager**, **Eileen Cowin** und **Philipp Galgiani** statt. Welche Beachtung diesen beiden Ausstellungen geschenkt wurde, demonstrieren u. a. die zahlreichen Rezensionen, die in der Folge erschienen.[36]

Ausgehend von **Julia Margaret Camerons** piktorialistischen Fotografien wird den »fabricated forms« zunächst unterstellt, daß sie damals wie heute dazu dienen, narrativen Bildern einen Rahmen zu geben bzw. Symbole im Bild dem Betrachter zugänglicher zu machen.[37] Antrieb der *Fabricated Photography* (engl. to fabricate = erfinden, konstruieren, bauen, fälschen) ist nach Meinung des Kurators der Wunsch der Fotografen, größere Kontrolle über das fotografische Bild zu erlangen. Fotokünstler wollen sich von dem beschränkten Blick der Kamera freimachen, der auch das sieht und aufnimmt, was für die Fotografie nicht unbedingt vorgesehen ist. Als ein Merkmal der *Fabricated Photography* wird daher die Aufnahme im Studio angeführt, bei der das Motiv kontrolliert und gegebenenfalls beeinflußt werden kann. Allerdings gibt es schon in der Ausstellung selbst eine Ausnahme, **John Pfahl**, der das Merkmal der Innenraum-

darstellung für die *Fabricated Photography* hinfällig macht. Und dabei bleibt John Pfahl bei weitem nicht die einzige Ausnahme, zahlreiche weitere Künstler (u. a. **Nick Waplington**, **John Divola** oder **Bernard Faucon**) inszenieren ihre Fotografien in der Landschaft.
Um die Fotografien der Ausstellung in bestimmte Werkgruppen zusammenzufassen, definiert Van Deren Coke einige – wie er es nennt – »Strategien« der *Fabricated Photography.* Er nennt den feinen Humor (»wry humour of a distinctly intellectual sort«), der im Werk von **Robert Cumming**, **Philipp Galgiani**, **Les Krims**, John Pfahl und **Don Rodan** eine besondere Rolle spielt, sowie die autobiographische Aussage (»autobiographical statements«), die die Bilder von **Ellen Brooks**, **James Casebere** und **Viktor Schrager** enthalten. Bilder purer, sinnlicher Freude (»sheer pleasure«) stellen die Arbeiten von **Steve Collins** dar, während das Werk von **Carl Toth** Fragen zur Identität des Menschen aufwirft.[38] Daß es sich bei diesen »Strategien« weder in inhaltlicher noch in formaler Hinsicht um allgemeingültige Kennzeichen Inszenierter Fotografie handeln kann, zeigt sich vor allem darin, daß keine dieser Strategien systematisch überprüfbar ist. Gerade der Humor ist sogar eher ein typisches Merkmal der *Street Photography.*
Gemäß Van Deren Coke lassen sich die relevanten Wesensmerkmale der *Fabricated Photography* dennoch zusammenfassen: Die Tatsache, daß die Fotokünstler ihre Bilder sowohl vom formalen als auch vom inhaltlichen (»ideational«) Standpunkt her vor der Aufnahme durchdenken gehört etwa zu den Gemeinsamkeiten der *Fabricated Photography.* Die Fotografen wenden sich von der »Fotografie aus dem Stegreif« (»*off-hand-photography*«) ab, um etwas nachzubilden, das ihrem formalen oder inhaltlichem Anliegen entspricht.

Die Ausstellung blieb einschließlich des begleitenden Katalogtextes nicht ohne Widerspruch. Die massivste Kritik widerfuhr dem Begriff der *Fabricated Photography* als Oberbegriff für die ausgestellten Arbeiten. Ähnlich wie Colemans Ausdruck »directorial mode« läuft dieser Terminus Gefahr, für alle Arten von künstlerischer Fotografie zutreffend zu sein – was zumindest für die Ausstellung nicht angestrebt war. Und die Eingrenzungen, die vorgenommen wurden, sind so willkürlich, daß man fragen kann, ob, wenn z. B. die Studioarbeit konstituierendes Element der *Fabricated Photography* sei, dann nicht auch die Arbeit aller anderen Fotografen, die im Studio arbeiten (z. B. Mode- oder Porträtfotografen), zur *Fabricated Photography* gezählt werden müßte.[39]
Weiterhin wurde zu recht kritisiert, daß den gezeigten Arbeiten ein gemeinsamer Nenner fehle, der die Allgemeingültigkeit der beliebig ausdehnbaren »Strategien« deutlich mache. So lassen sich z. B. die Arbeiten von Philipp Galgiani und Ellen Brooks anführen, die sich in einer programmatischen Themenausstellung nicht zusammenbringen, sondern höchstens »zusammenklumpen« las-

sen.[40] Während Galgiani seine Objekte nicht eigens für die Kamera baut, sondern sie als Readymades oder performative Akte abfotografiert, konstruiert Brooks ihre sog. »photonovels« (Fotografien von kleinen, mit Püppchen gestellten Episoden vor selbstgebauter Kulisse) eigens um sie zu fotografieren. Brooks und Galgiani haben weder gemeinsame Inhalte noch ähnelt sich ihre Arbeitsweise.

Aus heutiger Sicht ist zu der Ausstellung zu bemerken, daß trotz der zum Teil berechtigten Kritik an den zur Bestimmung der *Fabricated Photography* aufgestellten Kriterien – Studioarbeit, das Konstruieren von Objekten, eigens für die Kamera gemachte Arrangements und größtmögliche Kontrolle über das fotografische Bild – das Phänomen der Inszenierten Fotografie aber grundsätzlich nachvollziehbar ist, ebenso wie der Begriff der *Fabricated Photography* selbst.

»Invented Images« (1980): Inszenierte Fotografie als Synthese verschiedener künstlerischer Richtungen

Während die Ausstellung »Fabricated Photography« die Diskussion um das Phänomen der Inszenierten Fotografie überhaupt erst ins Rollen brachte, nicht zuletzt dadurch, daß aktuelle Trends in der zeitgenössischen Fotografie aufgezeigt wurden, bemühen sich nachfolgende Ausstellungsmacher, die Vielzahl von Fotografen vorzustellen, die mit Inszenierung und Konstruktion arbeiten. Parallel wird immer wieder der Versuch unternommen, Inszenierte Fotografie in der Fotografie- und Kunstgeschichte zu verorten.
So wurde etwa in der etwas weniger beachteten Ausstellung »Invented Images«[41] das Phänomen der »erfundenen Bilder« in einen (kunst-) geschichtlichen Zusammenhang gebracht. Erwähnt sind zunächst die Neuerungen in den sechziger Jahren, die nicht nur die Fotografie, sondern auch andere künstlerische Ausdrucksmedien betreffen. Als Gründe für das neu erwachte Interesse an der motivischen Bilderfindung nennt die Kuratorin der Ausstellung, Phyllis Plous, neben einem stärkeren Bewußtsein für die dem Medium inhärenten technischen Eigenschaften (hohe Auflösung, fester Fluchtpunkt und die Möglichkeit zum »Einfrieren« von Zeit) den Wunsch des Fotokünstlers, seinem Publikum die vor dem Akt der Aufnahme formulierte Idee verständlich zu machen. Mit der Möglichkeit, in das Bildmotiv einzugreifen, hat die Fotografie dabei einen Schritt von der Stufe der Beschreibung hin zur Stufe der Erklärung vollzogen. Zur Unterscheidung zwischen *non-traditional photography* – die in der Ausstellung gebrauchte Bezeichnung für das Phänomen der Inszenierten Fotografie – und *Straight Photography* wird der Begriff des *mind-sets* eingeführt, als das Be-

wußtsein über das Bild vor der Aufnahme, das bei der Inszenierten Fotografie im Gegensatz zur *Straight* oder *Street Photography* stets vorhanden ist. Materielle und technische Unterschiede sind von geringerem Interesse als die Einstellung zur Fotografie.[42]

Ein weiteres Merkmal der »erfundenen Bilder« ist außerdem die individuelle Bildsprache, die allen ausgestellten Arbeiten zu eigen ist:

> *The central and indispensable presence in each work is its maker whose sensibility is intrinsic to the subject and the standard against which its success is measured.*[43]

Allerdings wird in Hinsicht auf dieses Merkmal von den Ausstellungsmachern übersehen, daß, auch wenn eine individuelle Bildsprache zweifelsfrei häufig für das Phänomen der Inszenierten Fotografie feststellbar ist (etwa bei **Cindy Sherman** oder **Jeff Wall**), sie ebenso in Fotografien der *Street* oder *Straight Photography* zu finden ist. Als ausschließliches Merkmal Inszenierter Fotografie kann eine individuell oder spezifische Bildsprache daher nicht gelten.

Eine Gemeinsamkeit der ausgestellten Arbeiten ist dafür die Vorgehensweise, die die Person des Künstlers miteinbezieht sowie eine Doppeldeutigkeit in der Bedeutung der Bilder. Das führt dazu, daß »sich jeder Fotokünstler auf seine Art definiert, so daß das, was er sieht, sich von dem anderer unterscheidet; [alle Fotokünstler] decken voneinander abweichende Gefühle und Sichtweisen mittels der Kameraarbeit auf, die von Fragen des Raumes, der Zeit, der Größe und Sehweise sowie von Licht, Farbe und Transformation handeln.«[44]

Tendenziell wende sich nach Meinung der Ausstellungsmacher die Kunst der siebziger Jahre zu einem narrativen Konzeptualismus, zur Performance- und Fotokunst hin, wobei es gerade die Wechselwirkung dieser drei Richtungen gewesen ist, die den Antrieb für das Phänomen der Inszenierten Fotografie gegeben hat. Der *Fabricated Photography* wird hier die Fähigkeit zugesprochen, Eigenschaften anderer Medien aufzunehmen und in einer neuartigen Synthese zu verarbeiten, wobei der Eigenanteil der Inszenierten Fotografie geringgeschätzt wird. Das Phänomen wird eher als ein Nebenprodukt anderer künstlerischer Richtungen beschrieben als eine eigene Richtung innerhalb der Kunst- und Fotografiegeschichte.

Wie die Untersuchungen an konkreten Werkkomplexen noch zeigen werden, ist die Inszenierte Fotografie der siebziger und achtziger Jahre tatsächlich von vielen verschiedenen Bereichen beeinflußt. Andererseits weist sie aber auch so viele charakteristische Merkmale auf, daß ihre Einordnung in der Kunstgeschichte nicht nur legitimiert, sondern auch notwendig ist, um eine unklare und unpräzise Ausdrucksweise für das Medium der Fotografie zu unterbinden.

»Concept/Theater/Fiction« (1981): Fotografie und Wirklichkeit

In einem Text, der begleitend zur Ausstellung »6 Photographers: Concept/ Theater/Fiction« veröffentlicht wurde, setzt sich der Kritiker William Olander mit dem Phänomen der Inszenierten Fotografie auseinander.[45] Die relativ kleine Ausstellung mit nur sechs Fotokünstlern wird deswegen hervorgehoben, da hier erstmalig die Beziehung zwischen der Inszenierten Fotografie und anderen Medien wie Fernsehen oder Werbefotografie besonders betont wird, womit bereits die etwas später einsetzende Debatte um das Simulakrum in der Fotografie vorweggenommen ist.[46] In der Ausstellung wird das Verhältnis der Fotografie zur Wirklichkeit bzw. zu ihrem Schein diskutiert, ein Aspekt, der, obwohl bei Inszenierter Fotografie naheliegend, bis Anfang der achtziger Jahre noch kaum berücksichtigt wurde.

Der die Ausstellung begleitende Essay beginnt mit Kommentaren zu den ausgestellten Arbeiten – Fotografien von **Jimmy de Sana**, **Don Rodan**, **Eileen Cowin**, **Ellen Brooks**, **Richard Prince** und **René Santos** – und einer Erläuterung, was diese Bilder ausmacht, bzw. was sie nicht sind. Definiert werden diese Bilder, für die im übrigen kein spezifischer Ausdruck gebraucht wird, folgendermaßen:

> *They are not photographs of something, in the conventional sense, but photographs of photographs or images in part, about other images. They are not truthtellers, as we have come to accept photographic truth. Rather they are resemblances or copies or reproductions.*[47]

Mit dieser kurzen Definition werden die Eigenschaften von Fotografie benannt, die auch als Merkmale postmoderner Fotografie bezeichnet werden: die Beschränkung der Fotokünstler auf herkömmliche, bereits existierende Bilder mit der Begründung, daß die individuelle Erfindung eines Bildes unter der Voraussetzung des technisch-industriellen Prozesses der Massenproduktion von Bildern irrelevant sei. In einer ohnehin mit Bildern überschwemmten Welt besteht keine Notwendigkeit neue Bilder zu schaffen, weshalb zeitgenössische Fotokünstler auf einen bereits vorhandenen Bilderfundus rekurrieren.

Im Zusammenhang mit einer Fotografie *von* etwas, wird auch das Verhältnis der Fotografie zur Wirklichkeit angesprochen: Den Fotografen der Ausstellung geht es keinesfalls um eine realistische Darstellung; weder in reiner noch in manipulierter oder fragmentarischer Form wollen diese Fotokünstler Wirklichkeit zeigen. Sie sind vielmehr auf der Suche nach dem Schein von Realität (»appearance of reality«), und zwar fotografischer Realität, die sich zur Realität »out there« als Fiktion verhält.[48]

Von dieser Fiktion im Bild ausgehend, werden die sechs in der Ausstellung vertretenen Fotografen in verschiedene Gruppen geordnet: Richard Prince und René Santos, die vorhandene Bilder abfotografieren, arbeiten mit der Fiktion im konzeptuellen Sinn – das Sehen und Auswählen bestimmter Bilder bildet den Kern ihrer Arbeit. Eileen Cowin und Jimmy de Sana zeigen »theatralische Fiktionen« in sog. *tableaux vivants*, wobei das Theatralische auf die Idee der Inszenierung im klassischen Sinn zurückgeführt wird! Ellen Brooks und Don Rodan schließlich vermischen im Miniaturdrama (Brooks) bzw. in der Allegorie (Rodan) den konzeptuellen Ansatz mit dem Theatralischen des *tableau vivant*.[49]
Neu an diesen künstlerischen Strategien ist für die Ausstellungsmacher die Art, *wie* mit Fotografie umgegangen wird. Zwar ist die Tatsache, daß Fotografie auch »lügen« kann, bekannt, sie, bzw. ihre Ausmaße sind bei dem täglichen Umgang mit der Bilderflut aber noch nicht ins allgemeine Bewußtsein gerückt. Erst die genannten Fotografen machen das Ausmaß dieser »lügenden« Bilder ganz deutlich.

»Image Scavengers« (1982): Der Einfluß der Massenmedien

Die von Paula Marincola kuratierte Ausstellung »Image Scavengers«[50] (dt. etwa »Bildzweitverwerter« von *scavenger* = Aasfresser, Straßenkehrer, Trödler) läßt sich in gewissem Sinn als Fortführung der Ausstellung in Oberlin verstehen. In ihrem einführenden Text zur Ausstellung begreift Marincola die ausgestellten Künstler als die erste Generation, die das moderne Massenmedienbild in all seinen Variationen miterlebt hat. Dieses Bild sei »so weitverbreitet und wirksam im Auferlegen seiner Konventionen auf die kollektive Psyche, daß es eine verläßliche Wahrnehmung von ihm bzw. eine Erfahrung mit ihm bisher ausschloß«[51].
Zu den Hauptanliegen der Ausstellung gehörte es, den Einfluß von Massenmedienbildern auf die Arbeit von Fotokünstlern und Malern aufzuzeigen verbunden mit der Frage, in welcher Form die Massenmedien als Inspirationsquelle dienen.[52]
Dieses Anliegen macht auch deutlich, daß das Phänomen der Inszenierten Fotografie Anfang der achtziger Jahre offenbar schon so weit verbreitet war, daß ein differenzierterer Blick auf die sehr unterschiedlichen fotografischen Produktionen möglich wurde.

Die neun Fotografen der Ausstellung sind in zwei Gruppen geteilt, von denen die erste Gruppe mit **Barbara Kruger**, **Sherrie Levine** und **Richard Prince** Bilder aus der Werbung, aus Zeitschriften und aus dem Fernsehen direkt verarbeiten, also imitieren im Sinne der *appropriation art*[53]. Die zweite Gruppe mit

Eileen Cowin, Ellen Brooks, Jimmy de Sana, Don Rodan, Cindy Sherman und **Laurie Simmons** beschäftigt sich eher mit den Konventionen dieser Bilder in der Art, daß sie nur die Aufmachung nachahmen in der die Bilder ihre Rezipienten erreichen – etwa als Filmstill, als Fernsehsendung oder als Mode- oder Produktwerbung.

Wenngleich es in der Ausstellung nicht explizit um das Phänomen der Inszenierten Fotografie geht, sondern vielmehr um die Strukturen und Mechanismen fotografischer Darstellung, ist der gemeinsame Nenner der ausgestellten Werke, daß alle Fotografen mit den Mitteln eines Regisseurs arbeiten, das heißt, daß sie inszenieren, konstruieren und/oder manipulieren.
Im übrigen wird auch auf einen bisher noch ungenannten, aber durchaus bedeutsamen Aspekt der *Fabricated Photography* hingewiesen, daß nämlich der Großteil der Fotokünstler keine reine Fotografenausbildung habe. Die meisten der zeitgenössischen Fotokünstler sind bildende Künstler mit einer akademischen Ausbildung, und sie verwenden Fotografie als ein Medium unter vielen.[54] Daher sollte nach Vorläufern der Inszenierten Fotografie nicht nur in der Fotografiegeschichte gesucht werden, sondern auch in der bildenden Kunst, insbesondere der Pop Art, der Concept – und Story Art ebenso wie im Theater.

»Staged Photo Events« (1982): Inszenierte Fotografie außerhalb der USA

Der 1982 im *Zien Magazine* publizierte Artikel »Staged Photo Events« von Mariëtte Haveman, der begleitend zu einer Ausstellung im Arts Council in Rotterdam erschien, verdient besondere Beachtung, da es der erste Essay (bzw. die erste Ausstellung) ist, der sich in Europa mit dem Thema beschäftigt.[55]
Wie viele andere Autoren spürt auch Haveman zunächst den historischen Wurzeln sog. *staged photo events* nach, die sie im Surrealismus, der Pop Art und der Concept Art sowie im Werbefilm und der Werbefotografie verortet. Weiter hebt Haveman erstmalig formale Eigenschaften der Inszenierten Fotografie hervor, zu denen das große Format, kräftige Farben und eine direkte, aggressive Darstellungsweise gehört sowie der explizite Betrachterbezug.[56] Sie stellt fest, daß die Fotokünstler bei der Konzeption ihrer Bilder bewußt mit den Seherfahrungen des Betrachters arbeiten und dessen visuelle Manipulierbarkeit in ihre Arbeit miteinbeziehen.
Trotz dieser Gemeinsamkeiten inszenierter Fotografien wird in der Ausstellung das Phänomen der Inszenierten Fotografie selbst nicht als eigenständige Richtung Bildender Kunst verstanden, sondern vielmehr als Wiederbelebung des malerischen Piktorialismus des 19. Jahrhunderts bzw. anderer Richtungen künst-

lerischer Fotografie. In Anlehnung an dieses Wiederbeleben oder Fortleben der Inszenierten/Konstruierten Fotografie wird die Bezeichnung der »new staged photography« eingeführt, wobei sich das »Neue« allein auf die formalen Eigenschaften der zeitgenössischen Fotografie und ihre veränderten Motive bezieht. Zwar hat sich die Wahl der Motive geändert – schon allein dadurch, daß sie komplexer sind als im Piktorialismus oder ihm nachfolgenden Strömungen –, aber die Annäherung an die ästhetische Funktion und die Vorgehensweise ist nach Haveman die gleiche geblieben wie in der Fotografie vergangener Jahrzehnte.[57] Als Beleg für die komplexere Motivwahl wird das »(Bild-)Zitat vom Zitat« bei **Joel-Peter Witkin** gezeigt, die Travestie bei **Cindy Sherman** und **Ellen Brooks**, die abgeschlossene Welt des Interieurs bei **Rommert Boonstra** oder die Angst bei **Tom Drahos.**

Inszenierte Fotografie in den achtziger Jahren: »Ausstellungsvielfalt« versus »Definitionseinfalt«

Bisher wurden verschiedene Positionen zur Entwicklung des Phänomens der Inszenierten Fotografie vorgestellt, wobei sich die Liste der Publikationen und Ausstellungen für die achtziger und frühen neunziger Jahre beinahe beliebig erweitern ließe. In diesem Zeitraum gibt es eine kontinuierlich zunehmende Zahl an Ausstellungen und Beiträgen zum Phänomen der Inszenierten Fotografie, mit einer stetig wachsenden Zahl an Fotokünstlern, die inszenieren, konstruieren und/oder manipulieren. Und jeder weitere Fotokünstler bringt mit seinem Werk selbstverständlich einen neuen Aspekt in die Diskussion mit ein. Allerdings wird der Begriff der Inszenierten Fotografie auch mit zunehmender Ausstellungstätigkeit und Werkvielfalt nicht weiter konkretisiert, ebenso wie es an Versuchen fehlt, genauer zu differenzieren.

Als repräsentativ für diesen Umgang mit dem Phänomen der Inszenierten Fotografie können zwei Bände der Kunstzeitschrift *Kunstforum International* angeführt werden, die 1986 als Themenhefte zur Inszenierten Fotografie erschienen.[58] Zwar werden in beiden Bänden an die sechzig Fotografen vorgestellt, die sich – vermeintlich – mit Inszenierter Fotografie beschäftigen, eine klare Definition zur Inszenierten Fotografie erfolgt aber nicht. Es wird allein der Wahrheitsgehalt von Fotografien in der modernen Gesellschaft hinterfragt mit dem Ergebnis, daß Fotografie »die Wirklichkeit mit größerer Überzeugungskraft reproduziert, als es das vollkommenste Gemälde vermöchte. Aber sie übersetzt, was sie abbildet, in ein bildnerisches System, das ihre Wiedergabe nach seinen Regeln beugt.«[59] Welche Rolle bei dieser »Übersetzung« die Inszenierung für die Fotografie erfüllt, wird jedoch nicht erläutert, so daß das Kunstforum genauso gut Bilder der *Street* und *Straight Photography* in seine Themennummer hätte einbeziehen können. Auch die in den beiden Bänden aufgestellten Kategorien (Die Welt als Fiktion, Die Fiktion als Welt, Die Welt als Vorstellung, Die Vorstellung als Welt, Die Welt als Entwurf, Der Entwurf als Welt, Die Welt als Imagination, Die Imagination als Welt), denen die Fotokünstler zugeordnet sind, können zur Klärung des Inszenierungsbegriffes nicht beitragen, da sie ein inhaltlich beliebiges Spektrum vermitteln. Die Auseinandersetzung die im Rahmen des Bandes mit der Inszenierten Fotografie geführt wird, zeigt damit sämtliche Schwierigkeiten, die mit der Diskussion um das Phänomen verbunden sind: Im Umgang mit dem Begriff der Inszenierung fehlt es nach wie vor an präzisen Definitionen und bisweilen scheint die Künstlerauswahl, die Begriffsbestimmung und der inhaltliche Konsens sogar wahllos.[60]

Auch weitere Ausstellungen tragen zu einer begrifflichen Klärung oder plausiblen Merkmalsfindung Inszenierter Fotografie wenig bei. Einige Ausstellungen sollen dennoch genannt werden, da sie aufgrund ihres Standortes oder ihrer Größe bedeutend sind: »Images Fabriquées« (Paris 1983) war die erste große europäische Präsentation zur Inszenierten Fotografie und in der Ausstellung »Arranged Image Photography« (Boise 1983) wurden unverhältnismäßig viele Fotokünstler vorgestellt. Weiterhin ist die Ausstellung »Photographic Fictions« zu nennen, die 1986 im New Yorker Whitney Museum of American Art stattfand. Bereits diese Institution läßt darauf schließen, daß das Phänomen der Inszenierten Fotografie spätestens seit Mitte der achtziger Jahre zu einem verbreiteten und viel diskutierten Zweig der Bildenden Kunst gehörte. Schließlich muß noch die Ausstellung »Fotografia Buffa« in Groningen hervorgehoben werden, da hier das Phänomen der Inszenierten Fotografie erstmals ausschließlich aus europäischer Sicht behandelt wurde. Während die wenigen Ausstellungen zum Thema, die zuvor in Europa gezeigt wurden, vorwiegend amerikanische Künstler präsentierten, konzentrierte sich »Fotografia Buffa« ganz auf europäische, genauer niederländische Künstler.[61]

Eine Ausnahme innerhalb der Ausstellungs- und Publikationsmenge zum Phänomen der Inszenierten Fotografie stellen die Publikationen »Fabrications – Staged, Altered and Appropriated Photographs« (1987) von Anne Hoy und »Das konstruierte Bild. Zur Fotokunst der 80er Jahre« (1989) von Michael Köhler dar. Hoy und Köhler bemühen sich nicht nur um genaue Definitionen, sondern finden auch Kategorien, anhand derer sich Fotografien systematisch zuordnen lassen. Ein Resümee ihrer Ausführungen stellt daher eine wichtige Annäherung an das Phänomen dar.

Neue Ansätze zur Kategorisierung Inszenierter Fotografie

Zu den Verdiensten von Anne Hoy zählt zunächst, daß sie zusammenfaßt, welche Entwicklungen für das Phänomen der Inszenierten Fotografie innerhalb eines Jahrzehnts stattgefunden haben und welche Bezeichnungen dafür in Frage kommen. In wenigen Sätzen erläutert Hoy die verschiedenen Termini und weist darauf hin, daß die von A. D. Coleman und Van Deren Coke eingeführten Begriffe noch durch keine treffenderen ersetzt sind. Sie selbst beläßt es bei einer Umschreibung des Phänomens:

> *Neither true nor false [...], they [the photographs] record fake situations that actually took place, or alter in the printing process realities documented through the lens. Theatre is their model – with its surrogate reality, narrative continuity, and emotional charge – and the studio is their stage.*[62]

Hoy unterscheidet zwischen zwei Generationen, die sie als »late modernists« und »postmodern artists« bezeichnet, wobei sie die Inszenierte Fotografie vor allem mit postmodernen Inhalten in Verbindung bringt. Für die »late modernists« konstatiert Hoy, daß sie Anregungen von anderen Kunstformen (Malerei, Druckgrafik o. ä.) übernehmen oder sich an bestimmten Stilrichtungen, wie dem Surrealismus, der Concept Art, dem Happening, der Performance und der Body Art orientieren. »Late modernists« legen es darauf an, in einer Fotografie neue Realitäten zu konstruieren. Im Unterschied dazu beschäftigen sich »postmodern artists«, angeregt durch die Massenmedien, mit der Nachahmung von Wirklichkeit. Ihre Auseinandersetzung kreist um die Beschäftigung mit den Stereotypen der Massenmedien, deren Stil sie sich aus der Überzeugung heraus aneignen, daß individuelle Erfindung in der Kunst irrelevant sei.[63]

Im Anschluß an die Unterscheidung zwischen »late modernists« und »postmodern artists« kommt Hoy zu einer Einteilung des Phänomens der Inszenierten Fotografie, die verständlich und nachvollziehbar ist und daher für diese Untersuchung in Teilen übernommen wird: Hoy differenziert zwischen Thema (*subject*) und Verfahrensweise (*method*), eine Unterscheidung, die bisher entweder gar nicht oder nur ungenügend getroffen wurde.

Zu den Themen zählt Hoy das (narrative) Tableau, das Porträt und das Stilleben, als Verfahrensweise nennt sie die Aneignung (*appropriation*) von anderem Bildmaterial, die Manipulation am Abzug und die Fotocollage, wobei sie die letzten beiden Kategorien zu einer zusammenfaßt. Besondere Beachtung verdienen Hoys Ausführungen zum narrativen Tableau, da sie sich weitgehend mit der Definition zur Inszenierten Fotografie decken, wie sie in dieser Untersuchung erstellt wird: Hoy führt zunächst in das Thema des Geschichtenerzählens in der Kunst ein und stellt dann fest, daß narrative Strukturen im 20. Jahrhun-

dert fast ganz aus der Bildenden Kunst verschwanden, um erst in der Fotokunst der siebziger und achtziger Jahre erneut Beachtung zu finden.
Wiederum unterscheidet die Autorin anschließend zwischen »late modernists« und »postmodern artists« und erläutert deren unterschiedlichen Umgang mit dem Narrativen. Während die »late modernists« ihre Inhalte und Mittel vom Theater, von der Malerei und der Fotografie übernommen haben, verwerten die »postmodern artists« (Bild-)Materialien aus dem Groschenroman, dem Kino und dem Fernsehen. Trotz dieser unterschiedlichen Bild- und Ideenquellen vereint beide Generationen eine ganz ähnliche Vorgehensweise: Die Fotokünstler arbeiten als Kamerakünstler, als Autor, Direktor, Bühnenbildner, Lichttechniker, Kostümbildner, Personencaster (*casting chief*) und manchmal auch als Darsteller.[64]
Bedeutendste Kennzeichen des narrativen Tableaus sind nach Hoy die fehlende Eindeutigkeit und die starke persönlich-emotionale (Ausdrucks-)Kraft sowie die gewollte Künstlichkeit, die die Konstruktion des Aufbaus ganz offensichtlich macht. Jedes Tableau erfordere zudem eine Betrachtung auf zweierlei ineinander verflochtene Weisen:

> *close-up, as a record of pantomime performed by living people assembled by the author-director; from a distance (with willing suspension of disbelief), like a narrative painting, for revelations of the aesthetics, culture, and psyche of the artist.*[65]

Hervorzuheben an den aufgestellten Kategorien ist, daß das Porträt und das Stilleben grundsätzlich vom narrativen Tableau getrennt wird; während für die Gattung des Porträts zwischen dem vermeintlichen Schnappschußporträt und dem »*staged portrait*« unterschieden wird, werden für das Stilleben vier verschiedene Gruppen ausgemacht. Nach einer Definition – »Stilleben sind Tableaus von Objekten, kleinformatige Bühnen oder Konstruktionen in Tischplattengröße, befreit von Figuren, aber oft angefüllt mit menschlicher Anwesenheit«[66] – lassen sich verschiedene Themen und Vorgehensweise der Stillebenfotografen ausmachen. Hoy unterteilt hier erstens in surreale Kulissen und Miniaturbühnen (**Rommert Boonstra, Olivia Parker, Beatrice Helg, James Casebere**), zweitens in »konstruktivistische Abstraktionen« (**Barbara Kasten**), drittens in konzeptuell angelegte Stilleben, die »Wahrnehmungs- und Empfindungsfragen« berühren (**Robert Cumming, Zeke Berman**) und viertens in »postmoderne Untersuchungen der Zurschaustellung von Produkten« (**Frank Majore, James Welling**).[67]

»Das konstruierte Bild« versteht sich ähnlich wie Hoys »Fabrications« als »Rückblick auf die Foto-Inszenierungen der achtziger Jahre«[68]. Neben einem Überblick über die verschiedenen Strategien der Inszenierung, der Konstruktion und des Arrangements in der Fotokunst gehörte es zu den Zielen der Ausstellung, auch deren Wurzeln in der Kunst der siebziger Jahre und früher aufzuzeigen. Auch für diese Ausstellung wurden die Begriffe der Inszenierung und der Konstruktion nicht anders oder neu belegt, als sie bisher gebraucht wurden. Das arrangierte, konstruierte und inszenierte Foto wird als »Bildtechnik« oder »Bildtyp« bezeichnet, mit der bzw. durch den der Fotokünstler fiktive Begebenheiten inszeniert. Jedoch wird – anders als bei Hoy, die sich auf den weiter gefaßten Begriff der *Fabricated Photography* bezieht – der manipulierte Abzug oder das manipulierte Negativ explizit ausgeschlossen. Denn schließlich ist der Vorgang des Arrangierens, Konstruierens und Inszenierens ein Akt, der allein *vor* der Kamera stattfindet.[69]

Grundsätzlich wird für die Ausstellung die inszenierte, konstruierte und arrangierte Fotoarbeit in die Kategorien Personentableau und Stilleben unterteilt, wobei das Porträt außen vor bleibt. Bevor der Kurator der Ausstellung, Michael Köhler, in einem die Ausstellung begleitenden Katalogtext diese Einteilung präzisiert, gibt er einen umfassenden Überblick über die Situation der Fotografie des zweiten Jahrhundertdrittels: Er geht von einem Paradigmenwechsel oder Stilwandel um 1980 aus, bei dem die moderne Fotokunst endgültig von der postmodernen (die mit dem Phänomen der Inszenierten Fotografie gleichsetzt wird) abgelöst wurde. Für die Fotokunst der achtziger Jahre stellt er fest, daß Künstler das Verhältnis zwischen der empirischen Wirklichkeit und dem von den Medien entworfenen Bild der Wirklichkeit zeigen wollen, welches zueinander nicht mehr stimmig ist.[70] In der Fotokunst entwickeln sich neue Strategien, zu denen die konzeptuelle Fotografie ebenso wie der Neosurrealismus, die Story Art und die Foto-Performance zählt. Insbesondere der konzeptuellen Fotografie wird dabei ein veränderter, spielerischer Ausdruck zugesprochen. Neben der Einteilung Personentableau und Stilleben werden weitere Untergruppen bzw. -kategorien aufgestellt, für die Michael Köhler aber zu recht bemerkt, daß sich für die Fotokunst der achtziger Jahre keine so genauen Gruppierungen, Schulen oder Stilbewegungen ausmachen lassen, wie das noch für die Fotografie der siebziger Jahre der Fall war. Ein Grund, warum hier von einem so starken Bruch zwischen der Fotokunst der siebziger und der achtziger Jahre ausgegangen wird, bzw. worin genau dieser Bruch besteht, wird allerdings nicht genannt.
Die Kategorien, die mittels der ausgestellten Arbeiten entworfen werden, basieren »auf dem Gegensatz von Personen und Objekten«. Zu ihnen gehören Selbstinszenierungen, narrative Tableaus, Miniaturbühnen, Stilleben, Foto-Skulpturen und -Installationen.

Die »Selbstinszenierungen« unterscheiden sich hinsichtlich ihrer formalen Aufmachung von den »narrativen Tableaus« allein durch die Anzahl der Akteure, ansonsten geht es bei beiden Gruppen um Fragen der Identität und damit verbunden um das Nachspielen bestimmter »Begebenheiten aus dem Alltag, aus Geschichte, Mythos oder der Phantasie der regieführenden Künstler/innen«.[71]
Die Gruppe der »Miniaturbühnen« unterscheidet sich von den narrativen Tableaus nur im Format, ansonsten sind Themen und Motive die gleichen. Unter »Stilleben« sind Arrangements mit Objekten unterschiedlicher Herkunft und Bedeutung zu verstehen, die auch als Sinn-Bilder verstanden werden können. Die letzte Gruppe, »Skulpturen«, ist nicht immer eindeutig von den bereits genannten Gruppen zu unterscheiden, ihr Kennzeichen liegt vor allem in der Größe der Konstruktion, die in der Regel weit in den Raum hineingreift.
Im übrigen wird für alle Kategorien eine Wiederkehr des Narrativen konstatiert, wobei der Begriff des Narrativen sehr umfassend gebraucht wird, da etwa auch die Siebdruckbilder **Robert Rauschenbergs**, die Konzept-Fotografie und der Neo-Surrealismus als narrativ bezeichnet werden.[72]

Da Köhler selbst die Schwierigkeit einer Kategorienfindung betont, soll an dieser Stelle nochmals Anne Hoy angeführt werden. Wenngleich Hoy die am Negativ oder Abzug manipulierte Fotografie in ihre Unterteilung miteinbezieht, kommt sie unabhängig davon doch zu anderen, einfacheren Ergebnissen. Ihre Kategorien, narratives Tableau, Porträt/Selbstporträt und Stilleben, beinhalten im Grunde Köhlers Einteilungen, für die er selbst einräumt, daß die Unterschiede zum Teil fließend bzw. gering sind.[73]
Ein abschließender Hinweis in Köhlers Essay gilt schließlich noch den formalen Gemeinsamkeiten der Inszenierten, Konstruierten und Arrangierten Fotografie, zu denen das große Format, der Gebrauch von Farbe, die limitierte Auflage und die sorgfältig ausgeführte Rahmung zählt.

Zusammenfassung: Fabricated Photography in den siebziger und achtziger Jahren

In der folgenden, die Literatur noch einmal zusammenfassenden Betrachtung können bereits bestimmte Charakteristika des Phänomens ›Inszenierte Fotografie‹ festgehalten werden: Der Begriff tauchte in der Fachliteratur erstmalig in den siebziger Jahren auf, und zwar in Reaktion auf die Praxis. Bis heute ist es nicht zu einer einheitlichen Begriffs- oder Definitionsfindung gekommen, obwohl es bis in die achtziger Jahre – mit Höhepunkt zwischen den Jahren 1987

und 1990 – einen wahrhaften Boom an Literatur und Ausstellungen zu dem Thema gegeben hat.[74]
In Übereinstimmung mit Anne Hoy können sich innerhalb der *Fabricated Photography* drei verschiedene Hauptkategorien benennen lassen: das narrative Tableau, das Stilleben und das Porträt. Methodisch ist zwischen Konstruieren (Arrangieren), Inszenieren und Manipulieren zu unterscheiden. Die Methode (und das Thema) des Aneignens wird zwar in den Ausführungen zur sog. postmodernen Fotografie noch berücksichtigt, muß aber nicht zwangsläufig zur *Fabricated Photography* gehören. Wird ein Motiv wie bei **Sherrie Levine** oder **Richard Prince** eins zu eins übernommen, ist es weder konstruiert, manipuliert noch inszeniert, weshalb es genaugenommen aus dem Bereich der *Fabricated Photography* herausfällt.

Die *Fabricated Photography* entwickelte sich Ende der siebziger als eigene künstlerische Richtung innerhalb der Fotokunst. Fotokünstler begannen zuerst in den USA, insbesondere in Kalifornien, für die Kamera zu inszenieren und zu konstruieren. Entsprechend wurde die *Fabricated Photography* hier mehr wie sonstwo beachtet. Ein Großteil der Ausstellungen zum Thema fand entweder in Kalifornien (S. Barbara, S. Francisco, Los Angeles, Fullerton) oder in New York statt. Die Bedeutung von New York erklärt sich u. a. daraus, daß die Stadt von Anfang an Zentrum zeitgenössischer Fotokunst war. Institutionen wie das George-Eastman-House in Rochester oder das Museum of Modern Art mit einer eigenen Fotografieabteilung tragen ebenso wie das International Centre of Photography und die große Zahl der auf Fotografie spezialisierten Galerien zur Anerkennung und Entwicklung des Mediums bei.
In Kalifornien war es vor allem die rege Lehrtätigkeit im Bereich der Fotografie, die die Beschäftigung mit dem Medium von Anfang an förderte. Institutionen wie das California Institute of the Arts (Cal Arts) in Valencia, die University of California in San Diego, Riverside und Santa Barbara oder die State University in Fullerton bieten eigene Studiengänge für Fotografie und Fotografiegeschichte.[75]
Darüber hinaus spielt für die Inszenierte Fotografie in Kalifornien natürlich die Nähe zum Film, insbesondere zur Hollywoodschen Filmfabrik eine bedeutende Rolle – viele Fotografen und Fotokünstler kommen aus der Filmbranche. Hollywood brauchte zur Vermarktung seiner Filme schon immer eine große Zahl an Fotografen, die auf Filmstills spezialisiert sind, wobei der Sprung vom kommerziellen Filmstill zur Inszenierten Fotografie nicht allzu groß ist. Von dieser rein praktischen Seite abgesehen legt auch das gesteigerte Interesse der Kunst der siebziger und achtziger Jahre am Film, die Verbindung von Film und Fotografie nahe. Leicht zu bedienende Video- und Super-8-Kameras brachten vielen Künstlern das filmische Arbeiten näher.

Hinsichtlich der regionalen Verbreitung von Inszenierter Fotografie in Europa fällt auf, daß es kleinere Zentren gibt, in denen die *Fabricated Photography* gehäuft auftritt – eines waren z. B. die Niederlande. Hier fanden viele Ausstellungen zum Phänomen der Inszenierten Fotografie statt und das Thema wurde früher als sonstwo in Europa diskutiert.[76]
Außerhalb der Niederlande fanden in Europa abgesehen von wenigen Ausnahmen nur wenige Ausstellungen zum Thema statt und diese eher abseits der großen Kunstmetropolen – trotzdem hat es auch in Deutschland einige Künstler gegeben, die sich von Anfang an mit dem Phänomen der Inszenierten Fotografie beschäftigten (u. a. **Jürgen Klauke, Urs Lüthi, Bernhard Johannes und Anna Blume, Klaus Rinke, Lothar Baumgarten**).

Neben der regionalen Verbreitung gibt es schließlich formale Merkmale, die für die *Fabricated Photography* konstatiert werden können: So kann u. a. auf das große Format und die satte Farbigkeit hingewiesen werden sowie auf die kleine Auflage und speziell ausgesuchte Rahmungen.
Inhaltlich fallen bestimmte Themen auf, die für die *Fabricated Photography* charakteristisch sind: Neben Fragen nach der eigenen Identität, ist das Ausloten von Seherfahrungen und die Thematisierung des fotografischen Mediums ein gemeinsamer Nenner Inszenierter Fotografie. Besonders häufig taucht die Frage nach der Wirklichkeit und ihrer Nachahmung in der Fotografie auf. Damit eng verbunden ist die Auseinandersetzung mit einer von den Medien beeinflußten Wirklichkeit, die sich in der Fotokunst oft als Darstellung einer extrem artifiziellen Welt widerspiegelt. Auch die Rolle des Betrachters wird in vielen Fotoarbeiten der siebziger und achtziger Jahre thematisiert.

3. »Postmoderne Fotografie« und der schwierige Umgang mit einer Theorie der Fotokunst nach der Moderne

Da die Entwicklung Inszenierter Fotografie annähernd parallel zur sog. postmodernen Fotografie verlaufen ist bzw. häufig sogar mit ihr gleichgesetzt wird, ist der folgende Exkurs auch der Untersuchung Inszenierter Fotografie dienlich. Dabei kann hier allerdings nur am Rande auf den Variantenreichtum des Terminus »Postmoderne« verwiesen werden, der seit den achtziger Jahren verstärkt in der Literatur diskutiert wird. Wie die mittlerweile kaum mehr zu bewältigende Literaturfülle zeigt, differiert die Bestimmung des Begriffs nicht nur von Disziplin zu Disziplin sehr stark, sondern auch innerhalb einer jeden Disziplin

(Philosophie, Literatur etc.) gibt es ganz unterschiedliche Auffassungen darüber, was Postmoderne ist. Mit Ausnahme der Architekturtheorie, für die der Terminus relativ homogen gebraucht wird, gibt es zur Postmoderne kaum übereinstimmende Positionen.

Für die Fotografie sollte zudem auch zwischen europäischen und amerikanischen Ansätzen unterschieden werden. Während in europäischen Texten der Postmodernebegriff nur selten Anwendung findet, hat sich in den USA in den achtziger Jahren ein Stamm von Kritikern herausgebildet, der sich ausschließlich einer postmodernen Fotografietheorie verschrieben hat. Entsprechend bewegt sich die Debatte um das Postmoderne in den USA ganz woanders als in Europa. So werden beispielsweise verschiedene Disziplinen (Soziologie, Psychoanalyse, Ethnologie etc.) oder – für europäische Verhältnisse sehr unüblich – Fragen zur Aidsproblematik, zur Homosexualität oder zum Feminismus in die Diskussion der postmodernen Fotografie miteinbezogen.[77]

Um eine Vorstellung von der Diskussion um die postmoderne Fotografie zu geben, werden jeweils die Kernthesen zweier Ansätze zur postmodernen Fotografie in Europa und den USA erläutert. Dabei wird auch hinterfragt, ob die Vehemenz, mit der das Postmoderne in der Fotografie hervorgehoben wird, gerechtfertigt ist, oder ob mitunter nicht die Gefahr besteht, der Fotografie einen Epochenbegriff aufzuzwingen, der weder zu ihrer Definition noch zu ihrem Verständnis beizutragen vermag.

Am Anfang dieser Übersicht stehen die Ausführungen von Michael Köhler, der, wie er selbst zugesteht, eine »vage Erklärung« für den Postmodernebegriff liefert. Köhler bezeichnet die Postmoderne als »einen auf die Gegenwart gemünzten Epochenbegriff [...], der anzeigen soll, daß wir nicht mehr in der ›Moderne‹ leben, sondern in einer Zeit ›nach der Moderne'«.[78] Will man zu einer Bestimmung postmoderner Stilmittel gelangen, kann man nach Köhler von Merkmalen ausgehen, die für die Fotografie der Moderne gelten und zu denen er die folgenden zählt:

1.) Der Kamera-Künstler soll seine Bilder finden, nicht er-finden.
2.) An dem einmal als Bildmotiv gewählten Realitätsausschnitt darf er keinerlei Veränderungen vornehmen.
3.) Bei der Aufnahme muß er bemüht sein, die vorgefundenen Dinge möglichst sachlich wiederzugeben [...].
4.) In der Dunkelkammer sind keine Manipulationen am belichteten Negativ erlaubt.
5.) Die Abzüge sollen von handwerklicher Perfektion sein [...].
6.) Die kreative Leistung des Kamera-Künstlers besteht in der Wahl des Motivs und seiner fotogerechten Wiedergabe durch die Bestimmung von Bild-

ausschnitt, Brennweite und Belichtungszeit. Alles Schielen auf malerische oder grafische Effekte mindert den Realismus des Lichtbilds und ist daher zu unterlassen.[79]

Da sich die Postmoderne nach Köhler gegenteilig zur Moderne verhält, charakterisiert er entsprechend ihre Merkmale gegenteilig zu denen moderner Fotokunst:

1.) Der Foto-Künstler muß seine Bilder schon er-finden, besser: fabrizieren; das bloße Finden reicht nicht mehr.
2.) Welchen Weg er dabei verfolgt, ist ihm freigestellt. Entweder macht er sich die Mühe, seine Sujets vor der Kamera zu arrangieren, konstruieren und inszenieren. Oder er bedient sich Bilder anderer [...].
3.) Jede Aufnahmetechnik ist zulässig [...].
4.) Jede Manipulation von Negativ und Abzug ist nicht nur erlaubt, sondern willkommen.
5.) Handwerkliche Finesse beim Herstellen von Negativ und Abzug ist geduldet, aber kein zwingender Maßstab für die Qualität einer Arbeit.
6.) Die kreative Leistung des Foto-Künstlers bemißt sich nach seiner Fähigkeit, den traditionellen Anspruch des Kamera-Bildes auf Wahrheit, Objektivität und Realismus zu untergraben. Und ihm dafür den Charakter eines autonomen Bildobjekts zu geben.[80]

Wenngleich sich viele der genannten Merkmale in der aktuellen Fotokunst, auch in der Inszenierten Fotografie, wiederfinden, kann Köhlers Auflistung dieser Kennzeichen für eine Untersuchung zeitgenössischer Fotografie zwar ein hilfreiches Instrument sein, als Charakterisierung postmoderner Fotografie ist sie jedoch nicht geeignet. Denn die von Köhler vorausgesetzte Annahme, daß postmoderne Fotografie »die bewußte Negation von Produktionsprinzipien ›direkter [d. h. moderner] Fotografie‹«[81] sei, stellt die Postmoderne ausschließlich als Gegensatz der Moderne dar. Köhler widerspricht damit der verbreiteten Auffassung (Douglas Crimp, Wolfgang Welsch u. v. a.), in dem Terminus **keinen** Epochenbegriff zu sehen. In zeitlich und inhaltlich begrenzten Epochen zu denken und zu arbeiten, verhält sich genau gegensätzlich zum Wesen der Postmoderne. Diese zeichnet sich vielmehr dadurch aus, daß sie sich gerade nicht in dem festgelegten Rahmen einer Epoche bewegt, sondern im Gegenteil diesen Rahmen zu sprengen versucht. So kann das Verhältnis der Postmoderne zur Moderne auch als Verflechtung und nicht als Gegensatz betrachtet werden, als Verhältnis bei dem es weniger um eine Entgegensetzung als vielmehr um ein Ineinanderübergehen geht.

> *Bereits der Terminus »postmodern« deutet durch seine Ambivalenz (Absetzung von der Moderne und gleichzeitige Rückbindung an sie) dergleichen an. Wenn etwas neu ist an der Postmoderne, dann gerade dies, das sie sich nicht als neueste Epoche versteht, die alles Vergangene hinter sich lässt, ...*[82]

Nun würde man Köhlers Ausführungen allerdings auch nicht gerecht werden, wenn man nur seine Auflistung moderner und postmoderner Merkmale anführt. Der Autor geht vor allem auf die Rahmenbedingungen der Postmoderne ein, wobei er sich auf Jean Baudrillards »Präzession der Simulakra« (1978)[83] bezieht. In Anlehnung an Baudrillards Erklärungen zum Simulakrum, zur Simulation und zum Hyperrealen, behauptet Köhler, daß die »Simulation« der Wirklichkeit durch die Medien eine Verunsicherung über die empirische Wirklichkeit mit sich bringe. Die Bildwelt der Medien kann dazu führen, daß die empirische Wirklichkeit als Bezugsrahmen für unsere Orientierung in der Welt verdrängt wird. Diese Situation schlägt sich in der zeitgenössischen Fotokunst nieder, in der Weise, daß hier das Verhältnis von Wirklichkeit und ihrem Schein reflektiert wird. Im Unterschied zur modernen Fotokunst, die auf Authentizität oder Objektivität ausgerichtet war, machen sich zeitgenössische Fotokünstler von der Vorgabe der Wirklichkeitstreue frei und beschäftigen sich mit »Fragen bzw. Strategien von ›Simulation‹ und ›Hyper-Realität'«.[84] Sie vermitteln nicht das Bild einer wirklichkeitsgetreuen Fotografie, sondern wollen die Scheinwelt, in der sie (wir) leben auch – oder gerade – in der Fotografie aufzeigen. Wieweit dieser Umgang mit Wirklichkeit bzw. ihrem Simulakrum auch am konkreten Bild nachzuweisen ist, werden noch die Untersuchungen zu R. Krauss im Zusammenhang mit Cowins und Shermans Werk zeigen (S. 92ff.) zeigen. Vorerst soll nur festgehalten werden, daß in den theoretischen Äußerungen zur postmodernen Fotografie das Thema der Darstellung von Wirklichkeit bzw. einem von den Medien geprägten Bild der ›Wirklichkeit‹ einen besonderen Stellenwert hat.
Überlegungen zur Wirklichkeitsproblematik in der Fotografie kennzeichnen auch die Ausführungen einer Reihe amerikanischer Kritiker, die sich mit postmoderner Fotografie auseinandergesetzt haben: Zu den Initiatoren dieses Diskurses gehören im wesentlichen Autoren und Herausgeber der Zeitschrift *October*[85] , insbesondere Douglas Crimp, Rosalind Krauss, Abigail Solomon-Godeau und Craig Owens. Im folgenden wird exemplarisch Crimps Position vorgestellt, da seine Ansichten in weiten Teilen repräsentativ für die in den USA geführte Debatte zur postmodernen Fotografie sind.

Mit seiner Publikation »Über die Ruinen des Museums« (engl. »On the museum's ruins«, 1993) und dem Ausstellungsessay »Pictures« (1979) liefert Crimp ein umfassendes Bild postmoderner Fotografie. In »Pictures«[86] behauptet Crimp zunächst, daß einer der wichtigsten Aspekte postmoderner Kunst, die Nichtbeschränkung auf ein Medium ist (»to be not confined to any particular medium«). Er stellt fest, daß die Integrität eines Mediums seit den siebziger Jahren ohnehin bedeutungslos ist, da viele Künstler innerhalb verschiedener Medien hin und her wechseln. Obwohl Crimp in erster Linie Künstler vorstellt, die hauptsächlich mit Film und Fotografie arbeiten (Jack Goldstein, Robert Longo, **Cindy Sherman**, Troy Brauntuch und **Sherrie Levine**), macht er gerade an ihrem Werk deutlich, daß es diesen Künstlern nicht um ein spezifisches Medium geht, sondern um die *Art, wie* Bilder präsentiert werden, und wie diese Art *in Szene gesetzt* werden kann. Zum postmodernen Ansatz gehört daher die Tatsache, daß Bilder keine autonome Bedeutungskraft haben, sondern daß sie ihre Bedeutung aus der Art beziehen, in der sie sich präsentieren:

> *These pictures have no autonomous power of signification (pictures do not signify what they picture): they are provided with signification by the manner in which they are presented.*[87]

Crimp vertritt demnach die Auffassung, daß nicht die Darstellung eines Bildes relevant sei, sondern der Modus dieser Darstellung, das heißt die Art, wie der Künstler sein Bildsujet vermittelt.
Um diesen Gedanken am konkreten Werk zu verdeutlichen, untersucht der Kritiker den Aspekt des Zeitlichen (*temporality*) in der Arbeit verschiedener Künstler und stellt fest, daß dieser u. a. durch eine narrative Darstellung (z. B. bei Cindy Sherman), durch Fragmentierung und Wiederholung (z. B. bei Jack Goldstein) oder durch einen medialen Transformierungsprozeß (z. B. in den vom *Film Still* zum »*Still Film*« verwandelten Arbeiten von Robert Longo) besonders betont werden kann, nicht aber durch das Bild(-motiv) an sich. Das Postmoderne in der Fotografie ist weder im Motiv noch im Stil zu suchen, sondern in der Art, *wie* ein Motiv oder ein Stil dem Betrachter präsentiert wird.[88]
Die Fotografie stellt dabei ein besonders geeignetes Medium dar, da sie seit ihrer Erfindung Bedeutungsträger vieler verschiedener Disziplinen wie der Soziologie, der Psychoanalyse oder der Kriminalistik ist – sie ist kein Medium, das ausschließlich der künstlerischen Nutzung vorbehalten ist, was sie für die Kunst wiederum interessant macht.

Weiter fordert Crimp, daß die postmoderne Kritik sich nicht allein auf das singuläre Kunstwerk konzentrieren solle, sondern auch seine institutionellen Rahmenbedingungen berücksichtigen müsse, die für die Fotografie in ihrem Verhältnis zum Museum liegen.[89] Wie bereits erwähnt, läßt sich der Zeitraum, in dem Fotografie überhaupt Eingang in die Museen findet, in die sechziger bis siebziger Jahre datieren, als man begann, Fotografie als Kunstgattung zu akzeptieren. Diese neue Situation führt zu einem generellen Wandel in der Auffassung von Kunst, der den Beginn der Postmoderne ankündigt: Die Fotografie steht anders als die Malerei nicht nur für sich selbst oder ihre eigene geschichtliche Vergangenheit, sondern sie verweist auch auf eine »externe Welt«. Als heterogenes Medium, das heißt als Medium, das in mehreren Disziplinen verwendet wird, fehlt der Fotografie das, was die Malerei kennzeichnet, ihre »Einheit«. Die Tatsache, daß die Fotografie Eingang ins Museum findet, bedeutet, daß durch sie die Außenwelt in das Museum dringt, was letztlich nicht nur die Autonomie der Kunst zerstört, sondern sie auch als Fiktion, als Konstruktion des Museums entlarvt.[90] Das Wesen der Fotografie, ihr Mangel an Homogenität (die bei der Malerei selbstverständlich ist) und ihre Nutzbarkeit in mehreren Bereichen bewirkt demnach eine Auflösung des herkömmlichen Kunstbegriffs. Für den Betrachter stellt sich mit der Fotografie im Museum die Frage, was Kunst denn eigentlich sei, wenn auch ›kunstfremde Bereiche‹ – die ›Außenwelt‹ in Form von Fotografien – in das Museum eindringen können. Als Beispiel für diesen abstrakten Vorgang führt Crimp **Robert Rauschenberg** an, der mit seinen *combine paintings* die Postmoderne für die Bildende Kunst einleitete. Durch die Kombination von Pressefotos und Malerei deckte Rauschenberg nicht nur die Heterogenität der Fotografie auf, sondern bewirkte auch, daß »die Einheit der Malerei zerstört, hybridisiert und mit fotografischen Bildern korrumpiert«[91] wurde. Die Fotografie konnte demnach, gerade weil sie nicht ausschließlich zur Bildenden Kunst gehörte, die Vorstellung von dieser erheblich verunsichern, in dem Moment, in dem sie als Kunst gezeigt wurde.

Die Verschiebung von der Moderne zur Postmoderne beschreibt Crimp in drei Punkten, die, ergänzt um den bereits erwähnten Aspekt der ›Nichtbeschränkung auf ein Medium', die in den USA verbreitete Auffassung einer Postmodernetheorie im wesentlichen wiedergeben. Als erstes nennt er die Tatsache, daß Fotografie fast hundertfünfzig Jahre nach ihrer Erfindung als »Kunst« entdeckt und ins Museum gebracht wurde, wobei dieser Umstand weniger als Beginn der Postmoderne denn als Tod der Moderne zu verstehen ist. An diesen Wandel schließt sich eine Bedrohung für die traditionell modernen Medien an, die die Musealisierung der Fotografie mit sich bringt. Künstler wie Robert Rauschenberg nutzen das für die bildende Kunst neu entdeckte Medium und stellen damit die Homogenität der Malerei (und Skulptur) in Frage. Aus diesen Umständen leitet sich der dritte Punkt ab, »das Heraufkommen neuer fotografischer Praktiken, die die Grundsätze der Autorschaft und Authentizität ablehnen und Fotografie demzufolge anders begreifen«[92]. Das bedeutet, daß, nachdem die Homogenität der Kunstgattungen einmal gesprengt ist, andere, neue Formen im Umgang mit Fotografie entstehen, die sich etwa in Praktiken wie dem Nachahmen oder Aneignen ausdrücken. Beides wird häufig unter dem Begriff der *Appropriation Art* zusammengefaßt. Unterscheidet man genauer, ist mit Nachahmen das Imitieren eines Stils gemeint, wie es etwa Cindy Sherman oder **Eileen Cowin** praktiziert haben, während Aneignen die vollständige und unveränderte Übernahme eines Bildes bedeutet, im Sinne der 1 : 1 abfotografierten Bilder Sherrie Levines oder **Richard Princes'**. Für beide Methoden gilt, daß nicht nur das Bild als autonomes Kunstwerk hinterfragt wird, sondern auch sein Urheber – der Künstler als Autor wird reflektiert, analysiert und mitunter auch negiert.

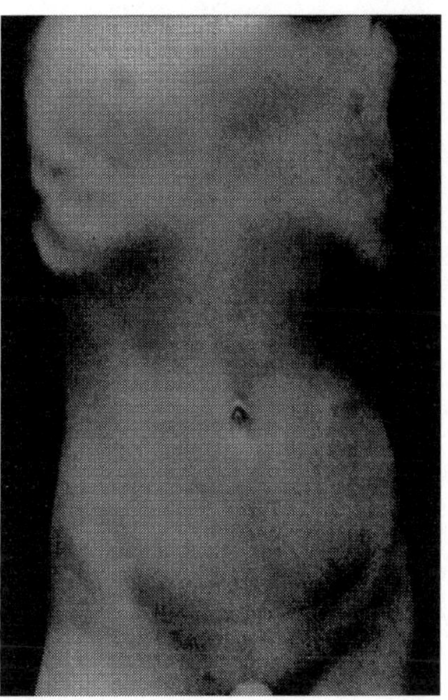

Abb. 1 Sherrie Levine, *Ohne Titel [After Edward Weston #3]*, 1980

Während die Postmodernetheoretiker um Michael Köhler die Auffassung vertreten, daß die bedeutendste Eigenschaft postmoderner Fotokunst darin liege, daß eine Fotografie autonom sei, das heißt »unabhängig von der Außenwelt kein Abbild mehr von etwas, sondern ein Objekt völlig eigenen Charakters«[93] ist, stellt für Douglas Crimp und seinen Umkreis postmoderne Fotografie das Gegenteil dar: die Überwindung des autonomen Bildcharakters bzw. die Darstellung, *daß* dieser Bildcharakter überwunden ist.

Aber so wie Köhlers Postmodernebegriff kritisch hinterfragt werden mußte, so müssen auch Crimps Äußerungen zur Postmoderne zumindest für den praktischen Umgang mit Fotografie genauer betrachtet werden. Denn in dem Augenblick, in dem sich die Kunstkritik über die »überwundene« Autonomie eines Kunstwerkes äußert oder sie festzustellen meint, ist diese Autonomie wieder hergestellt. Als Beleg dafür kann das Werk der amerikanischen (Foto-)Künstlerinnen Sherrie Levine und Cindy Sherman angeführt werden, die beide von Publikum und Kunstkritik hoch geschätzt werden. Levine hat in einer Reihe von Fotografien Reproduktionen bekannter Meisterwerke abfotografiert (z. B. Aktfotografien von Edward Weston, »Ohne Titel [After Edward Weston #3]«, 1980, Abb. 1) und das Ergebnis als ihre Arbeit bezeichnet. Durch das bloße Abfotografieren von Reproduktionen unterwandert sie den Status der Fotografie als autonomes Bildobjekt, sie verleugnet seine Originalität, ebenso wie sie dem Urheber des Bildes keine Bedeutung einräumt. Der Ansatz ihrer Arbeit entspricht damit durchaus dem Postmoderne-Gedanken von Crimp, Krauss u. a., indem bereits vorhandene erzählerische Bildformen aufgegriffen und die Autorschaft und Authentizität eines Werkes in Frage gestellt werden.[94] Im Ergebnis allerdings hängen auch Levines Bilder im Museum, wo sie als »Originale« bewundert und mittlerweile hochgehandelt werden, das heißt in ihrem Charakter als autonomes Bild wieder hergestellt sind. So muß am Beispiel von Levine hinterfragt werden, wieweit sich in der Praxis die postmoderne Theorie noch umsetzen läßt, bzw. wieweit sie nicht ihre Substanz verliert.[95]

Eine noch größere Kluft zwischen postmoderner Theorie und ihrer praktischen Umsetzung ist bei den Arbeiten von Cindy Sherman zu beobachten. In Analysen zu ihrem Werk wird immer wieder betont, daß die Künstlerin durch die Adaption bestimmter, vor allem aus den Massenmedien bekannter, stereotyper Darstellungsweisen Aspekte der Populärkultur in den Kunstdiskurs bringt. Kritiker werden nicht müde, die Vermischung von *High* und *Low Art* an ihrem Werk als postmodern hervorzuheben. Dabei wird auch gerne darauf verwiesen, daß Fotografinnen wie Sherman das Medium der Fotografie nutzen, um die Aura der Autorschaft zu vermeiden, was u. a. durch die mögliche Reproduzierbarkeit von Fotografie gewährleistet ist.[96] Im Fall der amerikanischen Fotokünstlerin muß aber hervorgehoben werden, daß die Künstlerin ihre Arbeiten nicht nur in limitierten Auflagen herausgibt, mit aufwendigen Großformaten und oft eigens angefertigten Rahmungen hinter Plexiglas montiert – die Reproduzierbarkeit des Mediums für sich also bewußt **nicht** in Anspruch nimmt –, sondern von Anfang an zu einem derart charakteristischen Stil gefunden hat, daß sie als Autorin ihrer Bilder immer sofort auszumachen ist. Shermans Fotografien verhalten sich stilistisch und motivisch so ähnlich zueinander, daß die Behauptung, hier werde ein Stil nachgeahmt, fremdes Material angeeignet oder sogar die »Aura der Autorschaft« vermieden, nicht einer gewissen Ironie entbehrt. Wie sich noch zeigen wird, verfolgt Sherman ihren eigenen und eigenwilligen Stil seit gut zwanzig Jahren, indem sie an einmal gefundenen Themen festhält, und diese mit kaum veränderten formalen Mitteln – großes Format, satte Farbigkeit, angeschnittene Figuren – umsetzt. Von einer bewußten Vermeidung der Autorenschaft kann in ihrem Werk kaum die Rede sein.

Die Ansicht, daß sich gerade im Fall von Sherman postmoderne Theorie und ihre praktische Umsetzung nicht immer ganz vereinbaren lassen, wird noch durch den Umstand unterstützt, daß Sherman umjubelte Fotokünstlerin des 20./21. Jahrhunderts ist, worauf etwa die Tatsache verweist, daß sie für das Jahr 1999 von der amerikanischen Zeitschrift *ARTnews* als eine der »10 best living artists« bezeichnet wurde.[97] Weder von Shermans Person als Künstlerin noch von ihrem Werk kann ernsthaft behauptet werden, daß hier die Konventionen sog. Hoher Kunst unterwandert werden, da es kaum eine zweite Künstlerin gibt, die im Kunstmarkt so fest etabliert ist wie Cindy Sherman. Damit läßt sich zusammenfassend festhalten, daß der Diskurs postmoderner Fotografietheoretiker über einzelne Künstler und ihre Arbeiten zwangsläufig dazu führen mußte, daß sich die Situation seit den Anfängen der Debatte veränderte. Die Künstler, die einst postmoderne Kriterien wie das Unterwandern des autonomen Bildstatus, das Adaptieren stereotyper Darstellungsweisen, die Vermischung von *High Art* und Populärkultur erfüllten, gehören heute zu den gefragtesten Vertretern zeitgenössischer Kunst. Sie bewegen sich nicht nur innerhalb eines institutionellen Rahmens, den die Postmodernetheoretiker in ihrem Werk gerade als vermieden angesehen haben, sondern sie erfüllen durch die konsequente Anwendung ›postmoderner‹ Strategien die Bedingungen des Postmodernen selbst eigentlich nicht mehr.

Die exemplarische Darlegung zweier Positionen zur postmodernen Fotografie zeigt die Schwierigkeiten und Widersprüche, die mit diesem Begriff verbunden sind. Da der postmoderne Ansatz keine klar umrissenen Thesen hat, unterliegt er selbst ständigen Veränderungen. Für die Fotokunst wurde erläutert, daß sich die äußeren Bedingungen sogar in dem Augenblick ändern können, in dem die Fotografie in größerem Maße akzeptiert wird, so daß man in der Auseinandersetzung um den Begriff immer Gefahr läuft, das einzelne Werk außer Acht lassen zu müssen. Doch trotz dieser mit dem Begriff verbundenen Schwierigkeiten zeigt sich, daß es in der Fotokunst der siebziger bis neunziger Jahre – die gemeinhin als postmodern bezeichnet wird – ein methodisches Vorgehen gibt, auf dem die Verfechter der Postmoderne ihre Theorie aufbauen. Wieweit es notwendig ist, diese Vorgehensweise unter den Oberbegriff der Postmoderne zu stellen, soll zwar dahingestellt bleiben, bedeutend ist aber, daß sie zumindest mit Einschränkung an bestimmte Kennzeichen gebunden ist, von denen u. a. das Negieren der Autorenschaft, das Adaptieren verschiedener Darstellungsmodi oder das Aufgeben der Autonomie des Bildes auffällig sind.

Die Ausführungen zur postmodernen Fotografie abschließend, soll – in Hinblick auf die Inszenierte Fotografie – noch auf die Literatur verwiesen werden, für die sich hinsichtlich bestimmter Kennzeichen vergleichbare Aussagen machen lassen. Zwar unterliegt auch der Postmodernebegriff der Literatur laufenden Veränderungen und legitimiert das Aufstellen von spezifischen Merkmalen nur bedingt, jedoch ist es bemerkenswert, daß dort, wo solche Merkmale aufgestellt werden, sie mit den Merkmalen der Fotografie, postmoderner und/oder inszenierter, weitgehend übereinstimmen.

Der Literaturwissenschaftler Frank Hofmann hat die Kennzeichen »Postmodernen Erzählens« untersucht und kommt zu folgenden Ergebnissen: Bedeutendstes Merkmal der postmodernen Erzählung ist die Abwendung vom Postulat der Authentizität, weitere Kennzeichen sind:

- die Pluralität der Stile
- die Verbindung von hoher und populärer Literatur
- die Reflexion über das Erzählen in der Erzählung
- eine Offenheit gegenüber allen Inhalten und Formen und
- das Zitat einer Darstellungsweise (*wie* wird etwas dargestellt, und nicht *was*).[98]

Am Beispiel der Erzählungen des argentinischen Schriftstellers Jorge Luis Borges arbeitet Hofmann weitere Charakteristika heraus, zu denen die Verknüpfung von Fiktion, fiktiver Realität und realistischen Elementen gehört, der scheinbar autobiographische Rückgriff auf Erfahrungen des Autors selbst sowie die »Mehrfachkodierung« der Erzählungen, die verschiedene Lesarten und Interpretationen erlaubt. Auch die Bezugnahme auf andere Gattungen wie den Kriminal- und Entwicklungsroman oder die Sciencefiction sind Borges Erzählungen zu eigen.[99] Es wird sich noch zeigen, daß einige dieser Merkmale auch in der Inszenierten Fotografie zu finden sind bzw. daß die Fotografie in engem Austausch zur Erzählung steht. Dabei kann an dieser Stelle schon vorweg genommen werden, daß insbesondere die inszenierten Fotoarbeiten von Eileen Cowin Parallelen zu Borges Erzählungen aufweisen und eine Verbindung zwischen Literatur und Fotografie einmal mehr nahelegen.

Bevor am konkreten Werk weitere Rückschlüsse auf die Inszenierte Fotografie und ihr Verhältnis zur Postmoderne gemacht werden, soll zunächst versucht werden, eine Definition aufzustellen, aus der sich ein allgemeingültiges Analysemodell ableiten läßt.

4. Inszenierte Fotografie: Versuch einer Definition

In der Literatur zur Inszenierten Fotografie wurde bisher kaum auf das Verhältnis von Theater und Fotografie eingegangen, obwohl der Begriff der Inszenierung hier, im Theater, seine Wurzeln hat.[100] Um eine Definition für die Inszenierten Fotografie aufzustellen, die ein methodisches Werkzeug darstellt, mit dem sich *Inszenierte Fotografie* erkennen, einordnen und analysieren läßt, wird im folgenden der Inszenierungsbegriff des Theaters auf die Fotografie übertragen.

Inszenierung im Theater

Auch im Theater wird der Begriff der Inszenierung unterschiedlich aufgefaßt, je nach Autor und Zeit variiert er in seiner Bedeutung. Sein Ursprung sowie sein Bedeutungswandel lassen sich für die letzten hundertfünfzig Jahre jedoch relativ genau verfolgen.

Der Ausdruck »Inszenierung« ist noch ziemlich jung, seine zunehmende Verwendung fällt in die erste Hälfte des 19. Jahrhunderts, wo er vor allem in Frankreich benutzt wird. Der französische Theaterwissenschaftler André Veinstein datiert das Aufkommen des Inszenierungsbegriffs in die Zeit um 1820.[101] Im Deutschen wird »Inszenierung« das erste Mal schriftlich von August Lewald in einem Artikel der *Allgemeinen Theater Revue* von 1838 festgehalten. Lewald spricht davon, daß er ›in die Szene setzen‹ bereits im Herbst 1818 in Wien gehört habe und er fügt hinzu, daß die »Inszenierung« dem Theaterpublikum schon seit geraumer Zeit bekannt sei.[102] Weiter behauptet er, daß der Ausdruck von den Franzosen übernommen wurde, die *la mise en scène* sagen, was er mit »Setzung in die Szene« übersetzt.[103] *La mise en scène* bedeutet nach Lewald »ein dramatisches Werk vollständig zur Anschauung bringen, um durch äußere Mittel die Intention des Dichters zu ergänzen und die Wirkung des Dramas zu verstärken, doch immer, wohl verstanden, nur im Sinne der Dichtung dabei zu verfahren.«[104] Demnach umfaßt die Inszenierung zu Lewalds Zeit in erster Linie das Bühnenarrangement, was der Autor belegt, indem er einige Punkte nennt, die derjenige beherrschen muß, der ein Stück »in die Szene setzen will«. Neben der Einsicht in das Wesen eines bildnerischen Werkes und der Kunst des Schauspiels gehört dazu die Kunst des Maschinisten, die Zusammenstellung der Dekoration und die Wissenschaft von den Kostümen und den verschiedenen Baustilen. Bereiche also, die in heutiger Zeit mit den Begriffen der Bühnen- und Lichttechnik sowie Bühnen-, Masken- und Kostümbildnerei umschrieben werden. Insgesamt bezieht sich Lewalds Inszenierungsbegriff damit auf materiell-handwerkliche Aufgaben, da er eine interpretatorische Absicht, wie sie die moderne Regieführung beansprucht, nicht anspricht.

Diese Trennung von Inszenierung als visueller Bühnengestaltung und Inszenierung als interpretatorischem Eingriff in das dramatische Stück während der Probearbeiten bleibt bis in das 20. Jahrhundert hinein relevant. In der Theaterwissenschaft wird diese Zweiteilung der Aufgaben auch mit den Begriffen »äußere« und »innere Regie«, »Form- und Inhaltsregie« oder auch »Inszenierung« und »Regie« benannt. Für die zuletzt genannte Terminologie umfaßt »Inszenierung« allein die Tätigkeit der visuellen Bühnengestaltung.[105] Erst die neuere Theaterwissenschaft versteht unter »Inszenierung« nicht allein die Koordination praktischer Tätigkeiten, sondern auch den »schematischen Entwurf eines

Theaterkunstwerks, der jeder Theateraufführung zugrunde liegt und genauso wie Schauspielkunst und Theaterstück zu den Grundkomponenten des Theaters gehört.«[106] Noch genauer wird der Begriff der Inszenierung in der französischen Theaterwissenschaft definiert. Ausgehend von dem französischen *mise en scène* spricht etwa der französische Theaterwissenschaftler André Veinstein von einer Bedeutung im weiteren und im engeren Sinn. *Mise en scène* im weiteren Sinn umfaßt die Gesamtheit der Mittel szenischer Interpretation, einschließlich Bühnenbild, Beleuchtung, Musik und Spiel des Schauspielers, das heißt das personelle und materielle szenische Ganze einer Theateraufführung. Im engeren Sinn beinhaltet *mise en scène* die Gestaltung der verschiedenen Elemente der szenischen Interpretation eines Bühnenstückes in einer bestimmten Spielzeit und einem bestimmten Spielraum. Das heißt, das Personelle und Materielle einer Szene wird in Hinsicht auf die Aufführung eines dramatischen Stückes entsprechend vorbereitet und bearbeitet.[107] Im Anschluß an diese Definition lassen sich verschiedene sprachliche Feinheiten des Begriffs ausmachen: Der Definition der *mise en scène* im weiteren Sinne entspricht im Deutschen der Ausdruck »Regie«, der Definition im engeren Sinne der Ausdruck »Inszenierung«. Diese sprachliche Differenzierung gibt es weder im Französischen noch im Italienischen, hier stehen die Termini *mise en scène* bzw. »regia« für beide Bedeutungen. Wieder anders wird es im Englischen gehandhabt, wo »production« beide Bedeutungen umfassen kann, es für die Definition im engeren Sinn (d. h. entsprechend der deutschen »Inszenierung«) aber noch den zusätzlichen Terminus »direction«[108] gibt.

Eine endgültige Definition zur Inszenierung hat sich allerdings auch in den Theaterwissenschaften noch nicht durchgesetzt. Unter Inszenierung wird entweder die »Durchführung aller Maßnahmen, die zur Vorstellung eines Stückes nötig sind« verstanden oder der Terminus wird als »zusammenfassender Begriff für das Ergebnis der Regie«, das heißt für die Aufführung gebraucht.[109] Seit der zweiten Hälfte des 20. Jahrhunderts gehört zur Inszenierung auch die Rezeption einer Aufführung, als wichtiger Bestandteil ihres Entstehungsprozesses. Für ein dramatisches Stück bedeutet das, daß eine Inszenierung auf die Reaktion des Publikums hin entwickelt oder überarbeitet wird, so daß der Bezug zum Publikum eines ihrer konstituierenden Elemente ist.[110]
Zusammenfassend läßt sich festhalten, daß sich der Begriff der Inszenierung ursprünglich nur auf die äußeren Bedingungen eines Theaterstücks bezog. Die moderne Theaterwissenschaft versteht unter Inszenierung aber auch den Entwurf, das heißt die Ausarbeitung eines Stückes und seine Umsetzung einschließlich der materiellen und personellen Begebenheiten.

Inszenierung in der Fotografie

Da der Begriff der Inszenierung aus dem Theater stammt, liegt es nahe, nach inhaltlichen Korrespondenzen zwischen Theater und Fotografie zu suchen, aus denen sich eine Definition für die Inszenierte Fotografie ableiten läßt. Dabei sollte vorab schon eingeräumt werden, daß eine Übertragung des Inszenierungsbegriffs vom Theater auf die Fotografie nicht uneingeschränkt möglich ist, sondern daß hier zunächst nur Anhaltspunkte gegeben sind, die den Weg zu einer Definition pflastern, wenn die Definition selbst auch nicht endgültig sein kann. Die Charakteristika, die sich für die Fotografie ableiten lassen, sind dabei vor allem beschreibender und weniger inhaltlicher Natur, weshalb Inszenierte Fotografie hier vorerst auf die Darstellung von szenischer und narrativer Bildwiedergabe beschränkt wird. Diese Beschränkung kann erst im weiteren Verlauf der Untersuchung mittels der Bildanalysen aufgelockert werden, für die wiederum die hier aufgestellte Definition eine Grundlage bzw. ein leitendes methodisches Werkzeug ist.

Für das Theater wurde festgestellt, daß sich bis in das 20. Jahrhundert hinein der Begriff der Inszenierung auf die visuelle Bühnengestaltung bezog, das heißt auf Aufgaben der Licht- und Bühnentechnik sowie der Kostüm- und Maskenbildnerei. Damit ist ein materiell-technischer Bereich angesprochen, der mit dem Inhalt einer Szene und ihrer Darstellungsweise noch nicht zwangsläufig zusammenhängt. Dieser materielle oder »äußere« Bereich, wie er im folgenden genannt wird, ist ein erstes wichtiges Merkmal Inszenierter Fotografie, jedoch nicht ihr ausschlaggebendes.

Eine Fotografie der amerikanischen Fotokünstlerin **Cindy Sherman** kann dieses Merkmal veranschaulichen: Ein Bild aus der Serie der »Film Stills«, »Untitled Film Still # 11« (1978, Abb. 2), zeigt die Künstlerin mit Perücke, einer Perlenkette und fünfziger Jahre-Schühchen im altmodischen Spitzenkleid, wie sie ausgestreckt auf einem Doppelbett liegt. Mit dem Wissen, daß die Fotografie 1978 und nicht in den fünfziger Jahren, entstanden ist, können Kleidung und Möbel als Maske und Requisite erkannt werden. Hinzu kommt, daß die Künstlerin selbst in allen Fotografien der Serie abgebildet ist, das heißt, daß es sich bei ihrer Person offensichtlich um ein (schauspielerndes) Modell handelt. Ein Selbstauslöser in ihrer Hand verrät zudem, daß die Szene bewußt gestellt wurde.

Neben Maske, Requisite und Schauspiel wie sie in Shermans Fotografie nachweisbar sind, gibt es weitere Kennzeichen, die den äußeren Bereich markieren: Hier ist sowohl die Ausleuchtung der Darstellung zu nennen, die bei gleichmäßigem oder punktuell betonendem Licht auf eine gezielte Lichtregie hinweist, als auch das Großformat, das den technisch komplizierten Gebrauch einer Großbildkamera nahelegt.

Allein aus diesem Verständnis von Inszenierung als materiell-technische Ausstattung einer Szene kann sich der Begriff der Inszenierten Fotografie jedoch nicht entwickelt haben. Wie zuvor dargelegt, dehnte sich zum einen die Bedeutung des Theaterterminus im Laufe des 20. Jahrhunderts noch weiter aus, und zum anderen gab es schon immer Fotografien, in denen die Ausstattung des äußeren Bereichs eine Rolle spielte, ohne daß für diese der Begriff der Inszenierung eingeführt wurde. Zwar ist der äußere Bereich für die Inszenierte Fotografie auf jeden Fall bedeutend, rechtfertigt aber nicht ausschließlich die Übertragung des Inszenierungsbegriffes auf die Fotografie.

Bevor weitere Berührungspunkte zur theatralen Inszenierung angeführt werden, soll zunächst die wichtigste Verbindung zwischen Theater und »Inszenierter Fotografie« genannt werden: Eine Fotografie kann natürlich nicht eine Inszenierung mit allen Charakteristika, die im vorangegangenen Kapitel genannt wurden, wiedergeben. Sie kann aber einen Teil dieser Inszenierung, nämlich eine Szene (oder besser: Sequenz) abbilden, so daß man sich eine Inszenierte Fotografie als eine **auf die Bildfläche übertragene (Theater-)Sequenz** vorstellen

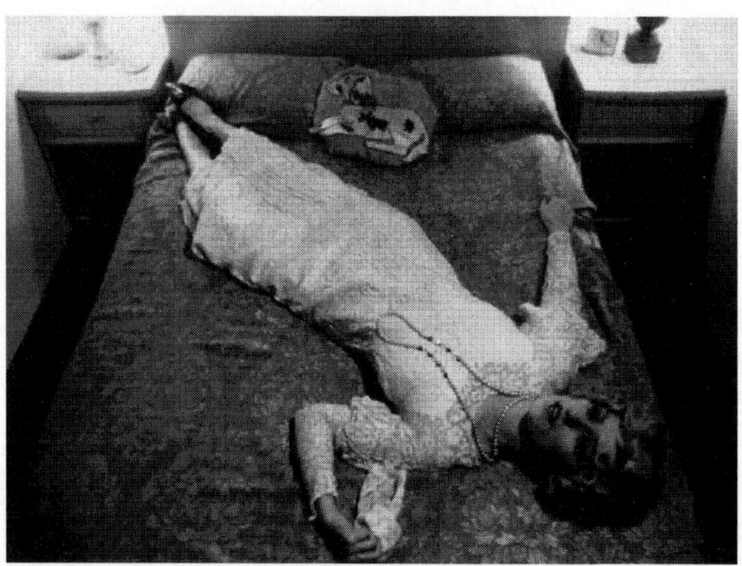

Abb. 2 Cindy Sherman, *Untitled Film Still # 11*, 1978

kann.[111] Eine inszenierte Fotografie zeigt damit eine Sequenz, die als Bestandteil einer (theatralen) Inszenierung denkbar ist und die – weil die Sequenz Teil eines erzählerischen Ganzen ist – eine **narrative Struktur** hat. Eine solche narrative Struktur wird in der Regel durch die Darstellung einer Handlung verdeutlicht, die ein zeitliches »Vorher« und »Nachher« impliziert.
Mehrere Aspekte sind dazu besonders hervorzuheben: zum einen die Darstellung des Narrativen und, daraus abgeleitet, die Darstellung einer **Handlung**. Und zum anderen die Ausnahmen, die sich daraus ergeben, und die in einigen Fällen die Möglichkeiten des Narrativen wesentlich erweitern können.
Zunächst wurde behauptet, daß man dann von einer inszenierten Fotografie sprechen kann, wenn die Darstellung als bildhafte Umsetzung einer narrativen Szene denkbar ist. Eine solche narrative Szene wird in der Regel von einer Handlung getragen, so daß die Darstellung einer oder mehrerer Handlungen zu den wesentlichen Kennzeichen Inszenierter Fotografie gehört. Eine Handlung meint in der Regel eine Abfolge von Geschehnissen mit mindestens einer Person. Diese Geschehnisse können als aktive Tätigkeiten dargestellt sein, aber auch als innere, geistige Entwicklung einzelner Figuren, die bewegungslos bleiben. Eine kurze Erläuterung von verschiedenen Bild- und Darstellungstypen kann die Einordnung der Inszenierten Fotografie als narratives Bild deutlich machen: Grundsätzlich läßt sich in der Bildenden Kunst zwischen einer imitativen, und/oder narrativen und einer argumentativen Struktur unterscheiden.[112] Während die imitative Struktur eine möglichst unmittelbare Wiedergabe der Wirklichkeit beinhaltet (für die Fotografie etwa das Ablichten von Landschaft), wird das narrative Bild durch eine erzählerische Struktur bestimmt, die ein Vorher und ein Nachher impliziert. Für den argumentativen Bildtyp gilt, daß die Bildmotive als Argumente aufgefaßt werden können, die nur in einem übertragenen Sinn zueinander in Beziehung stehen. Das argumentative Bild, zu dem etwa Stilllebenfotografien gehören können, ist in dem Sinne keine szenische Darstellung. Wenn Inszenierte Fotografie nun – wie oben behauptet – narrativ ist, gehört zu ihren Kennzeichen die Handlung, die dadurch überprüfbar ist, daß Personen dargestellt sind, die sich inmitten einer Tätigkeit befinden. Natürlich können die Personen auch durch Puppen oder Tiere ersetzt werden, wobei es sich bei Puppen sogar noch um eine zugespitzte Form der Inszenierung handelt, da das Puppenspiel nur aus dem Theater bekannt ist.[113]

Daß bei der Darstellung einer Handlung auch die Bewegung eine wichtige Rolle spielt, die in der Fotografie natürlich nur als Moment eingefroren wird, ist selbstverständlich. Ein kurzer Exkurs zur Stereoskopie kann die Bedeutung der Bewegung als Träger der Handlung für die Inszenierte Fotografie hervorheben. Viele Fotografen und Kritiker bezeichnen stereoskopische Ansichten aufgrund

Abb. 3 Nick Waplington, *Carbon Monoxide Poisoning*, 1995

ihrer Fähigkeit, Bewegung zu zeigen, als den Anfang der Inszenierten Fotografie.[114] Stereoskopische Karten, die um 1850 aufkamen, wurden gerne dazu genutzt, narrative Genredarstellungen zu veranschaulichen. Als Vorläufer der laufenden Bilder dienten sie dem Erzählen kleiner, unterhaltender Geschichten und bezogen damit wie die Inszenierte Fotografie ihr Wesen aus dem narrativen Zweck. Man bemühte sich, in den stereoskopischen Karten etwas zu erzählen, das sich durch große Wirklichkeitsnähe auszeichnete und erreichte dies, indem man Bewegung darstellte. Auch für die Inszenierte Fotografie ist es meist die Darstellung von Bewegung, die sie als narrativ kennzeichnet.

In Zusammenhang mit der Bewegung sind auch die bereits erwähnten Ausnahmen anzuführen, das heißt Fotografien, die die Grenzen des Narrativen wesentlich erweitern, indem sie keine Handlung (in Form von aktiven Tätigkeiten) zeigen – beispielsweise Darstellungen ohne Personen. Im Theater (oder im Film[115]) kann es sich bei solchen Szenen um Einstellungen handeln, die einem aktiven Geschehen unmittelbar vorausgehen oder ihm folgen und die ganz bewußt als spannungssteigernde Elemente eingesetzt werden. Entweder wird die Erwartungshaltung des Betrachters gesteigert, oder dem Betrachter wird die Möglichkeit gegeben, die zuletzt gezeigte Handlung noch einmal zu reflektieren. In der Fotografie können die der Handlung vorausgehenden oder nachfolgenden Szenen nicht gezeigt werden – mit Ausnahme der Fotosequenz, die mehrere Bilder zeigt –, so daß der Fotokünstler bei der Darstellung einer scheinbar handlungslosen Szene durch andere Mittel die narrative Struktur herstellen muß.[116] Dies wird etwa erreicht, indem Seherfahrungen rekrutiert werden, die aufgrund bestimmter Vorbedingungen als bekannt vorausgesetzt werden können, so daß ein komplizierter Handlungsaufbau von vornherein nicht nötig ist. Daß der Fotograf dabei bewußt mit der »Lesbarkeit« von Bildern agiert, von der auch der Betrachter ausgeht, ist unerläßlich.

Als Beispiel inszenierter Fotografien, die sich durch ihre narrative Struktur unmittelbar an die Seherfahrung des Betrachters wenden, ohne daß primär eine Handlung dargestellt ist, können zwei Bilder des Engländers **Nick Waplington** angeführt werden. Waplington fotografierte eine Serie, die den (Frei-)Tod verschiedener Personen darstellt, meist ohne, daß die Personen selbst zu sehen sind. »Drowned Farmer« (1996) zeigt etwa eine ruhige, leicht sonnenbeschienene Landschaft, in der der Blick auf die Leiche eines Menschen in einem umwaldeten Tümpel gelenkt wird. Es ist keine Handlung zu sehen, aber ein Motiv, das nur in Folge einer Handlung – Selbstmord, Mord oder Unfall – vorstellbar ist. Das heißt, in der dargestellten Szene agiert zwar keine Person, dennoch ist sie narrativ, da sich das Geschehen gut nachvollziehen läßt. Eine andere Fotografie aus Waplingtons Serie zeigt das Kennzeichen des Narrativen weit weniger offensichtlich, da der Fotografie die Darstellung einer Handlung oder ihres in der Person eines Menschen faßbaren Ergebnisses fehlt. In der Arbeit »Carbon Monoxide Poisoning« (1995, Abb. 3) steht ein Auto vor einer verlassenen Bar auf einer menschenleeren Straße. Ein Schlauch führt von dem Auspuff des Autos durch das Beifahrerfenster in das Wageninnere, das mit weißen Klebestreifen abgedichtet ist. Der Schlauch deutet an, daß in dem Auto eine Person sitzt, die den Monoxid-Kreislauf vom Auspuff in das Wageninnere aufgebaut hat, obwohl sie selbst hinter den mattierten Scheiben unsichtbar bleibt. Die makabere Darstellung zeigt keine Personen, ist aber trotzdem narrativ, da der Betrachter sich die Handlung im Inneren des Autos vorstellen kann. Waplington spielt hier mit der Vorstellung von Tatorten, das heißt er zeigt Motive, die aus Film, Fernsehen und Presse sehr gut bekannt sind und mit denen man aufgrund seiner Bildleseerfahrungen sofort Orte eines Verbrechens assoziiert.

Kommt man noch einmal auf den Inszenierungsbegriff des Theaters zurück, muß auch die Umsetzung der Handlung bzw. der narrativen Szene in einem bestimmten Rahmen als Merkmal Inszenierter Fotografie berücksichtigt werden. Hier ist es hilfreich, sich erneut die den Begriff der Inszenierung erweiternde Definition

französischer Theaterwissenschaftler ins Gedächtnis zu rufen, die besagt, daß unter »Inszenierung« nicht nur der äußere Bereich zu verstehen ist. Nicht allein das materielle, szenische Ganze einer Aufführung, zu der auch die schauspielerische Leistung zählt, ist konstituierend, sondern ebenso die Umsetzung eines Stückes auf der Bühne in einer bestimmten Spielzeit, also die entsprechende Vor- und Bearbeitung des dramatischen Stückes. Damit ist ein Bereich angesprochen, der sich viel stärker auf einer gedanklichen Ebene abspielt und über materielle und personelle Begebenheiten wie Lichtregie oder Schauspielercasting ebenso wie über das rein Erzählerische hinausgeht.
Hier wie dort geht es vor allem um die **Idee**, die dem Ganzen zugrunde liegt. Diese Idee wird in der Inszenierten Fotografie im Gegensatz zum intuitiven Auslösen des *street photographers* etwa mit Requisiten, Schauspielern und meist einer Großbildkamera schrittweise realisiert. Erst dieses sorgfältige Vorgehen ermöglicht dem Regisseur oder Fotokünstler in seine Arbeit auch interpretatorisch einzugreifen: Beginnend mit der Idee zu einem Bild verwirklichen beide ihr Werk in mehreren Schritten. Dabei ist die Absicht, die hinter dieser Vorgehensweise steckt, nämlich etwas zu erzählen, das eine bestimmte Deutung erlaubt, der Theaterinszenierung und der Inszenierten Fotografie gemeinsam, auch wenn in der Fotografie diese Absicht als grundsätzliches Merkmal nur ungenügend erkennbar ist.[117]

Ein weiterer Punkt, der eine Annäherung an die Definition von Inszenierter Fotografie bietet, ist die Bedeutung des Betrachters. Für die Theaterinszenierung wurde gesagt, daß die Rezeption eines Stückes sogar konstituierender Bestandteil der Inszenierung sein kann. Entsprechend sollten rezeptionsästhetische Aspekte auch für die Fotografie berücksichtigt werden, um so mehr, da ihre Bedeutung für Kunstschaffende wie auch für die Kunst im 20. Jahrhundert nicht mehr wegzudenken sind. Zwar sind die Zugangsbedingungen zur zeitgenössischen Kunst natürlich andere, als für die Kunst vergangener Jahrhunderte, so daß Auftraggeber und ein konkreter Ort als wichtige Bedingungen des Kunstwerks zumindest bei rein musealer Kunst kaum mehr eine Rolle spielen. Dennoch muß diese veränderte Situation nicht heißen, daß die Zugangsbedingungen nicht vorhanden oder analysierbar sind, sie kennzeichnen lediglich eine offene Rezeptionssituation.[118] Und auch wenn die Überarbeitung der Aufnahme **nach** Fertigstellung des Bildes für die Fotografie grundsätzlich nicht vorgesehen ist (- mit Ausnahme der Retouche und der digitalen Nachbearbeitung, beides spielt in diesem Zusammenhang aber keine Rolle -), hat der Betrachter und sein Umgang mit dem Bild in der Inszenierten Fotografie einen entscheidenden Anteil. Wie die Inszenierung des Theaters auf ein Publikum ausgerichtet ist, so kann sich auch die inszenierte Fotografie explizit an den Betrachter richten. Gemäß des rezeptionsästhetischen Ansatzes wie er von Wolfgang Kemp formuliert wird, ist

»jedes Kunstwerk [...] adressiert, es entwirft seinen Betrachter, und es gibt dabei zwei Informationen preis, die vielleicht, von einer sehr hohen Warte betrachtet, identisch sind: Indem es mit uns kommuniziert, spricht es über seinen Platz und seine Wirkungsmöglichkeiten in der Gesellschaft und spricht es über sich selbst.«[119] Die intensive Auseinandersetzung mit dem Betrachter und seinen Seherfahrungen konnte in der Fotografie dabei nicht nur vom Theater, sondern auch von der Kunst der sechziger und siebziger Jahre übernommen werden, ein Umstand, der für die Entwicklung der Inszenierten Fotografie von grundlegender Bedeutung ist. Darüber hinaus ist für die Fotografie natürlich zu berücksichtigen, daß der Bezug zum Betrachter durch den Blick des Künstlers durch das Kameraauge ohnehin sehr ausgeprägt ist, da der Betrachter in der Person des Künstlers immer vorhanden ist.
Welcher Art Fotokünstler mit dem Mittel des Betrachterbezuges arbeiten, werden die Bildanalysen noch zeigen, vorerst ist nur festzuhalten, daß das bewußte Einbeziehen des Betrachters zu den bedeutenden Eigenschaften Inszenierter Fotografie zählt.

Faßt man die Ergebnisse, die sich aus der Übertragung des Theaterterminus auf die Fotografie ergeben, noch einmal zusammen, sind folgende Eigenschaften für die Inszenierten Fotografie konstituierend: Als erstes wurde der visuelle Bereich angesprochen, der auch äußerer Bereich genannt wird und der die Ausstattung des Bildes mit Schauspielern, Kostümen, Licht, Requisiten usw. betrifft. Bei dem äußeren Bereich handelt es sich um ein wichtiges, keinesfalls aber um das einzige Kennzeichen Inszenierter Fotografie. Von größerer Bedeutung für eine inszenierte Fotografie ist vielmehr die Vorstellung, daß eine Sequenz/Szene, die als Teil einer Inszenierung denkbar ist, bildhaft umgesetzt wird. Damit verbunden ist die Darstellung eines narrativen Vorgangs, der häufig an aktive Handlungen von Personen gebunden ist. Der gesamten Darstellung liegt außerdem eine Idee zugrunde, die der Fotokünstler mit Blick auf den Betrachter schrittweise umsetzt. In einigen Fällen kann eine Analyse sogar nur dann zu schlüssigen Ergebnissen kommen, wenn der Betrachter entsprechend berücksichtigt wird.

Die Merkmale Inszenierter Fotografie sind demnach
1.) die szenische Ausstattung,
2.) die narrative Darstellung, die in der Regel eine aktiv oder passiv gezeigte Handlung impliziert,
3.) die dem Werk zugrundeliegende Idee, die schrittweise umgesetzt wird und
4.) die Ausrichtung auf den Betrachter.

Für die Untersuchung einer Fotografie ergibt sich daraus die Analyse formaler Bildmittel (äußerer Bereich) und die Analyse dessen, was erzählt wird und warum, und auf welche Art diese Erzählung umgesetzt ist.
Ein weiteres Merkmal können unmittelbare Verweise auf das Theater oder den Film sein (5). Wenn sich Inszenierte Fotografie mit Blick auf Theater oder Film entwickelte, kann man davon ausgehen, daß es neben den genannten Parallelen zum Theater auch Elemente oder Zeichen gibt, die direkt auf das Theater anspielen. Als solche Zeichen sind etwa große, gewissermaßen manierierte Gesten zu werten, die bestimmte Gefühle oder Zustände schnell und eindeutig transportieren. Das kann sich vor allem im äußeren Bereich abspielen, z. B. dann, wenn das Pathos der ›großen Geste‹ in üppigen Kostümen, übertrieben aufgetragener Schminke oder dem Einsatz von falschen Körperteilen ausgedrückt wird.

In dem Überblick über die Literatur zur Inszenierten Fotografie wurden bisher vor allem die siebziger und achtziger Jahre des 20. Jahrhunderts berücksichtigt und auch die oben erstellte Definition nimmt Bezug auf den Zeitraum der zweiten Jahrhunderthälfte, da ihr der Inszenierungsbegriff der modernen Theaterwissenschaft zugrunde liegt. Ebenso beziehen sich die Bildanalysen in Teil B auf die siebziger und achtziger Jahre. Damit mag insgesamt der Eindruck entstehen, daß es nie zuvor inszenierte Fotografien gegeben hat, obwohl es tatsächlich auch vor den siebziger Jahren des 20. Jahrhunderts bereits Fotografien gab, die inszeniert waren. Nur führte man für diese entweder noch nicht den Ausdruck der Inszenierung ein – wie im Piktorialismus des 19. Jahrhunderts – , oder es handelte sich um Randerscheinungen innerhalb der Bildenden Kunst, für die kein eigener Stilbegriff geprägt wurde – wie beispielsweise für die surrealistische Fotografie. In der Fotografie bis circa 1940, der Fotografie der sog. »›ismen‹ – Kubismus, Konstruktivismus, Surrealismus, Präzisionismus «[120] –, gibt es zahlreiche Beispiele, die sich der *Fabricated Photography*, und auch der Inszenierten Fotografie zuordnen lassen. So führte etwa der Dadaismus zu Experimenten mit Fotografien, zu denen neben der Manipulation und Konstruktion auch die Inszenierung gehörte. Noch häufiger fanden sich Fotoinszenierungen in der surrealistischen Fotografie der zwanziger und dreißiger Jahre, die aber insgesamt der surrealistischen Malerei so nahe steht, daß man kaum darum bemüht sein muß, eine neue Bezeichnung eigens für die Fotografie zu finden.

Daß man auch für den Piktorialismus des 19. Jahrhunderts den Begriff der Inszenierung nicht einführte, ist ebenfalls nicht verwunderlich: Zum einen traf der Inszenierungsbegriff jener Zeit auf die zeitgenössischen Fotografien nur sehr ungenau zu, da der im 19. Jahrhundert noch sehr eng gefaßte Begriff nur den

Bereich der Licht- und Bühnentechnik sowie der Kostüm- und Maskenbildnerei beinhaltete. Hingegen handelte es sich bei den Fotografien der Piktorialisten um aufwendig umgesetzte Darstellungen von historischem oder mythologischem Gehalt, deren Vorbereitung weit über den äußeren Bereich hinausging. Zum anderen unterliegt der Piktorialismus keinem derart einheitlichen Erscheinungsbild wie die Inszenierte Fotografie der siebziger und achtziger Jahre, so daß man eher von einer Sonderform Inszenierter Fotografie sprechen kann, als von einer für eine bestimmte Zeit charakteristischen künstlerischen Richtung.
Da die wenigen Fotografen des Piktorialismus dennoch großen Einfluß auf das Werk zeitgenössischer Fotokünstler haben, wird die piktorialistische Fotografie im folgenden als historischer Vorläufer Inszenierter Fotografie vorgestellt.

5. Exkurs: Zur Inszenierten Fotografie im 19. Jahrhundert

Die piktorialistische Fotografie orientierte sich vor allem an der Malerei, zum einen an der viktorianischen um 1850, zum anderen an den um die Jahrhundertwende favorisierten Strömungen des Impressionismus, des Naturalismus und des Symbolismus.
Entsprechend diesen Vorbildern aus der Malerei läßt sich der Piktorialismus in zwei Phasen unterteilen, von denen vor allem die erste die Merkmale Inszenierter Fotografie aufweist. Da die Unterscheidung zwischen diesen Phasen, die zeitlich und inhaltlich sehr differieren, bisher nicht erfolgte, werden beide Phasen kurz skizziert:[121]

Eine einheitliche Definition vom ›Piktorialismus‹ gibt es bisher nicht. Während sich in neuerer Zeit der Begriff als Bezeichnung für eine bestimmte Epoche mit bestimmten stilistischen Merkmalen weitgehend durchgesetzt hat, findet sich in der älteren Literatur für den gleichen Sachverhalt häufig noch die allgemeine Formulierung der Kunstfotografie.[122] Sprachlich leitet sich der Begriff aus dem englischen Ausdruck *Pictorial Photography* ab, einer Bezeichnung, bei der die malerische Wirkung einer Fotografie im Vordergrund steht und nicht das fotografische Abbild einer wie auch immer definierten Wirklichkeit. Die Bezeichnung »Kunstfotografie« hingegen rührt vor allem von dem Wunsch der Fotografen, ihre Bilder als Kunst akzeptiert zu sehen. Da der Begriff zu allgemein ist, um auf bestimmte stilistische Merkmale hinweisen zu können und zudem die Frage, ob Fotografie überhaupt der Bildenden Kunst zuzurechnen sei, nahelegt, ohne sich diesem theoretischen Feld der Fotografiegeschichte jedoch sinnvoll zu nähern, wird er im folgenden nicht weiter verwendet.

Häufig versteht man unter Piktorialismus allein eine künstlerische Richtung der Fotografie um die Jahrhundertwende, für die sich Fotografen an Tendenzen der zeitgenössischen Malerei anlehnten. Daß auch für den Piktorialismus der ersten Phase um 1850 der Name gerechtfertigt ist, zeigt u. a. eine Publikation des englischen Fotografen Henry Peach Robinson, »Pictorial Effect in Photography« (1868), die für den Begriff vermutlich ebenso prägend war wie der namensgebende Aufsatz von Alfred Stieglitz »Pictorial Photography«.[123]

Der Piktorialismus der ersten Phase

Vertreter des frühen Piktorialismus, der hauptsächlich im viktorianischen England zu beobachten ist, sind u. a. **Oscar Gustave Rejlander**, **Henry Peach Robinson**, Peter Henry Emerson, **Julia Margaret Cameron** und **Lewis Carroll**. Vor allem Rejlander und Robinson haben in einer Weise fotografiert, die, obgleich sie seinerzeit ohne erwähnenswerte Nachfolge blieb, Vorbildfunktion für die Inszenierte Fotografie der siebziger und achtziger Jahre des 20. Jahrhunderts hat.

Oscar Gustave Rejlander, der in Schweden geboren wurde, aber in Italien und England lebte, bereitete die Motive für seine sog. Kompositbilder (engl. composition photography oder combination printings) in aufwendigen Sitzungen vor. Neben Porträts beschäftigte sich Rejlander ganz im Sinne der zeitgenössischen Malerei mit Genrebildern.[124] Sein Ruhm gründet sich aber vor allem auf seine sog. *High Art Photographs*, Bilder mit christlichen oder mythologisch-allegorischen Themen. Für diese machte er Studioaufnahmen, aus denen er einzelne Motive isolierte, um sie in einem zweiten Schritt im Negativ neu zusammenzusetzen. Im Abzug ist kaum mehr zu erkennen, daß das Negativ gestückelt ist. Die allegorische Darstellung »The two ways of life« von 1857 (Abb. 4), die zwei Männer am Scheideweg ihres Lebens zeigt, ist eine solche Kompositfotografie. Rejlander legte für die Fotografie zunächst eine Skizze für den Bildaufbau an, fotografierte dann jede Figur und jedes Segment des Hintergrunds einzeln, um schließlich in einem komplizierten Entwicklungsprozess die verschiedenen Negative in einem Abzug zusammenzubringen.[125] Ein Zeitgenosse des Fotografen beschreibt Rejlanders Arbeitsweise folgendermaßen:

> *In Mr. Rejlander's photographs, the most remarkable feature is the perfect rendering of an idea; each picture tells its story without explanation, the models seem perfectly easy in his hand, and the artist does not seem more fettered by his camera and chemicals than he would by his palette and pencil.*[126]

Abb. 4 Oscar Gustave Rejlander, *The two ways of life*, 1857

Wie in der Inszenierten Fotografie der siebziger und achtziger Jahre stellt Rejlander einen Handlungsablauf dar, der allerdings mehr an der Malerei orientiert ist, als daß er selbständigen erzählerischen Strukturen folgt.
Auch Henry Peach Robinson orientierte sich an der Malerei und den Moden seiner Zeit, indem er Genreszenen aus dem häuslichen Privatleben darstellte. Robinson war mit Mitgliedern der Präraffaelitischen Bruderschaft befreundet, deren Motive sich häufig in seinen Fotografien wiederfinden. Wie Rejlander arbeitete er mit Modellen und Requisiten, und hielt seine Motive in Zeichnungen fest, die er vor der Aufnahme anfertigte. Robinson war nicht nur als Fotograf tätig, sondern veröffentlichte auch diverse Bücher, die sich mit der Legitimation der Fotografie und ihrer Anerkennung als Kunst befaßten. In strengen Regeln formulierte er wie eine piktorialistische Fotografie auszusehen habe, um als ein der Malerei ebenbürtiges Ausdrucksmedium betrachtet zu werden. Er forderte eine malerische Wirkung des Bildes, für die in formaler Hinsicht die Komposition und in inhaltlicher Hinsicht die ›Erhöhung des Subjekts‹ zu beachten sei. Manipulationen am Bild, wie das Zusammensetzen der verschiedenen Negative waren zwar legitim, sollten aber nicht sichtbar sein.

Rejlander und Robinson griffen beide auf ungewöhnliche Methoden, Inszenierung und Kombinieren von Negativen, zurück, nahmen mit ihren Bildmotiven aber in erster Linie Themen auf, die dem Geschmack ihrer Zeit entsprachen. Obwohl beide der Fotografie einen eigenständigen künstlerischen Wert zusprachen, orientierten sie sich beinahe ausschließlich an der zeitgenössischen Malerei. Ihre Mittel waren demnach zwar fotografisch, ihr Anliegen entsprach aber

den Anliegen der Malerei. Darin liegt ein wesentlicher Unterschied zur Inszenierten Fotografie des 20. Jahrhunderts, die in inhaltlicher und konzeptueller Hinsicht nach neuen, von der Malerei unabhängigen Wegen sucht: während Rejlander und Robinson sich mit der Fotografie noch nicht allzu weit vorwagten – schließlich war man gerade erst dabei, ihr einen gewissen Kunstcharakter zuzusprechen –, wird sich noch zeigen, daß es in der Inszenierten Fotografie der siebziger und achtziger Jahre um die Entwicklung eines neuen, narrativen Bildkonzepts geht, das mit »gemalter Fotografie« nichts mehr gemein hat.
Im Verlauf des 19. Jahrhunderts wandelte sich schließlich der Wunsch vieler Fotografen, in der Fotografie ein die Malerei nachahmendes Medium zu sehen, zur Vorstellung, die Fotografie als der Malerei ebenbürtige Kunst zu betrachten. Diese neue Auffassung ging einher mit einem erhöhten Interesse, das man der Fotografie entgegenbrachte und von dem etwa die erste internationale Ausstellung fotografischer Kunst in Wien im Jahr 1891 spricht, die von verschiedenen Autoren als Beginn des Piktorialismus (der zweiten Phase) bezeichnet wird.[127]

Der Piktorialismus der zweiten Phase

In der Regel wird der Piktorialismus der zweiten Phase in die Zeit von circa 1890 bis 1910, also in die Zeit der Jahrhundertwende, datiert. Aber auch nach 1910 wurde diese Richtung der Fotografie nicht plötzlich aufgegeben. Viele Fotografen, besonders in Amerika, verfolgten die piktorialistische Fotografie noch bis in die fünfziger Jahre des 20. Jahrhunderts hinein.[128] Aufgrund der häufigen Verwendung von weichzeichnenden Techniken wird der Piktorialismus der zweiten Phase auch als Soft-Focus Piktorialismus bezeichnet.
Grundsätzlich zeichnen sich die Fotografien der zweiten piktorialistischen Phase durch weiche, ineinanderlaufende Konturen und zart aufeinander abgestimmte Töne aus. Manipulation und »Verschönerung« des Abzuges gehörten zu den geläufigen Mitteln, wobei man besonderen Wert auf die verschiedenen drucktechnischen Verfahren legte. Edeldruckverfahren wie Öl- oder Gummidruck waren ebenso verbreitet wie die Heliogravure oder der einfache Trick, Vaseline auf die Glasplatte vor dem Objektiv zu schmieren, um weiche, malerisch wirkende Flächen und Ränder zu erhalten.[129] Im Unterschied zum Piktorialismus der ersten Phase entwickelte sich der Soft-Focus-Piktorialismus weniger im Studio als in der Dunkelkammer, wo die Fotografen nach neuen Möglichkeiten suchten, den fotografischen Abzug möglichst malerisch zu gestalten. Inhaltlich richtet sich der Piktorialismus wiederum nach Themen der zeitgenössischen Malerei. Auch die Fotografen des Soft-Focus-Piktorialismus versuchten fotogra-

fisch umzusetzen, was ihre malenden Zeitgenossen mit Pinsel und Leinwand erreichten. Landschaftsmotive wie sie etwa die Impressionisten bevorzugten, waren unter den Piktorialisten ebenso beliebt wie Porträts. Seltener stellten die Piktorialisten der zweiten Phase narrative Szenen nach, aber dort wo sie es taten, arbeiteten auch sie mit Requisiten und Schauspielern, um das Ergebnis besser kontrollieren zu können. Fotografen des Piktorialismus der zweiten Phase, u. a. Gertrude Käsebier oder Annie Brigman, legten Wert auf eine Bildwirkung, in der das Licht und der atmosphärische Eindruck der Dinge im Vordergrund steht, was sie mit Unschärfen, weichen Konturen und starkem Nachretuschieren erreichten.

Wenn die Inszenierte Fotografie der siebziger und achtziger Jahre mit dem Piktorialismus in Verbindung gebracht wird – was sehr häufig geschieht[130] –, ist diese Verbindung vor allem für den Piktorialismus der ersten Phase angebracht. Hier zählen zu den gemeinsamen Merkmalen die narrative Darstellung und der Einsatz von Requisiten und Schauspielern. Mit der weichzeichnerischen Form des Piktorialismus der zweiten Phase hat die Inszenierte Fotografie hingegen kaum etwas gemeinsam. Für beide Phasen des Piktorialismus gilt darüber hinaus, daß der Umgang mit der Wirklichkeitserfahrung ein gänzlich anderer ist als in der zeitgenössischen Inszenierten Fotografie. Wie sich noch zeigen wird, geht es hier neben der narrativen Darstellung um das Ausloten und die Neudefinition des Mediums, während die Piktorialisten nach einer Fotografie streben, die der zeitgenössischen Malerei ähneln sollte.

Teil B Inszenierte Fotografie in den siebziger und achtziger Jahren

Für die Inszenierte Fotografie der siebziger und achtziger Jahre werden im folgenden drei repräsentative Positionen vorgestellt:
Eileen Cowin hat an fast allen bedeutenden Ausstellungen zur Inszenierten Fotografie teilgenommen (s. Anhang). Ihre Arbeit ist nicht nur als typisch, sondern auch als konstituierend für den Begriff und die Eigenschaften Inszenierter Fotografie zu bezeichnen. Darüber hinaus zeigt der Literaturüberblick zur Inszenierten Fotografie, daß sich das Phänomen anfangs vor allem in den USA, und dort insbesondere in Kalifornien verbreitete. Auch diesbezüglich ist Cowin repräsentativ, da sie 1975 von New York nach S. Monica (CA) übersiedelte. Trotz ihrer Schlüsselrolle für die Inszenierte Fotografie ist die Künstlerin in Deutschland wie in ganz Europa aber weitgehend unbekannt. Da es bislang keine eingehende monographische Arbeit zu ihrem Werk gibt, wird hier auch ihr Gesamtwerk berücksichtigt.
Ganz anders verhält es sich mit dem kanadischen Fotokünstler Jeff Wall. Dessen Werk, das geradezu als Inbegriff Inszenierter Fotografie verstanden wird, obwohl Wall an keiner einzigen der begriffs- und stilprägenden Ausstellungen zur Inszenierten Fotografie beteiligt war, ist in zahlreichen Monographien publiziert. Da Cowin und Wall derselben Generation von Fotokünstlern (Jahrgang 1947 und 1946) angehören und ziemlich genau zur gleichen Zeit mit ihren ersten Inszenierten Fotoarbeiten begannen, bietet sich ein Vergleich beider Künstler zur unterschiedlichen Rezeption ihres Werkes an.
Anhand von Cindy Shermans Werk läßt sich die zur Inszenierten Fotografie aufgestellte Definition um das Genre des Porträts erweitern. Sherman hat bis in die neunziger Jahre zahlreiche Selbstporträts geschaffen, die eine Inszenierung vor allem durch aufwendige Kostümierungen und extrem artifizielle Posen, das heißt durch den äußeren Bereich nahelegen.

6. Eileen Cowin: »The Photographer as Storyteller«

Biographischer Hintergrund

Eileen Cowin wurde 1947 in Brooklyn (New York) geboren. Sie studierte zunächst Erziehung an der State University of New York in New Paltz, wo sie 1968 mit dem Bachelor of Science (B. S.) abschloß.[131] Im selben Jahr nahm sie ihr

Studium am Illinois Institute of Technology in Chicago wieder auf und wechselte dort vom Kunst- bzw. Malereistudium zur Fotografie. In Chicago studierte sie u. a. bei den Fotokünstlern Arthur Siegel und Aaron Siskind. In die Zeit um 1970 fallen ihre ersten künstlerischen Fotoarbeiten, in denen sie sich vornehmlich mit Drucktechniken und Bildkombinationen (*combining images*) beschäftigte.
1975 siedelte Cowin nach Kalifornien über, wo sie an der California State University in Fullerton zunächst eine Stelle als *Guest Instructor* und dann als *Professor of Art* erhielt, die sie bis heute ausübt. Die Künstlerin lebt in Santa Monica, Kalifornien.
Cowins erste Einzelausstellung fand 1970 in der Cooper Union in New York statt, ihre erste Gruppenausstellung 1968 in der Rosner Gallery in Chicago, Illinois.
Von den bereits besprochenen, für die Inszenierte Fotografie bedeutenden Ausstellungen nahm sie an »6 photographers: Concept / Theater / Fiction« (Oberlin, 1982), »The Image Scavengers« (Pennsylvania, 1983), »Arranged Image Photography« (Boise, 1983), »Photographic Fictions« (New York, 1986) und »Fabrications – Staged, Altered and Appropriated Photographs« (New York, 1987) teil. Darüber hinaus stellte sie gemeinsam mit Philipp Galgiani und Victor Schrager in der Ausstellung »Constructions for the Camera« im Art Space in Los Angeles aus, die in Verbindung zur Ausstellung »Fabricated to be photographed« (1979) in S. Francisco organisiert wurde.[132] Auch in dem 1985 erschienenen Artikel von Peter Weiermair »Zum Problem der inszenierten Fotografie im 19. und 20. Jahrhundert« wird Cowin genannt.

Werkübersicht: 1971 bis Anfang der achtziger Jahre

Cowin arbeitet fast ausschließlich mit Fotoserien, die sie in sorgfältigen und mitunter monatelangen Studien vorbereitet. Sie beginnt mit Zeichnungen, in denen sie zunächst die Anordnung der Figuren, ihre Gesten und Haltungen, den Standpunkt der Kamera und die Licht- und Schattenverhältnisse bestimmt. Anschließend macht sie Polaroidfotos, in denen sie Stimmungen und bestimmte Gesten genauer festhält, so daß im Ergebnis nichts dem Zufall überlassen ist.[133]

Ihre erste Serie entstand 1971 mit den sog. »Overlays« oder »Transparencies«. Die »Overlays«, für die Cowin sowohl eigene Bilder als auch Fotografien aus Zeitschriften verwendet, fügen sich aus übereinander geschichteten, zum Teil transparenten Fotografien zusammen. Inspiriert von Robert Rauschenberg und seinen *combine paintings* setzt sich die Künstlerin mit der Technik des Kombi-

nierens und Verbindens mehrerer Bilder auseinander. Mit und in den »Overlays« verarbeitet sie autobiographische Begebenheiten, die sie – nicht zuletzt durch die äußere Form – in eine neue Beziehung zueinander bringt. Daneben finden auch politisch-soziale Ereignisse einen bildnerischen Ausdruck. Wiederum angeregt durch Robert Rauschenberg, der in seinen *combine paintings* u. a. Bezug auf politische Geschehnisse nimmt, thematisiert Cowin Aktuelles aus der Tagespolitik. Das Ergebnis dieser »Bildzusammenfügungen« bezieht sich nicht nur auf den Bildinhalt, sondern hinterfragt auch den Moment der fotografischen Aufnahme und deren Realität. Indem mehrere Fotografien, die zu verschiedenen Zeiten aufgenommen wurden, einen einzigen Aufnahmezeitpunkt suggerieren, wird das fotografische Bild zu einer »fiktiven Fotografie«. Im Gegensatz zur Collage, deren Bestandteile deutlich sichtbar voneinander getrennt sind, wirken die »Overlays« als wären sie mit einer einzigen Einstellung aufgenommen. Durch das transparente Fotomaterial greifen die Bilder so ineinander über, daß ihre Grenzen nicht eindeutig erkennbar sind. Erst bei genauer Betrachtung werden die verschiedenen Bild- (und Aufnahme-)Ebenen ersichtlich.
Cowins frühes Werk, das um das fotografische Medium per se und sein Verhältnis zur Wirklichkeit kreist, folgt damit einer Auseinandersetzung zum Bildbegriff der Fotografie, die bezeichnend für die Fotokunst der sechziger und siebziger Jahre ist. Das Interesse der Künstler in dieser Zeit richtet sich vor allem auf das Medium selbst und seinen Stellenwert innerhalb der Bildenden Kunst. Das Fotobild wird in Cowins Verfahren dekonstruiert und neu zusammengesetzt, so daß der fotografische Moment im Bild nur vorgetäuscht ist.

Den »Overlays« folgt 1972 eine Serie, die ebenfalls unter dem Einfluß Robert Rauschenbergs und seinen Experimenten mit verschiedenen Drucktechniken der Malerei und Fotografie entsteht. Cowin betont für diese Serie, daß Rauschenberg gemeinsam mit **Harry Callahan** zu ihren großen Vorbildern gehörte, und ihr Frühwerk sich entscheidend auf Rauschenbergs bildnerische Techniken stützt.[134] Daher steht in den sog. »Transfers« oder »Rubbings« ein drucktechnisches Verfahren im Vordergrund, das Rauschenberg ganz ähnlich verwendete. Die Druckfarbe wird auf die Bildfläche aufgetragen und anschließend auf einen weiteren Bildträger übertragen. Wiederum geht es um das Kombinieren verschiedener bildnerischer Versatzstücke, die in einem Bild neu oder anders zusammengefügt werden. Im Gegensatz zu den »Overlays« wirken die »Rubbings« durch die dick aufgetragene, und zum Teil verlaufende Druckfarbe sehr malerisch. Cowin wollte sich mit dieser Serie u. a. von dem Autobiographischen der »Overlays« distanzieren, um ihre Bilder nicht als »Tagebuch« zu mißbrauchen.

Ihre dritte Bildserie beginnt Cowin 1974 mit den sog. »Kwik-Proofs«[135]. Die »Kwik-Proofs« basieren auf einem Druckverfahren, bei dem das Negativ im Größenverhältnis von eins zu eins direkt mit der zu bedruckenden Bildfläche in Kontakt gebracht wird. Nach Bearbeitung der Bildfläche mit Chemikalien wird das Negativ auf den Bildträger (Hartplastik) gelegt und dem Licht (z. B. Sonnenlicht) ausgesetzt. Bei einigen »Kwik-Proofs« wendete Cowin dieses Verfahren mehrfach an, so daß die Endprodukte aus verschiedenen Farb- und Motivschichten bestehen. Alle »Kwik-Proofs« haben durch das direkte Auflegen der Negative auf die Bildfläche weiche Konturen, die an die sanft auslaufenden Ecken und Kanten alter Fotoglasplatten erinnern. Cowin geht es hier besonders um den Eindruck des Skulpturalen, der durch die plastisch wirkende Oberfläche der »Kwik-Proofs« entsteht. Erneut wird die Vorstellung von einem fotografischen Bild in Frage gestellt, indem seine Eigenschaften denen der Skulptur angeglichen werden. Durch die vielen Farbschichten wirken die Flächen dreidimensional, eine Wirkung, die durch das Bearbeiten der Drucke mit Nähten und das Beschneiden der Flächen zu amorphen Formen zusätzlich gesteigert wird.
Bedeutend für die Entstehung der »Kwik-Proofs« war nach Cowins eigenen Angaben die Ausstellung »Photography into Sculpture«, die die Künstlerin 1970 in New York gesehen hat.[136] Der Schwerpunkt der Ausstellung lag auf der »Materialität« von Fotografie, das heißt ihrem physischen Wesen, das dem traditionellen Bildbegriff von Fotografie entgegensteht. Die Fotografie sollte von ihrem abbildhaften Wesen befreit werden und einen neuen bzw. anderen bildnerischen Charakter gewinnen, der durch ihre skulpturale Objekthaftigkeit unterstützt würde – ein Anliegen, das auch Cowin für ihre Arbeit verfolgt. Erreicht wurde diese materielle Präsenz bei den »Kwik-Proofs« durch die vielen Farbschichten und das Zuschneiden der riesigen Negative zu unregelmäßigen Formen. Das fotografische Material wurde dahingehend verändert, daß es nicht nur Abbild von etwas ist, sondern auch über eine eigene materielle Beschaffenheit verfügt. Abgesehen von diesem werkbezogenem Hintergrund kam der oben erwähnten Ausstellung auch noch eine andere Rolle zu: Cowin kam hier mit einer Reihe von Künstlern in Kontakt, die für ihre Übersiedelung nach Los Angeles wesentlicher Antrieb sein sollten. Neben **Darryl Curran** waren es **Robert Heinecken** und **Robert Fichter** als zentrale Figuren der kalifornischen Fotografieszene, die Cowins Arbeit prägten. Vor allem Robert Heineckens Werk hatte auf Cowin in inhaltlicher und technischer Hinsicht großen Einfluß.[137]

1974 arbeitete Cowin an der Serie »Food for Thought«, die heute größtenteils verschollen ist.[138] »Food for Thought«, ebenfalls als Kwik-Proof konzipiert, behandelt das Thema Nahrung. Cowin fotografierte verschiedene Lebensmittel, die gedankliche Assoziationsketten etwa in Bezug auf Sprichwörter darstellen. Die Künstlerin selbst bezeichnet die Serie als sehr »literarisch«, gab die Arbeit daran dennoch schon nach kurzer Zeit wieder auf. Wie bei den anderen im »Kwik-Proof«-Verfahren hergestellten Fotografien, handelt es sich auch hier ausschließlich um Originale.

Schon vorbereitet durch die »Kwik-Proofs«, bei der das Kombinieren einzelner Bilder miteinander nur noch eine zweitrangige Rolle spielt, beginnt Cowin 1976 mit einer Serie, die ihrem Werk eine neue Wendung gibt: In den Arbeiten der nächsten zwanzig Jahre stehen nicht mehr die verschiedenen Bildtechniken im Vordergrund, sondern die Möglichkeit, mittels des fotografischen Mediums Geschichten zu erzählen und zu *inszenieren.*
Die Serie der »Polaroid-Word-Pieces« (»Shot«, 1978, Abb. 5) ist die erste einer Reihe von Serien, die sich auf das Erzählen von Geschichten konzentriert. Ausgehend von ihrer Begeisterung für Sprache und Sprachspiele, stellt Cowin Beziehungen zwischen Sprache und Bild her, indem sie verschiedene Bedeutungen eines Begriffes bzw. zweier gleich oder ähnlich lautender Begriffe bildlich umsetzt. Die Bilder dieser Begriffe versieht sie handschriftlich mit der lexikalischen Bedeutung des jeweiligen Terminus.

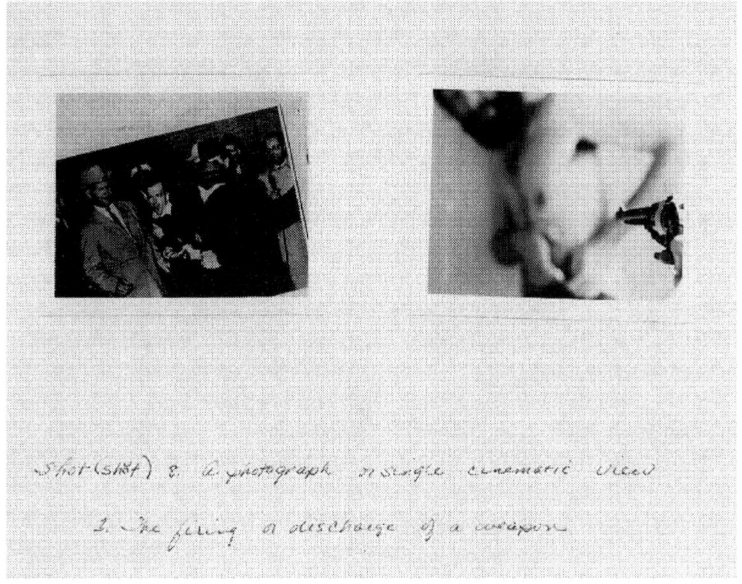

Abb. 5 Eileen Cowin, *Shot*, 1978 aus der Serie -Polaroid-Word-Pieces

Nach Meinung der Künstlerin steht bereits in dieser Serie das Narrative im Vordergrund, insofern sich ausgehend von den jeweiligen Bildpaaren vom Betrachter beliebige Geschichten erdenken lassen.

Der Serie der »Polaroid-Word-Pieces« folgen zwei Serien, die inhaltlich und konzeptionell sehr ähnlich sind. Von 1977-1979 arbeitete Cowin an »Lady Killer« und »One-Night-Stands« (Abb. 6). In beiden Serien greift die Künstlerin so in das Bildmotiv ein, daß die Fotografien den Eindruck vermitteln, als seien sie als Schnappschüsse entstanden.
In »Lady-Killer« wird bereits durch den Titel auf den Frauenmörder, die Mörderin und den Verführer angespielt. Der Betrachter nimmt die Bildmotive im Kontext dieser drei Bedeutungen wahr, so daß etwa Blumen zu einem Symbol der Verführung werden, das Bett als Metapher für eine Liebesnacht steht oder das Telefon auf den Anruf des Mörders/Verführers schließen läßt. Die Künstlerin überläßt es dem Betrachter, die von ihr angedachten Geschichten fortzuführen, indem sie Anfang und Ende des Handlungsverlaufs bewußt nicht vorgibt.
Auch die Serie der »One-Night-Stands« spricht die Vorstellungskraft des Betrachters an, indem vieles angerissen und doch alles offen gelassen wird. In die Bildräume plaziert die Künstlerin kleine Fotografien, die wie zufällig hingelegt wirken und ähnliche Motive zeigen wie die Bilder, für die sie gemacht wurden. Damit wird zusätzlich ein zeitliches Moment eingebracht, indem auf einen Augenblick verwiesen wird, der zum Zeitpunkt der Bildaufnahme bereits vorüber ist.
Wenngleich Cowin in beiden Serien noch ohne Personen arbeitet, zeigen sich hier schon die wesentlichen Charakteristika, die Cowins Arbeit für die nächsten dreißig Jahre entscheidend bestimmen und die sie selbst folgendermaßen formuliert:

Abb. 6 Eileen Cowin, aus der Serie »One-Night-Stands«, 1977-79

I have been involved with the study of relationships as it applies to ties between people, words and images, reality and fiction. As the work evolves, the following concerns continue to be explored: The photographer as director/dramatist/creator of myths, the set-up (to be photographed) as installation/performance [and the] photographer/storyteller as visual narrator constructing tableaus that represent personal/human concerns over formal issues.[139]

In ihrem Frühwerk unterliegt die Künstlerin vielen künstlerischen Einflüssen, wobei sie Themen und Techniken der Bildenden Kunst reflektiert und übernimmt. Sie ist von den Bildkombinationen der Pop Art ebenso beeinflußt wie von der abstrakten Malerei, die beispielsweise in den »Kwik-Proofs« Anklänge findet. Dabei entspricht ihr Vorgehen einem konsequenten Anzweifeln des traditionellen Bildbegriffs von Fotografie. Ihr Themenspektrum reicht von der sexuellen Revolution der siebziger Jahre bis hin zu sozialkritischen Belangen. Im Vergleich zu Jeff Wall, dessen Frühwerk mit seinen späteren inszenierten Fotografien auf den ersten Blick kaum in Einklang zu bringen ist, hat Cowin mit den Serien »Polaroid-Word-Pieces«, »Lady-Killer« und »One-Night-Stands« bereits eine Ausdrucksform gefunden, die den inszenierten Fotografien ihrer »Family Docudrama«-Serie sehr nahe kommt. Seit Mitte der siebziger Jahre zeigt sich in ihrem Werk der Wunsch nach einer narrativen Kunst, dem Cowin nicht zuletzt auch durch die Form der Serie nachkommt.

Werkübersicht: 1984 bis Anfang der neunziger Jahre

Mit der Erzählung auf der Basis zwischenmenschlicher Beziehungen setzt sich Cowin auch in der den »One-Night-Stands« folgenden Serie auseinander, mit der sie im Frühjahr 1980 beginnt. Bevor diese Serie, das »Family Docudrama« analysiert wird, erfolgt zunächst eine Übersicht über Eileen Cowins weiteres Werk.

Grundsätzlich vergrößert die Künstlerin seit etwa Mitte der achtziger Jahre das Format ihrer Bilder. Damit, sowie mit dem seit 1983/84 oft verwendeten schwarzen Hintergrund, greift sie einen Bildmodus auf, der sich häufig in der Inszenierten Fotografie der achtziger Jahre findet. Der schwarze Hintergrund erweckt die Vorstellung, die Darsteller agierten auf einer Bühne, was der Auffassung von einer Fotografie als Umsetzung eines Inszenierungspartes entgegenkommt.[140] Neben den familiären Beziehungen beschäftigt sich Cowin mit dem Thema des Älterwerdens (bis 1984), wobei sie die Bilder dieser Thematik oft in Form eines Diptychons oder Triptychons anordnet.

Von 1984-85 arbeitet Cowin an einer Reihe von Schwarzweißfotografien, die sie selbst bzw. ihre Schwester vor dunklem Hintergrund zeigen (Abb. 7). Hier geht es ihr um das Studium von Mimik und Geste, indem sie durch starke Überzeichnung der verschiedenen Ausdrücke die Assoziation zum Theater herstellt.[141] 1985 entsteht eine Serie großformatiger Polaroidbilder, die häufig zu Diptychen zusammengestellt sind. Wiederum steht das (Ehe-)Paar im Mittelpunkt der Darstellung, das ausschließlich vor dunklem, oft schwarzem Hintergrund aufgenommen ist. Mit Beginn der Arbeit an diesen Polaroidbildern orientiert sich Cowin sowohl in bildkompositorischer als auch in inhaltlicher Sicht stark am *Film Noir* und seiner dramatischen Lichtführung.
In Anschluß an die Polaroidbilder fotografiert die Künstlerin 1986 eine Reihe querformatiger schwarzweißer Fotografien (90 cm x 345 cm), für die sie von ihr selbst gefilmte Szenen von einem Videomonitor aufnimmt. (Abb. 8) Jeweils als dreifache Bildsequenz nebeneinander montiert, weisen einige dieser Bilder die Konturen des Fernsehmonitors auf, von dem sie abfotografiert wurden. Wie viele andere Künstler ihrer Zeit experimentiert Cowin mit dem Film und lotet in Arbeiten wie dieser das Zusammenspiel von Fotografie und Film aus. Die Nähe zum Film erstaunt dabei wenig, wenn man Cowins kalifornisches Umfeld berücksichtigt. Viele Künstler orientierten sich hier am Film, dem, gefor-

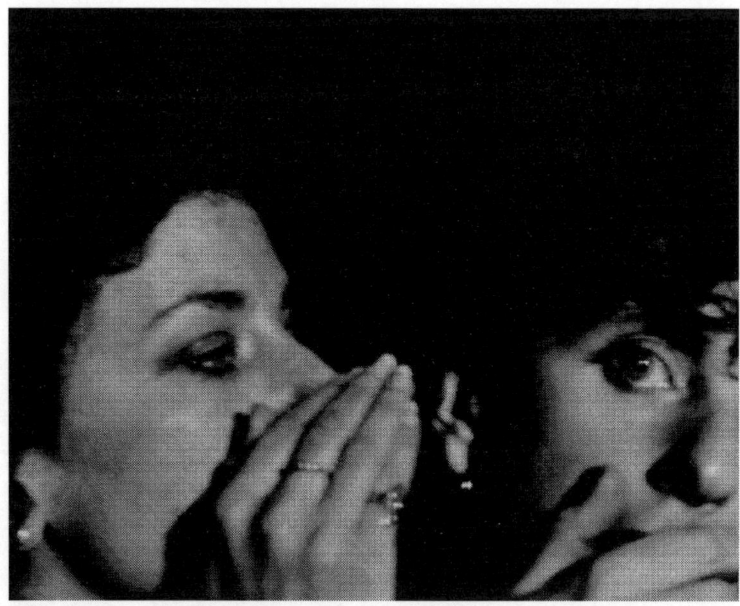

Abb. 7 Eileen Cowin, *Untitled*, 1984

Abb. 8 Eileen Cowin, *Untitled*, 1986

dert durch die Nähe der Hollywoodproduktionen, in der Bildenden Kunst schon früh große Aufmerksamkeit zukam.
Für eine weitere Bildserie (1986) vergrößert Cowin den schwarzen Hintergrund im Verhältnis zur dargestellten Szene so weit, daß das eigentliche Bildgeschehen gegenüber der gesamten Bildgröße nur sehr klein wirkt. Während sich die Künstlerin in dieser Reihe anfangs noch mit der Familien- und Paarthematik beschäftigt, verabschiedet sie sich 1987 endgültig von diesem Thema. Von nun an sind es vor allem Zitate aus Werken der Malerei aber auch Filmszenen, die bis in die neunziger Jahre hinein zu ihren bevorzugten Motiven gehören. Sie fotografiert etwa Tänzerinnen im Stil Edgar Degas, oder stellt Szenen nach, die sich auf Motive von Diego Velázquez oder René Magritte beziehen.[142]

Das »Family Docudrama« (1980-1984): Fiktion versus Dokumentation

Bis 1984 arbeitet Cowin an Bildern der Serie »Family Docudrama«.[143] Da es ausschließlich Bilder dieser Serie sind, die in Ausstellungen zur Inszenierten Fotografie gezeigt wurden, sind auch nur diese Bilder Gegenstand der folgenden Analysen. Davon abgesehen ist das »Family Docudrama« auch grundlegend für Cowins Arbeit der achtziger Jahre, da die Künstlerin hier nicht nur ihre eigene Bildsprache entdeckt, sondern auch ein Interesse für Themen und Techniken entwickelt, das in den folgenden Jahren kontinuierlich ihr Werk bestimmt.

In Anlehnung an den im amerikanischen Fernsehen verbreiteten Programmtyp des *docudrama* bezeichnet Cowin ihre mehr als fünfzehn Bilder umfassende Serie als »Family Docudrama«. Ein *docudrama* hat reale Begebenheiten zur Grundlage, die für den (Fernseh-)Film derart dramatisiert werden, daß aus der ursprünglich dokumentarischen Geschichte ein fiktives Geschehen wird. In einem bestimmten Maß – was den ›Kern‹ der Geschichte angeht – bleibt das *docudrama* dokumentarisch, obwohl sein Unterhaltungswert letztlich größer ist als die Information, die es vermittelt. Indem Cowin die Bezeichnung *docudrama* für ihre

Bildserie übernimmt, suggeriert sie, daß es sich bei den dargestellten Szenen um »reale« Begebenheiten handelt. Dieser Vorstellung kommt entgegen, daß Cowin ihre eigene Familie darstellt. Aufgrund des Titels und der Personen, die tatsächlich mit Cowin verwandt sind, glaubt der Betrachter im »Family Docudrama« die »Fotobiographie« der Künstlerin zu erkennen; tatsächlich stehen die Personen, mit denen Cowin arbeitet, aber nur allegorisch für eine durchschnittliche Mittelstandsfamilie.

Neben dem pseudo-dokumentarischem Aspekt gab es allerdings auch praktische Gründe, warum Cowin mit ihrer eigenen Familie arbeitete. Die beiden Kinder ihres Mannes lebten bei ihr und die Möglichkeit, mit einer Gruppe – wie einem Theaterensemble – arbeiten zu können, kam ihr entgegen, ebenso wie die Zusammenarbeit mit ihrer eineiigen Zwillingsschwester, die ihrer Arbeit nochmals eine andere Richtung geben konnte:

> *Ich dachte, es wäre interessant, mit der Idee des alter ego zu spielen und damit, was ich ›Zuschauertum‹ nennen möchte – der Möglichkeit, aus dem eigenen Körper herauszutreten und eigene Handlungen aufzunehmen.*[144]

Auslöser für die Idee zu der Serie war ein persönliches Erlebnis Cowins: Für die Eltern ihres Ehemannes wollte man ein Familienfoto machen, auf dem sich alle Personen in einem Raum versammelten und verschiedenen Tätigkeiten nachgehen sollten. In dem Moment, in dem sich alle richtig positioniert hatten, klingelte der Briefträger und die Künstlerin fragte, ob er die Aufnahme machen könne. Das Ergebnis, »a funny picture«, gab die Initialzündung zum »Family Docudrama«.
Das erste, 1980 entstandene Bild der Serie zeigt die Familie beim Ausüben alltäglicher Tätigkeiten (Abb. 9). Die Künstlerin sitzt mit Blick auf den Betrachter im Bildvordergrund, während ihre Familie hinter ihr alltäglichen Beschäftigungen nachgeht. Von allen Bildern der Serie vermittelt diese Fotografie am stärksten den Eindruck einer Schnappschußfotografie, wie sie sich in jedem Familienalbum finden könnte.

Die Farbfotografien der Serie zeigen durchweg mehrfigurige Innenraumaufnahmen vor einem hellen, metallisch-aquamarinfarbenen Hintergrund. Dargestellt sind in wechselnder Besetzung die Cowinsche Familie, das heißt das Ehepaar und Cowins Stiefkinder, eine Tochter und ein Sohn. Die Schwarzweißfotografien unterscheiden sich von den Farbfotografien durch eine klarere Komposition und konzentriertere Darstellung. Eine mit starken Licht- und Schatteneffekten arbeitende Lichtführung verleiht den Schwarzweißarbeiten zudem eine

Abb. 9 Eileen Cowin, *Untitled*, 1980 aus der Serie »Family Docudrama«

dramatische Bildwirkung. Von 1981 bis 1983 konzentriert die Künstlerin die Serie »Family Docudrama« hauptsächlich auf das Paar bzw. reduziert insgesamt die Menge der Figuren und Requisiten.

»Untitled« (1980) – Der Kuß als Inbegriff alltäglicher Familienkonflikte

Eines der ersten Bilder der Serie, »Untitled« von 1980 (Farbtafel 1), zeigt ein sich küssendes Paar, das von zwei Jugendlichen umgeben ist. Die Szene spielt sich in einem weiß getünchten Raum ab, in dem außer einer Zimmerpalme keine weiteren Einrichtungsgegenstände zu sehen sind. Alle Figuren sind so groß ins Bild gesetzt, daß sie von den Bildrändern stark beschnitten werden. Zwischen Betrachter und Bildgeschehen herrscht so eine geringe Distanz.
Das sich küssende Paar, die Künstlerin mit ihrem Ehemann, nimmt die gesamte Bildmitte ein. Der Mann, der frontal zum Betrachter steht, verbirgt seine rechte Hand hinter einem gerahmten Gegenstand – Bild, Spiegel, o. ä. –, der von seiner Tochter gehalten wird, während er mit seinem linken Arm die Frau fest um die Schultern faßt. Sein Blick richtet sich aber nicht auf die Frau, sondern auf

den Gegenstand, von dem man nur die Rückseite sieht. Die Frau wiederum schiebt ihren Oberkörper so dicht an den Mann heran, daß sie nur in Rückenansicht zu sehen ist – trotzdem bleibt ihre Haltung distanziert. In der linken Bildhälfte steht das Mädchen im Profil mit dem Gegenstand. Auf dem hölzernen Rahmen des nicht erkennbaren Objekts verrät sein Schatten eine der zahlreichen, außerhalb des Bildes befindlichen Lichtquellen. Die rechte Bildhälfte wird von einer Palme eingenommen sowie der Figur des Jungen, der am weitesten von der Kamera entfernt ist. Er steht frontal zur Zimmerwand und hält mit erhobenen Armen einen Basketball, so als ob er ihn in einen Korb werfen wollte. Der fehlende Korb und der geringe Abstand zwischen ihm und der Wand machen allerdings die Absurdität seines Spiels deutlich. Das Bild erhält durch die Stellung der Figuren, beginnend mit dem Mädchen in der linken Bildhälfte, über das Paar in der Bildmitte bis zum Jungen im Hintergrund einen starken Tiefenzug von links nach rechts. Die ungleich fluchtende hintere Zimmerwand verweist zudem auf einen schräg gestellten Aufnahmestandpunkt.

Zu sehen sind auf der Fotografie zunächst einmal drei parallel verlaufende Handlungen: das Spiel des Jungen, der Kuß des Paares und das Zeigen und Festhalten des Gegenstandes von Seiten des Mädchens. Die beiden zuletzt genannten Tätigkeiten sind durch die Interaktion von Vater und Tochter miteinander verbunden, der ballspielende Junge bleibt von den anderen isoliert.
Mittelpunkt des Bildes ist der Kuß des Paares, der durch seine zentrale Stellung im Bild hervorgehoben ist. Auffällig ist die Zuwendung der Frau zu ihrem Mann, die von ihm insofern nicht erwidert wird, als seine Aufmerksamkeit auf das von dem Mädchen gehaltene Objekt gerichtet ist. Sein Verhalten wirkt ambivalent, da er einerseits die Frau nicht losläßt, um sich ganz dem Kind zuzuwenden, ihr andererseits aber auch nicht die Aufmerksamkeit schenkt, die der Kuß erfordern würde. Diese Ambivalenz spiegelt sich auch in der Figur der Frau wider, denn obwohl sie ihn küßt, ist ihre Zuwendung keine ungeteilte. Die Körperhaltung der Ehepartner zeigt gleichzeitige Anziehung und Ablehnung, so daß der Kuß nicht Ausdruck eines über alle Maßen verliebten Paares ist, sondern eher für eine unstimmige Beziehung steht.
Diese ambivalente Paarbeziehung wird durch die Figur des Mädchens noch unterstrichen, die in die Situation des Paares integriert ist. Es ist nicht zu erkennen, wem die Aufmerksamkeit des Vaters gilt, seinem eigenen Spiegelbild oder einem Bild des Mädchens. Die Künstlerin selbst spricht als weitere Deutung Instruktionen an, die das Mädchen dem Mann hinhält, so daß die Darstellung eine Art Bühnenprobe zeigt, bei der der Mann und die Frau eine Haltung einstudieren, die auf der Tafel als Szenenanweisung vorgegeben ist.[145] Wie die Szene auch ausgelegt wird, bleibt festzuhalten, daß jede Interpretation keine endgül-

tige ist. Cowin hat den zentralen Gegenstand absichtlich so dargestellt, daß der Betrachter ihn nicht eindeutig identifizieren kann. Leichter ist die Rolle des Jungen zu deuten: Sein einsames Ballspiel läßt sich etwa dahingehend deuten, daß er sich bewußt aus den familiären Bindungen heraushalten will, oder daß er von den übrigen Personen ausgegrenzt wird. In jedem Fall deutet seine Isolation auf eine Konfliktsituation mit den anderen Familienmitgliedern hin, die durch sein sinnloses Spiel noch unterstrichen wird.

Cowin will mit der Darstellung keine bestimmte Episode wiedergeben, sondern anregen, sich die zu dem Bild gehörende Geschichte selbst vorzustellen:

> *Es gibt nie eine bestimmte Geschichte hinter meinen Bildern. Ich zeige Leute inmitten einer Handlung, die in verschiedener Weise interpretiert werden kann, aber man weiß nie, wie sie ausgeht. Man stellt sich nur Möglichkeiten vor.*[146]

Die Handlungen, die einzeln betrachtet, den Anschein erwecken könnten als seien sie aus einer spontanen Aufnahme heraus entstanden, offenbaren durch ihre unglaubwürdige Zusammenstellung das Gestellte der Darstellung. Daß es zu so unterschiedlichen Handlungen auf engstem Raum kommt, nimmt dem Dargestellten seine Glaubwürdigkeit. Die Künstlerin spielt mit Elementen einer vermeintlichen Wirklichkeit, enthüllt aber gleichzeitig das Fiktive der Darstellung. Dem Anschein von Authentizität wirkt sie entgegen, indem die verdichtete Darstellung scheinbar realer Begebenheiten den Wirklichkeitsanspruch der Fotografie übersteigert.
Abgesehen von diesem Aspekt, zeigt sich, daß, wie die Szene auch gedeutet wird, die Familienkonstellation auf Konflikte oder Schwierigkeiten der Familienmitglieder untereinander hinweist. Obwohl sich alle Personen gemeinsam in einem Raum aufhalten, sind sie in ihren Handlungen isoliert und auf sich selbst gestellt. Zu diesem Eindruck der Entfremdung trägt auch der äußere Bereich bei. Cowin verwendet Requisiten, führt sorgfältige Lichtregie und funktioniert den Raum zur Bühne des Geschehens um. Dieser macht durch die bilderlosen Wände und die fehlenden Einrichtungsgegenstände nicht den Eindruck eines bewohnten Zimmers, ebenso wie die kalten Farben und das künstliche Licht eine kühle Atmosphäre vermitteln. Zwar dient der Raum als Folie für die Handlungen der Figuren, steht aber in keinem Verhältnis zu ihnen. Verstärkt wird dieser Eindruck durch die ins Bild gestellte Palme, die nur noch Symbol einer durchschnittlichen Wohnzimmereinrichtung ist, um so mehr, da sie auch in anderen Bildräumen des »Family Docudrama« vorkommt.

»Untitled« (1980) – Fotografierter Raum als Bühnenraum. Familienalltag als Theater

In dem ebenfalls 1980 entstandenen Bild »Untitled« (Farbtafel 2) bezieht die Künstlerin zu den bereits genannten Personen ihre Zwillingsschwester in das Bildgeschehen ein. Das Bild gleicht im Aufbau einer Theaterkulisse, insofern am rechten Bildrand eine Frau einen Vorhang zur Seite hält, der den Blick auf das dahinterliegende Geschehen freigibt. Dargestellt sind mehrere Personen, die verschiedenen Handlungen nachgehen, ohne unmittelbar zueinander in Beziehung zu stehen.

Die Szene *hinter* dem Vorhang spielt sich in einem Wohn- oder Eßraum ab, in dessen Mitte ein großer Tisch steht, an dem eine Frau mit dem Kneten eines Teiges beschäftigt ist, während neben ihr ihre Tochter Geschirr abtrocknet. Hinter der Frau, in der rechten Bildhälfte, steht ihr Mann auf einer Haushaltsleiter, um mit einem Pinsel in der Hand eine Wand des Wohnraumes zu streichen. Wie das Mädchen trägt er lässige Freizeitkleidung. Bemerkenswert ist, daß er zwar zu streichen scheint, der Farbeimer aber fehlt, so daß sein Tun offensichtlich sinnlos ist.
Im vorderen Bildbereich liegt der nur mit kurzer Hose und Sonnenbrille bekleidete Junge in der Haltung eines Sonnenbaders. Seine entspannte Haltung vermittelt den Eindruck, als ob er den fensterlosen Raum um sich herum gar nicht wahrnehmen würde.
Die Frau vor dem Vorhang hebt sich durch ihre Kleidung, ihr Auftreten und ihre Haltung von den übrigen Darstellern ab. Sie steht seitlich zum Betrachter, den sie unverwandt anblickt. Anders als die übrigen Personen trägt sie keine Freizeitkleidung, sondern ein orangefarbenes Abendkleid, das an ihrem schmalen Körper etwas groß wirkt. Der dunkle Vorhang den sie zur Seite hält, stellt eine mentale und räumliche Grenze zwischen ihr und den übrigen Personen dar. Zahlreiche Schatten verweisen darauf, daß es auch in dieser Fotografie mehrere, außerhalb des Bildes befindliche Lichtquellen gibt.

Ähnlich wie in dem zuvor beschriebenen Bild, steht auch hier die Beziehungslosigkeit einer Familie untereinander bzw. deren Unfähigkeit zu einem kommunikativen Miteinander im Vordergrund. Die Personen gehen auf engstem Raum Tätigkeiten nach, die sie kaum oder gar nicht miteinander verbinden. Sie verhalten sich zueinander wie auch sich selbst gegenüber entfremdet, es herrscht weder Kontakt zwischen ihnen – mit Ausnahme des Sonnenbaders, der die Frau anblickt – noch macht ihr Tun einen Sinn. Das Streichen ohne Farbe, das Teigkneten ohne Zutaten und das Sonnenbad ohne Sonne sind ebenso unsinnig, wie die Zusammenstellung dieser Handlungen in einem einzigen Raum. Gezeigt werden klischeebehaftete Handlungen, die der Rollenverteilung in einer durchschnittlichen Familie entsprechen: die Frau als Hausfrau, der Mann als Heimwerker und der pubertierende Junge, der sich den alltäglichen Aufgaben des Familienlebens entzieht.

Zur Darstellung dieser Familiensituation bedient sich Cowin verschiedener Zeit- und Bildebenen. Die Frau vor dem Vorhang verweist durch ihre Abendgarderobe auf eine andere Zeitebene als die Familie hinter dem Vorhang, was mehrere Deutungen zuläßt: Da es sich bei den Frauen im Bild um die selbe Person handelt, kann die Darstellung im Hintergrund als eine Art Scheinwelt verstanden werden, die die Frau vor dem Vorhang – als Bestandteil einer ›realeren‹ Welt – als solche entlarvt und präsentiert.[147] In diesem Sinne läßt sie sich als Kommentatorin bezeichnen, »die uns erzählt, wie sehr die Darstellung nach Leben oder wie sehr sie nach Kunst aussehen könnte«[148]. Ohne daß mit Sicherheit bestimmt werden kann, wo die eine Darstellung in die andere übergreift, ist die Künstlichkeit des Geschehens trotz alltäglicher Handlungen evident.
Eine andere Deutung ist, sich die Welt hinter dem Vorhang als Subtext vorzustellen, für den die Figur des Sonnenbaders steht:

> *Such a figure [the sunbather] performs, to be sure, but he is somehow on the other side of charade, in a zone where the act has become an object of study. The situation is apparently controlled by directions so illogical and futile that behind them a subtext can be imagined.*[149]

Bemerkenswert an der Fotografie ist, daß Cowin das »In-Szene-Setzen« mit den Mitteln des äußeren Bereichs (z. B. Kleidung und Requisiten), dem Betrachterbezug und der Assoziation an das Theater (Vorhang und Bühne) herausstellt. Der Betrachter wird direkt angeleitet, das Gestellte der Darstellung zu reflektieren, da nur mit dem Wissen um die Inszenierung, die Darstellung funktioniert – als Kommentar der Künstlerin zu einer durchschnittlich amerikanischen Familie, in der die Personen in ihren Rollen soweit gefangen sind, daß sie über diese hinaus nicht mehr agieren können.
Wie im *docudrama* ist die vermeintlich schnappschußartige Aufnahme, für die die alltäglichen Handlungen stehen, verbunden mit dem Fiktiven, das dem Betrachter durch die rational nicht zu erklärende zweifache Erscheinung der Frau bewußt wird. Es wird eine fiktive Situation mit »realen« Personen dargestellt, um wie im *docudrama* Fiktives »real« zu zeigen. An dieser Stelle kann noch einmal an Jorge Luis Borges erinnert werden, der Eileen Cowin wohl bekannt war. Die »Verknüpfung von Fiktion, fiktiver Realität und realistischen Elementen«[150], die seinen Erzählungen zu eigen ist, übernimmt auch Cowin. Die offensicht-

lich fiktive Situation wird von ihr bewußt eingesetzt, um der Erwartungshaltung des Betrachters hinsichtlich der realistischen Abbildung einer Fotografie zuvorzukommen.

Unabhängig von der offensichtlichen Inszenierung gibt es in dem Bild formale und inhaltliche Mittel, die dazu dienen, den Betrachter direkt einzubeziehen. So blickt die Frau in der rechten Bildhälfte den Betrachter unmittelbar an, während sie ihm die Darstellung hinter dem Vorhang präsentiert. Sie ist nicht nur Identifikationsfigur, sondern eine zur »Person gewordene Betrachteranweisung«, insofern sie den Blick des Betrachters über die Figur des Sonnenbaders zum Hauptgeschehen der Darstellung leitet.[151] Wie in der Fotografie »Untitled« (Der Kuß) ist der Aufnahmestandpunkt sehr nahe an die Darstellung herangerückt, so daß dem Betrachter eine Position zugewiesen wird, die sich nahezu innerhalb des Bildgeschehens befindet.
In Hinsicht auf den Bildraum fällt zudem auf, daß er wie eine Bühne aufgebaut ist, die dem Betrachter von der Frau vor dem Vorhang vorgeführt wird. Derselbe Raum kommt auch in anderen Bildern des »Family Docudrama« vor, so daß hier ein Ort gegeben ist, der wie im Theater immer wieder anders ›bespielt‹ wird.[152] Cowin selbst gesteht auch ein, daß sie bei der Konzeption des »Family Docudrama« die Idee einer Bühne hatte, auf die der Betrachter von einer gewissen Distanz her blickt.[153] Der äußere Bereich fällt dabei besonders ins Gewicht, da die Beleuchtung und die Gegenstände, die den Personen wie Requisiten beigefügt sind – Pinsel, Schüssel, Geschirrhandtuch – das Gestellte der Darstellung und damit den Eindruck der Bühne noch unterstreichen. Wie zuvor die Palme dienen die Gegenstände mehr als charakteristische Attribute oder als Idee denn als tatsächliche Gebrauchsobjekte.
Formal wird in der Darstellung auf bildgestalterische Elemente anderer Gattungen zurückgegriffen: Die Frau vor dem Vorhang als Repoussoirfigur ist ein Mittel der Malerei und die konsekutive Darstellung – durch die Darstellung zweier zeitlich zueinander versetzter Szenen – kann als Merkmal der Fotosequenz oder des Films gelten.

»Untitled« (1981, Double-Departure Scene) – Ein Abschied aus mehreren Blickwinkeln

»Untitled« (Double-Departure Scene) von 1981 (Farbtafel 3) stellt eine Abschiedsszene mit zwei Frauen und einem Mädchen dar. Eine der beiden Frauen im eleganten Kostüm schreitet aus dem Raum heraus, die Jacke über die Schulter geworfen und den Kopf nach hinten zu dem Mädchen gewendet. Sie

hat eine eigentümlich verdrehte Haltung und ihr Blick verrät Mitleid sowie Verzweiflung und Beherrschung. Hinter ihr steht die zweite, ihr zum Verwechseln ähnlich sehende Frau, die das Mädchen mit liebevoller Geste festhält. Ihre Haltung ist ganz auf das Mädchen ausgerichtet, das sie zärtlich um die Schultern faßt. Eine ausholende Schrittbewegung des Mädchens macht seinen Wunsch deutlich, der Frau im Bildvordergrund hinterherzueilen, obwohl sein Gesichtsausdruck gleichzeitig trotziges Aufbegehren signalisiert.
Hinter dieser Drei-Figurengruppe wiederholt sich die dargestellte Abschiedsszene in etwas abgewandelter Form: An der Wand des bereits bekannten schmalen Raumes steht auf dem Fußboden eine Schwarzweißfotografie, die abermals die Frau mit dem Mädchen sowie einen Mann zeigt. »Untitled« (Self Portrait with Daughter, 50 x 60 cm, Abb. 10), ist im gleichen Jahr wie die Fotografie »Double-Departure Scene« entstanden und gehört zu den wenigen Schwarzweißbildern der »Family Docudrama«-Serie. Auch hier ist die Künstlerin mit ihrer Stieftochter zu sehen, die sie diesmal fest umschlungen hält. Sie steht in der rechten Bildhälfte und hat den Blick auf den Betrachter gerichtet, während sie mit beiden Armen den Kopf des Mädchens umfaßt. In dieser Szene ist es der

Abb. 10 Eileen Cowin, *Untitled* (Self Portrait with Daughter), 1981

Mann, der mit über die Schulter geworfener Jacke im Begriff ist, Mutter und Tochter zu verlassen. Der Großteil seiner Figur wird vom Bildrand beschnitten, so daß sein Gesichtsausdruck nicht zu erkennen ist. Genauso wie in der Farbfotografie gibt es starke Schattenbildungen, die auf mehrere Lichtquellen außerhalb des Bildes verweisen.

»Double-Departure Scene« zeigt zwei zeitlich voneinander versetzte Szenen, die Cowin als Bild im Bild darstellt. Die farbige Abschiedsszene wiederholt den Abschied der Schwarzweißfotografie. Es ist jeweils die linke Bildfigur, die Frau und Mädchen verläßt, während sich die Frau in der rechten Bildhälfte mit liebevoller Sorgfalt um den mal trotzig, mal verzweifelt wirkenden Teenager kümmert. Durch die zweifache Erscheinung der Künstlerin kann die Darstellung als transzendent betrachtet werden, in dem Sinne, daß eine in sich gespaltene Frau gezeigt wird, die zwischen mütterlicher Fürsorge um ihre Tochter und karrierebewußtem Verhalten ringt. Cowin hat hier eine moderne Version der »Herkules am Scheideweg«-Thematik geschaffen, insofern sie die ambivalente Situation einer Frau darstellt, die sich zwischen zwei Lebensmodellen entscheiden muß.

Weitere Lesarten ergeben sich aus der Einbeziehung der Schwarzweißfotografie im Bildhintergrund: Die Fotografie unterstützt die These der transzendenten Darstellung, da dem angenommenen Abschied der Frau von ihrem Kind ein zweiter Abschied hinzugefügt ist, der als Traum, Vorstellung oder Gedanke gedeutet werden kann. Mit Hilfe der Schwarzweißfotografie sind demnach verschiedene erzählerische Standpunkte dargestellt, die dieselbe Handlung, den Abschied aus unterschiedlichen Sichtweisen zeigen. Dem ersten Abschied ist durch die Fotografie ein zweiter hinzugefügt, der die gleiche Situation ähnlich schildert und mit dem das Bild aus der Perspektive des Kindes, des Mannes oder der Frau erschlossen werden kann. Dabei geht es um verschiedene familiäre Konflikte, den Zwiespalt einer Frau zwischen Arbeit und Mutterdasein und das Thema des Verlassens und Verlassenwerdens.
Wiederum fallen in dieser vieldeutigen Szene verschiedene formale Mittel ins Auge. Neben der aus der Malerei bekannten Bild-im-Bild-Darstellung ist es der Film, der durch die (kausal und/oder chronologisch) miteinander zusammenhängenden Szenen zitiert wird. Die Möglichkeit, mehrere Szenen darzustellen, ist normalerweise dem Film vorbehalten, und in der Fotografie nur eingeschränkt umsetzbar. Wie im Film zeigt aber auch die Fotografie einen Moment maximaler Spannung, insofern das Kind kurz davor ist, trotzig aufzubegehren, während die Mutter mit ihrem Blick große Verzweiflung signalisiert. Der dramatische Höhepunkt, der einer solchen Szene voraus- oder hinterhergeht, ist

nicht zu sehen, sondern es ist nur die Möglichkeit dieses Höhepunktes, die in der Darstellung angedacht wird.

Das »Family Docudrama«: Bilder erzählen! – mit den Mitteln von Film, Theater und Malerei

Auf der Basis einer zusammenfassenden Analyse von Cowins »Family Docudrama« können im folgenden bestimmte Merkmale Inszenierter Fotografie noch einmal herausgestellt werden.

Zunächst einmal kann grundsätzlich die große Nähe zum Theater konstatiert werden. In allen drei Fotografien wird der Raum wie eine Bühne genutzt, auf der nur die Requisiten und die Handlungen wechseln, während die Personen die gleichen bleiben. Motivische Details wie die Regieanweisungen im ersten Bild oder der Vorhang im zweiten Bild sind weitere Hinweise auf das Theater. Requisiten und der Einsatz von (Laien-) Schauspielern gehören dem äußeren Bereich an, für den auch die sorgfältige Lichtregie spricht. In allen Bildern wurden starke Schattenbildungen festgestellt, die auf den Einsatz spezieller Kamerabeleuchtung schließen lassen.

Mehrfach wurde auch auf die narrative Struktur hingewiesen, die auf die Umsetzung einer Szene im Sinne einer Inszenierung schließen läßt. Es wurden verschiedene Ereignisse gezeigt, häufig als einzelne Handlungen, aber auch als komplexe Geschehnisse, an denen mehrere Personen beteiligt sind. Durch die Tatsache, daß die Personen meist Tätigkeiten nachgehen, die an Bewegungen gebunden sind – Ballspielen, Anstreichen oder Teigkneten sind Handlungen von großer Betriebsamkeit – wird der Eindruck des Narrativen noch gesteigert. Auch die konsekutive Darstellung wird hier als Mittel eingesetzt, um eine Erzählabfolge vorzugeben, die ein Vorher und ein Nachher impliziert, ebenso wie die Form der Serie.

Als weiteres Merkmal Inszenierter Fotografie ist der Betrachterbezug zu nennen, der in allen Bildern besonders betont ist. Der durchgängig nahe Kamerastandpunkt bewirkt, daß dem Betrachter die Distanz zu der Darstellung fehlt, was ihn gleichermaßen zum stillen Teilhaber und – etwa durch die Intimität des Kusses in »Untitled« (Der Kuß) – sogar zum Voyeur oder Zeugen macht. Die offensichtliche Gestelltheit von Cowins Arbeiten gehört dabei zu den Rezeptionsvorgaben, die die Künstlerin gezielt einsetzt. Ein kurzer Dialog zwischen Cowin und einem Galeristen Anfang der siebziger Jahre kann diesen Ansatz verdeutlichen:

He: *Photographs are supposed to be believable; these [Cowins photographs] look set up.*

> *Cowin:* *They are set up.*
> *He:* *But they look set up.*
> *Cowin:* *They are set up to look set up.*[154]

Cowin spielt mit den Bildleseerfahrungen des Betrachters, der zwangsläufig in dem Bild eine zusammenhängende Geschichte vermutet. Wie im Film glaubt man ein Geschehen verfolgen zu können, dessen Anfang und Ende die Künstlerin jedoch vorenthält. Sie arbeitet mit sog. »Leerstellen«, da die entscheidende oder erklärende Handlung bewußt ausgelassen wird.[155] Dem Betrachter werden zwar Anhaltspunkte gegeben, mit denen er versuchen kann, das Fehlen eines schlüssigen Handlungsverlaufs zu füllen, die Darstellung selbst entzieht sich aber einer Auflösung. Dabei kann das, was hier als Leerstelle benannt wird, auch als Subtext bezeichnet werden, der impliziert, daß es hinter dem dargestellten Inhalt noch einen weiteren Inhalt gibt, der durch die übrige Handlung verdeckt ist.[156] Die Inszenierung der Darstellung verweist darauf, daß noch etwas **hinter** dem vordergründig Dargestellten liegt, das an sich unlogisch und sinnlos ist. Die drei Bilder der Serie machen diesen Ansatz deutlich, indem sie auf Sinnzusammenhänge verweisen, die erst durch die Inszenierung erkennbar werden. Das Objekt im ersten Bild (Farbtafel 1), das absichtlich so *in die Szene gesetzt* ist, daß es nicht zu erkennen ist, nimmt durch seine »Nichtsichtbarkeit« dem Kuß des Ehepaares seine Aufrichtigkeit. Die Handlungen der Familie im zweiten Bild (Farbtafel 2), die von der Frau vor dem Vorhang *präsentiert* werden, geben erst durch ihre offensichtliche Sinnlosigkeit einen Hinweis auf die Rollen, in denen die Personen gefangen sind, ohne daß sie sich über diese Rollen hinaus verständigen können. Im dritten Bild (Farbtafel 3) weist *die ins Bild gesetzte* Schwarzweißfotografie auf die Absurdität der Darstellung und offenbart, daß die gesamte Szene fiktiv ist.

Die offensichtliche Gestelltheit der Szenen erfordert dabei die Auseinandersetzung mit Sehgewohnheiten zur fotografischen Wirklichkeit. Die Künstlerin demonstriert, daß wir daran gewöhnt sind, Fotografien als Spiegel oder authentisches Abbild der Welt zu betrachten und daß uns diese Gewohnheit bereits zum Maß des Sehens geworden ist:

> *We have been conditioned to look at the photograph as the norm for the appearance of everything.*[157]

Die Inszenierung steht somit für die Auseinandersetzung mit dem fotografischen Medium per se, für das Cowin mit dem methodischen Vorgehen des Inszenierens ihren Standpunkt zur Diskussion um den Wirklichkeitscharakter einer Fotografie formuliert: Fotografien sind nicht das, was man ihnen seit ihrer Erfindung unterstellt, nämlich Spiegel der Wirklichkeit.

Über die genannten Merkmale hinaus gibt es weitere Charakteristika, die typisch, und damit auch repräsentativ für die Inszenierte Fotografie der achtziger Jahre sind:
Die Serie zeigt eine **durchschnittliche Mittelstandsfamilie** und deren Konflikte. Häufig wiederkehrendes Thema ist die mangelnde Kommunikationsfähigkeit einer Familie, in der sich die Familienmitglieder gegenseitig nicht wahrnehmen (Farbtafel 1) oder aneinander vorbei handeln (Farbtafel 2). Ihr Tun ist zwiespältig und sie sind zwischen unterschiedlichen Handlungsmöglichkeiten hin und her gerissen (Farbtafel 3).
Auch ein feministisch orientierter Ansatz ist in allen drei Bildern naheliegend, insofern die Rolle der Frau thematisiert und problematisiert wird. Auch wenn Cowin selbst ihren Standpunkt nicht explizit als feministisch betrachtet, war für sie die Feminismus-Debatte in den siebziger und achtziger Jahren durchaus von Interesse.[158]
Neben diesen Hauptkonflikten sind weitere Konfliktsituationen thematisiert, zu denen u. a. die mangelnde Intimität innerhalb einer Familie zählt, die Schwierigkeiten des Heranwachsens bei Jugendlichen, die festgelegten Rollenverteilungen innerhalb eines familiären Systems oder die Trennung, die früher oder später in jeder Familie unerläßlich ist. Zur Darstellung dieser Familiensituation werden geläufige **Klischees** bedient, die wie im Theater zum Teil drastisch übersteigert sind. Die Figuren verkörpern bestimmte Rollen, die einfach und durchschaubar sind: Den Männern sind typisch »männliche« Beschäftigungen wie Heimwerken oder sportliche Betätigungen zugedacht, während die Frau in der Rolle der Hausfrau, Mutter und Ehefrau steckt.

Abgesehen von diesen konkreten Inhalten wurde mehrmals auf den Film und die Malerei verwiesen, die in der Serie intensiv reflektiert werden.
Von der **Malerei** übernimmt Cowin formale Mittel, wie die vom Bildrand angeschnittene Figur (Repoussoirfigur) sowie die Bild-im-Bild-Darstellung. In vielen »Family Docudrama«-Fotografien finden sich im Raum plazierte Bilder, häufig versieht die Künstlerin ihre Bildräume sogar mit eigenen Fotografien. Auch gibt es direkte Vorbilder aus der Malerei, die zitiert werden. Für »Untitled« (Der Kuß) kann etwa auf ein Gemälde Edgar Degas', »La Famille Bellelli« (Paris, Louvre, 1860-62), verwiesen werden, das für die Idee des Familienbildnisses inspirierend war.[159] Die Anordnung der Figuren entspricht der von Degas' Figuren, insbesondere der Mann als Familienoberhaupt, der, obwohl er dem Betrachter den Rücken kehrt, eine zentrale Stellung im Bild einnimmt. Thematisch verweisen die Figurenkonstellationen in beiden Bildern auf einen Ausdruck großer Entfremdung innerhalb einer Familie.

Für den **Film** ist die konsekutive Darstellung zu nennen, die ihm (wie auch dem Theater) zu eigen ist. Im Film ist es üblich, fort- oder nebeneinanderher laufende Handlungen darzustellen, um eine narrative Struktur zu erzielen. Eine Ausnahme bildet der Film, der nicht mit laufenden, sondern mit statischen Bildern arbeitet, und damit wiederum ein interessantes Pendant zur Inszenierten Fotografie darstellt: Etwa fünfzehn Jahre bevor sich das Phänomen der Inszenierten Fotografie entwickelte, hat Andy Warhol mit dem statischen Bild im Film gearbeitet. Seine 6 bzw. 8-stündigen Filme »Sleep« und »Empire« kehren das Prinzip von Cowins Fotografien um: Sie eignen dem Film Mittel der Fotografie an, indem das laufende Bild durch das Standbild ersetzt wird.[160] Auch Cowin hat mit diesem Prinzip experimentiert: In der 1999 entstandenen Videoinstallation »It's good to see you« zeigt sie in einer Endlosschleife auf vier Fernsehmonitoren vier monoton verlaufende Handlungen (schlafen, küssen, duschen, zähneputzen), die nur für einen kurzen Augenblick durch eine Bewegung unterbrochen werden (Abb. 11). Die Monitorbilder werden in statische Bilder verwandelt, entgegengesetzt zum »Family Docudrama«, in dem durch die konsekutive Darstellung ein Fortlaufen der Handlung gezeigt wird.

Von dem methodischen Ansatz abgesehen ist es die Idee zum »Family Docudrama«, die dem Film bzw. genauer dem Fernsehfilm entlehnt ist. Wie im TV-*docudrama* ist die vermeintliche Dokumentation an die Fiktion gebunden, wobei Cowin das Spezifische einer Fotografie nutzt, in der Art, daß man der Fotogra-

Abb. 11 Eileen Cowin, *It's good to see you*, 1999

fie selbst dann noch Authentizität unterstellt, wenn offensichtlich ist, daß die Aufnahme inszeniert wurde.
Im Zusammenhang von **Fiktion und Dokumentation** kann auch auf den amerikanischen Dokumentarfilmer Frederick Wiseman hingewiesen werden, der in Cowins Werk eine wichtige Rolle spielt.[161] Wiseman gebraucht seit etwa 1974 den Ausdruck *reality fictions*, um deutlich zu machen, daß seine Filme sich an der Grenze von Fiktion und Realität abspielen. Auch bei Cowin geht es um diese Grenze zwischen Realität und Fiktion, wobei sie im Unterschied zu Wiseman nur vorgibt, daß sich in ihren Bildern auch autobiographische Momente finden.
Ein weiterer Aspekt zeigt die enge Beziehung der Serie zum Film: es ist die **Familienthematik**, die vom Film bzw. genauer dem Fernsehfilm übernommen wurde. Die Familienserie als weitverbreiteter Programmtyp ist Grundlage für das Verständnis des »Family Docudrama«, das an die in den USA bekannten Familienserien »Leave it to Beaver«, »Father knows best«, »Denver«, »Dallas« und »Honey mooner« anknüpft, die insbesondere in den siebziger und achtziger Jahren zu einem äußerst populären Programmtyp gehörten. In all diesen Serien geht es um stereotype Figuren, mögliche Charaktere, mit denen sich der Betrachter schnell und einfach identifizieren kann. Auch das »Family Docudrama« ist an diesen Stereotypen interessiert und übernimmt deren feste Rollenverteilungen. Keineswegs stellt sich die Künstlerin selbst als Hausfrau dar, sondern sie zeigt das Beispiel einer Frau als Hausfrau, um damit eine allgemeingültige Aussage über die Frau innerhalb der Familie zu treffen.

Weitere filmische Einflüsse, die Cowin für ihre Serie nennt, werden durch die Analysen der Bilder bestätigt: Alle Bilder lassen mehrere Deutungen zu, und jedes Bild kann auf mehrere Arten gelesen werden, woraus sich **unterschiedliche Standpunkte oder Sichtweisen** ergeben. Cowin möchte Geschichten aus verschiedenen Perspektiven erzählen, etwa in der Art der Filme »Rashomon« (1950) von Akira Kurosawa und »Der Stadtneurotiker« (1977, engl. »Annie Hall«) von Woody Allen. Beide Filme beschäftigen sich mit einer Geschichte aus der Perspektive mehrerer Erzähler bzw. aus einem veränderten Blickwinkel, und jede in das Geschehen verwickelte Person trägt eine andere Version derselben Geschichte vor. In Allens Film tritt der Erzähler (Woody Allen selbst) sogar aus der Darstellung heraus, um das Geschehen von einem anderen Standpunkt aus zu kommentieren – eine Idee, die Cowin für »Untitled« (Farbtafel 2) direkt übernommen hat. Auch sie stellt sich selbst als Erzählerin dar, die aus dem eigentlichen Geschehen heraustritt.
Die im Film leicht zu realisierende Vielfalt an verschiedenen Sichtweisen wird auf das Medium Fotografie übertragen, wobei den eingeschränkten Möglich-

keiten der Fotografie hinsichtlich der Simultanerzählung extrem assoziationsreiche Geschehnisse gegenübergestellt werden. Der Mangel an Darstellungsmöglichkeiten wird durch die Herausforderung an die Vorstellungskraft des Betrachters ausgeglichen.

Zusammenfassend läßt sich festhalten, daß das »Family Docudrama« in sehr ausgeprägtem Maße andere Medien – Malerei, Film, Theater, aber auch die Fotografie selbst[162] – zitiert, reflektiert und adaptiert, so daß selbstverständlich auch der Vergleich zu den interdisziplinären Ansätzen der Postmoderne naheliegt. Welche Verbindungen darüber hinaus zwischen postmoderner Theorie und Inszenierter Fotografie bestehen, zeigt ein Exkurs zum sog. Simulakrum, mit dem sich u. a. die amerikanische Fototheoretikerin Rosalind Krauss beschäftigt hat. Ihr Ansatz, den sie am Beispiel von Cindy Sherman erläutert, wird im folgenden diskutiert und für die Analyse von Cowins Werk versuchsweise praktisch angewendet.

Exkurs: Das Simulakrum bei Rosalind Krauss und Eileen Cowins »Family Docudrama«[163]

Wie bereits erwähnt, spielt die Beschäftigung mit dem Simulakrum (lat. Bild, Abbild, Traum-, Trugbild, Schein) in der postmodernen Fotografietheorie eine besondere Rolle. Rosalind Krauss hat einen Beitrag zum Simulakrum in der Fotokunst verfaßt, auf den in der Diskussion um die inszenierte, zeitgenössische Fotografie zahlreiche Autoren zu sprechen kommen.[164] Als Schülerin von Clement Greenberg machte Krauss sich als Kritikerin für die Kunst der siebziger Jahre, insbesondere der Fotokunst, einen Namen. Ausgehend vom französischen Strukturalismus bezieht Krauss u. a. sozialwissenschaftliche (Pierre Bourdieu), psychoanalytische und literaturwissenschaftliche Aspekte (Roland Barthes) in ihre Analysen ein, um für die fotografische Praxis einen Diskurs der Dekonstruktion anzuregen, »bei dem die Kunst von sich selbst entfernt und getrennt wird.«[165] Über diese Methode, das Projekt der Dekonstruktion gelangt sie zu dem Begriff des Simulakrums, der als Ergebnis eben dieser strukturalistischen Vorgehensweise zu verstehen ist. Krauss geht von der Fotografie als theoretischem Objekt aus, von dem aus, ohne daß es selbst Forschungsgegenstand ist, andere Felder erschlossen werden können, wobei insbesondere die Auseinandersetzung mit den Bedingungen von Kunst zu ihren zentralen Anliegen zählt.

Als Beispiel für die Beziehung von Fotografie und Simulakrum diskutiert R. Krauss **Cindy Sherman** und deren »Untitled Film Stills«, womit sie den 1963

von Roland Barthes eingeführten, und 1978 von Baudrillard präzisierten Begriff auf die Fotokunst überträgt.[166]
Da bestimmte Werkkomplexe von Cindy Sherman sowohl inhaltlich und formal als auch konzeptionell sehr gut mit Cowins »Family Docudrama« zu vergleichen sind, soll versucht werden, den Begriff des Simulakrums auch auf Cowins Arbeiten zu übertragen. Beide Künstlerinnen haben in der zweiten Hälfte der siebziger Jahre begonnen sich mit Inszenierter Fotografie zu beschäftigen und waren damit seit Beginn der achtziger Jahre auf Ausstellungen – auch gemeinsam – vertreten.[167]
Ein kurzer Vergleich zwischen Cowin und Sherman soll Krauss' Ausführungen voran gestellt werden: Der Kritiker Kay Larson beurteilte in einer Review der New Yorker Whitney Biennale die Unterschiede zwischen den beiden Fotokünstlerinnen bereits als gering und bemerkte zum Vergleich der beiden ironisch:

> *Across from her [Shermans] work are more color photographs, these by Eileen Cowin, a Californian who portrays equally mysterious dramas involving two or three people in ambigious but painful family relationships. Cowin's work is virtually unknown, Sherman's is already a phenomen. What's the difference between them? Three thousand miles, and that's about all.*[168]

Auch wenn sich die Unterschiede sicherlich nicht nur auf »3000 Meilen« belaufen, gibt es tatsächlich viele Ähnlichkeiten zwischen Shermans und Cowins Arbeiten, wobei hier ausschließlich die Arbeiten berücksichtigt werden, die in den späten siebziger bzw. zu Anfang der achtziger Jahre entstanden sind.
Im Werk beider fällt die sich ständig wiederholende zentrale Darstellerin auf, jeweils die Künstlerin selbst. Mittelpunkt der Serien (»Film Stills« und »History Portraits« bei Sherman bzw. die Serie »Family Docudrama«) ist die Selbstdarstellung von Cowin und Sherman, unter Vermeidung jedes autobiographischen Aspektes. Darüber hinaus sind es formale Mittel, die die Fotografien vergleichbar machen, beispielsweise, daß die Figuren meist groß ins Bild gesetzt, oder häufig von den Bildrändern angeschnitten sind. Die auffälligste Gemeinsamkeit ist aber, daß beide Künstlerinnen mit dem arbeiten, was auch als Reproduktion der Reproduktion bezeichnen wird[169]: Stereotype Bilder, die dem Betrachter aus dem täglichen Umgang mit Film, Fernsehen, reproduzierten Kunstwerken oder Kameraschnappschüssen wie sie jedes Familienalbum birgt, vertraut sind.

Krauss Ausführungen zur Fotografie und dem Simulakrum beginnen mit den Thesen des Soziologen Pierre Bourdieus, die, verkürzt wiedergegeben, besagen, daß Fotografie durch die Methoden der Soziologie zu definieren sei und es aufgrund der sozialen Funktionen von Fotografie hier nicht zu einem ästhetischen Diskurs kommen könne.[170] Mit den sozialen Funktionen ist der Kontext der Familie gemeint, in dem die Fotografie als Beweis oder Indiz für die Einheit der Familie genutzt wird – worin nach Bourdieu auch ihre hauptsächliche Aufgabe liege. Fotografie wird nicht nach ihrem Wert, sondern nach der Identität des Motivs beurteilt, wobei hinsichtlich der Genres (Porträt, Landschaft, etc.) und der Ausrichtung (zentriert, frontal etc.) die Wiedergabe gleichermaßen stereotyp ist.[171] Von Bourdieus soziologischem Ansatz, der in erster Linie auf dem fotografischen Anwendungsbereich des Amateurfotografen beruht, leitet Krauss zur Fotokunst bzw. zu anderen Kunstformen über. Sie geht von der Vorstellung von Originalität eines Kunstwerkes aus, und stellt fest, daß Fotografie aufgrund ihrer technischen Voraussetzungen (etwa durch beliebige Multiplizierbarkeit eines Abzuges) der Originalität als ästhetischer Bedingung nicht entsprechen kann. Die Möglichkeit, Original und Kopie ästhetisch zu unterscheiden, wird von der Fotografie unterwandert und führt so über kurz oder lang zu einem Zusammenbruch des Originalitätsanspruchs, auch was andere Künste – Malerei, Skulptur – betrifft. An dieser Stelle wird Cindy Sherman als diejenige Künstlerin genannt, die sich beispielhaft mit diesem Thema westlicher Kunst, der Unterscheidung bzw. Nicht-Unterscheidung von »Original« und »Kopie« in der Kunst beschäftigt.

Sherman hat zwischen 1977 und 1980 die bereits erwähnten »Untitled Film Stills« (Vgl. Abb. 2, 17) gemacht, die auf den ersten Blick an Standbilder von Filmen der fünfziger Jahre erinnern. Die Künstlerin stellte die »Film Stills« aber nicht in Anlehnung an bestimmte Originale nach, so daß die Bilder keine »getreuen Kopien« *von* etwas sind. Sherman kopiert vielmehr einen Stil (hier: des fünfziger Jahre-Filmes), wobei sie dies auf so glaubhafte Weise umsetzt, daß man sich an einen Originalfilm – den es tatsächlich aber nicht gibt – erinnert fühlt. Sie produziert »Erinnerungsbilder«[172] ohne ein konkretes Vorbild. Die Bilder Shermans reproduzieren damit, »was schon eine Reproduktion ist – das heißt die diversen Standard-Personen, die durch Hollywood-Drehbücher, TV-Serien, Kitsch-Romanzen und Hochglanz-Werbung hervorgebracht werden.«[173] Gleichzeitig ist die Künstlerin selbst »Subjekt und Objekt dieser Bilder«, das heißt, indem sich die Künstlerin als stereotype Frauenfigur (etwa als blond-dummes Liebchen) darstellt, widerläuft sie dem gängigen Bild vom Künstler, der als »Quelle subjektiver Reaktionen« (d. h. Quelle der Kreativität) einen Blick aus kritischer Distanz auf die Welt wirft und diese erfährt, indem er sie beurteilt. Wenn Sherman nun an ihrer statt ein Modell wählen würde, würde sie diese Welt aus der Distanz abbilden, so aber hebt sie die Differenz zwischen sich als Künstlerin und der Welt, die sie zeigt, auf. Damit tritt sie in die Welt des

Simulakrums ein. Im Zusammenhang mit diesem Begriff kommt Krauss auf Platons Höhlengleichnis zu sprechen, in dem von dem Menschen die Rede ist, der, festgekettet mit Blick in die Höhle, niemals etwas anderes gesehen hat als die Schatten anderer Menschen vor ihm auf der Wand, das heißt, daß er von der Idee der anderen Menschen nur ein verzerrtes falsches (Ab-)Bild, ein Simulakrum hat. Das Simulakrum ist daher eine »falsche Kopie«, für die Krauss präzisiert, daß diese Kopie von der ideellen Form soweit abweicht, daß sie falsch wird bzw. der Idee des Originals nicht mehr ähnlich ist, insofern sie keine wesensmäßige Verbindung zu ihr hat.[174] An anderer Stelle benennt Krauss das Simulakrum auch als »Kopie ohne Original« (»copy without an original«), was insofern etwas unklar ist, da Krauss dem Simulakrum zuvor schon ein Original zuspricht, nur eben eins, von dem es so stark abweicht, daß es keine wesensmäßigen Gemeinsamkeiten mehr zu ihm hat.

Vereinfacht lassen sich Krauss Überlegungen zum Simulakrum auch mit einer Kette(nreaktion) darstellen, wobei sich dieses Bild sehr gut auf die Cowinschen Familienbilder übertragen läßt: Eine Familie ist als »Original« vorstellbar und wird von einer Familienfernsehsendung (= Kopie) mehr oder weniger nachgeahmt. Das Simulakrum ist dann das Bild der Familienserie, etwa ein eigens zu Werbezwecken produziertes, das aber nicht primär die Familie abbildet, so daß eine Verbindung zwischen dem Simulakrum und der Familie und selbst zwischen dem Simulakrum und der Familienserie (nach Krauss der getreuen Kopie) nicht mehr besteht.

An einer Stelle müssen Krauss Ausführungen allerdings hinterfragt werden, und zwar dort, wo sie genaugenommen von zwei Simulakra ausgeht, dem Medium Fotografie allgemein und der spezifischen Art Cindy Shermans, »falsche Kopien« bewußt einzusetzen. Krauss sieht »die Photographie [allgemein] an einem bestimmten Punkt, in ihrer prekären Position als die falsche Kopie – als Bild, das nur durch mechanische Umstände und nicht durch innere, wesensmäßige Verbindung mit dem Vorbild diesem ähnlich ist – [die dazu dient], das ganze System von Vorbild und Kopie, Original und Fälschung, Replikation ersten und zweiten Grades, zu dekonstruieren.«[175]

Ohne diese Auffassung von der Fotografie als Simulakrum zu teilen – sie beschränkt den Sinn der Fotografie auf die wie auch immer geartete Wiedergabe eines Originals, ohne zu berücksichtigen, daß Fotografie auch ganz unabhängig von ihrem abbildhaften Charakter zu beurteilen ist –, soll diese These von Krauss als Kernaussage eines fototheoretischen Ansatzes zumindest genannt werden. Die Frage, wieweit das Medium Fotografie allgemein als Simulakrum bezeichnet werden kann, ist hier aber ohnehin nebensächlich, da in erster Linie die Idee des Simulakrums im Werk von Sherman und Cowin genauer betrachtet werden soll.

Ausgehend vom Simulakrum als falscher Kopie, können wir zunächst die »ideelle Form« von Shermans »Untitled Film Stills« und Cowins »Family Docudrama«-Bildern benennen. Bei Sherman funktioniert die Darstellung nur mit dem Wissen um Hollywood-Filme insbesondere der fünfziger Jahre, während es bei Cowin die Kenntnis von Familienserien (z. B. »Denver« oder »Dallas«), Spielfilmen (z. B. »Der Stadtneurotiker«) oder Gemälden (z. B. »La Famille Belleli« von Edgar Degas) ist, die vorauszusetzen ist. Sowohl bei Sherman als auch bei Cowin lassen sich »Vorbilder« ausmachen, allerdings nur in dem Sinn, daß ein Stil oder eine bestimmte Darstellungsart kopiert wird, das Vorbild selbst aber zweitrangig und inhaltlich ohne Bedeutung bleibt. Mitunter soll der Bezug, den man zum Vorbild herstellt, den Betrachter sogar bewußt auf eine »falsche« Fährte locken (vor allem bei Sherman), so daß er glaubt, etwas wiederzuerkennen oder sich einer bestimmten Szene zu erinnern. Das, was auf den ersten Blick aussieht wie ein »Remake«, entpuppt sich auf den zweiten Blick als Darstellung, die inhaltlich mit keinem Original mehr etwas gemein hat. Der Wert der Darstellung liegt demnach nicht im gezeigten Motiv, sondern in der Darstellungsweise, so daß es nicht oder nur sekundär darum geht, **was** innerhalb einer Szene dargestellt ist.[176] Viel wichtiger ist, daß das, was dargestellt wird, eine fotoimmanente Wirklichkeit zeigt, die sich weder zur Realität einer »Kopie« noch zur Realität eines »Originals« kongruent verhält. So wird eine Welt konstruiert, die ein Spiegel dessen ist, was wiederum nur eine Kopie von etwas ist – der Film, die Fernsehsendung, das reproduzierte Meisterwerk. So wie die Fernsehsendung »reales Leben« kopiert, so kopiert das Bild der Fernsehsendung (z. B. Cowins »Family Docudrama«) die Sendung selbst, ohne mit dem »realen Leben« oder der Fernsehsendung noch etwas gemein zu haben.

Bei Cowin ist – ähnlich wie bei Sherman – dieser Aspekt noch hervorgehoben, indem die Künstlerin ganz offensichtlich inszeniert. Die Künstlichkeit der Darstellung betont, daß das Dargestellte eine Bedeutung hat, die über das bloße Nach- oder Abbilden eines Originals oder einer Kopie hinausgeht. Die auffällige Inszenierung macht bewußt, daß es nicht um das Nachstellen einer bestimmten Wirklichkeit geht, sondern über die Imitation hinaus um die »Welt des Simulakrums« oder um das, was Baudrillard als das »Reale ohne Ursprung oder Realität«[177] bezeichnete. Im übrigen findet sich an anderer Stelle in Cowins Werk die geradezu bildhafte Umsetzung der Simulakrums-Thematik, nämlich dort, wo die Künstlerin von ihr gemachte Filme von einem Monitor abfotografiert hat (Abb. 8). Hier läßt sich die bereits erwähnte Kette(nreaktion) vom Original zum Simulakrum ganz einfach verfolgen: Personen -> Fernsehbild der Personen -> Bild vom Fernsehbild der Personen (= Simulakrum).

Die »Untitled Film Stills« von Sherman und das »Family Docudrama« von Cowin sind weder Spiegel von etwas, noch parodieren sie bestimmte Darstellungen; sie nehmen nur die äußere Form von etwas Vorhandenem auf, ohne sich zwangsläufig auf dessen Inhalt zu beziehen. Ihre Auseinandersetzung betrifft daher weniger inhaltliche Fragen der Vorbilder als vielmehr die Darstellungsmöglichkeiten der Fotografie. Damit läßt sich erneut an den Ansatz Douglas Crimps anknüpfen, für den noch zu ergänzen ist, daß das Ausloten der Darstellungsweise nicht einziges Merkmal postmoderner Fotografie ist, sondern daß sich diese Ausloten vor allem im Medium selbst abspielt, das heißt, die Selbstreferentialität zum zentralen Thema wird.

Im Unterschied zu dieser »selbstreferentiellen« Vorgehensweise werden im ›Remake‹ viel stärker inhaltliche Aspekte thematisiert, etwa in der Art, daß nach einer neuen oder anderen Lösung gesucht wird, diese zu veranschaulichen. Weder Cowin noch Sherman arbeiten allerdings mit dem Remake – worauf u. a. ihre unspezifischen »Untitled«-Titel verweisen. Dort, wo es dennoch den Eindruck macht, als würden ihre Arbeiten Remakes sein, zeigt sich, daß entweder den inhaltlichen Aspekten weniger Gewicht zukommt als der Vorgehensweise oder, daß die Inhalte zu denen der Originale vollkommen verändert sind.[178] So lassen sich beispielsweise bei Cowin die Inhalte der Vorbilder, die um das ereignisreiche Leben von Soap-Opera-Stars kreisen auf die anders lautende Formel von Entfremdung, Isolation und Kommunikationsunfähigkeit bringen.

Zwar haben Fotografen prinzipiell schon immer zu inszenatorischen Mitteln gegriffen (- wie in der piktorialistischen Fotografie -), nur ging es ihnen im Gegensatz zu Sherman und Cowin primär um die Darstellung von Wirklichkeit und deren Abbild, nicht aber um die verschiedenen Arten, wie sich diese dem Betrachter darstellen kann. Die sinnlich erfahrbare Wirklichkeit sollte wiedergegeben werden, während Sherman und Cowin die Darstellung von Wirklichkeit nicht interessiert. Im Gegenteil, ihre Bilder hinterfragen fotografische Wirklichkeit und stellen ein für allemal fest, daß spätestens seitdem es Kino, Fernsehen, Kunstreproduktionen, Computer u.s.w. gibt, die auf dem Bild festgehaltene Wirklichkeit nur eine Scheinwelt sein kann. Damit stehen die Künstlerinnen am Ende einer Tradition, die sie gleichzeitig zu brechen suchen, nämlich die Tradition, die das Foto als Abbild der Wirklichkeit auffaßt, und zwar einer Wirklichkeit, die ebenso konstruiert (im Sinne Rejlanders und Robinsons) wie gegeben (im Sinne der *Street Photography*) sein kann.

Cowins und Shermans Werk zeigt, daß Inszenierte Fotografie grundsätzlich sehr eng mit der Darstellung einer Scheinwelt zusammenhängt bzw., daß sie sich gerade deswegen etablieren konnten, da Künstler die traditionelle Auffassung von Fotografie als Abbild der Welt kritisch hinterfragten. Vergegenwärtigt man sich die Entwicklung der Fotografie im 20. Jahrhundert, zeigt sich, daß bis kurz vor Aufkommen der Inszenierten Fotografie in den siebziger Jahren das Medium in erster Linie dazu diente, Wirklichkeit festzuhalten. Bei den Fotokünstlern hingegen, die begannen mit Inszenierter Fotografie zu arbeiten, ging es nicht darum, das Bild einer wie auch immer gearteten Wirklichkeit festzuhalten, sondern eine fotoimmanente Wirklichkeit zu zeigen, die sich auf verschiedene Arten darstellen läßt.

Abschließend soll noch ein anderer Aspekt der Ausführungen von Rosalind Krauss zu Cindy Sherman angeführt werden, der die Wahrnehmung der ›falschen Kopie‹ betrifft. Wie sehr das Bewußtsein über das, was man zu sehen glaubt oder sehen will (als falsche Kopie), und dem was tatsächlich dargestellt ist (als Original), getäuscht werden kann, demonstriert die amerikanische Kritikerin auf wohl unfreiwillige Weise selbst.
In einem Aufsatz, in dem sich Krauss erneut mit den »Untitled Film Stills« von Cindy Sherman befaßt, stellt sie eine Anekdote an den Anfang, die für sie den Beweis liefert, wie überzeugend das fotografische Simulakrum im Werk von Sherman ist bzw. wie leicht man bei der Betrachtung von Shermans »Untitled Film Stills« zum sog. *myth consumer* werden kann.[179] Als *myth consumer* charakterisiert Krauss eine Person, die bestimmte Wahrheiten leichtfertig annimmt, ohne sie zu hinterfragen. (»That's what it's like to be a myth consumer. To buy the pitch. To fail to look under the hood.«[180]). Weiter behauptet Krauss, daß der Kunstkritiker Richard Rhodes in einem Artikel über Shermans »Untitled Film Stills« dem Glauben unterliegt, daß die Fotografien auf »echten« Film Stills basieren, und daß der Betrachter das Original wenn nicht als Replik (Remake), so doch als Erinnerung wiedererkennen könne. Dabei unterstellt sie Rhodes folgende Auffassung über Shermans Werk:

> *Cindy Sherman is an artist and artists imitate the reality (Universal Truth No. 1), doing so through their own sensibilities, and thus adding something of themselves to it (Universal Truth No. 2) [...] Art is important; it gives us a piece of nature seen through a temperament. Nature in the Sherman case would be [...] the original film role, which Sherman would pass through the temperament of her own memory and projection.*[181]

Nun hat Krauss in ihrem Bemühen, einen naiven Betrachter zu finden, der auf Shermans Bilder »hereinfällt«, Rhodes Text aber offenbar nicht ganz studiert, da Rhodes keineswegs, wie Krauss behauptet, davon ausgeht, daß Shermans »Untitled Film Stills« Kopien zu »echten« (originalen) Film Stills sind. Rhodes behauptet zwar, daß Sherman in einem Vortrag »echte« Film Stills neben ihre »Untitled Film Stills« gestellt hat, und er fährt fort, daß der Betrachter beginnt, beide Bilder minutiös miteinander zu vergleichen, kommt aber dann zu dem

Ergebnis, daß Shermans Bilder nicht »a recreation of a movie image« sind, sondern »a cheeky spoof on it«. Die Annahme des Betrachters, daß es sich um Remakes handeln könnte – eine Auffassung, die Rhodes nicht teilt –, leitet er daraus ab, daß angesichts der Bilder das Erinnerungsvermögen herausgefordert wird, das auf diese Weise selbst zu einem Part der Arbeit von Cindy Sherman wird.[182] Denn daß man beim Anblick von Shermans »Untitled Film Stills« unwillkürlich Erinnerungsbilder heraufprojiziert, ist nicht nur Begleiterscheinung, sondern wesentlicher Bestandteil ihrer Arbeit, so daß sich ihr Werk – vergleichbar mit Cowins »Family Docudrama« – erst durch den Betrachter vollendet. Krauss hat sich in diesem Fall offenbar zu sehr von der Vorstellung verleiten lassen, daß Shermans Simulakrum als »real« im Sinne der Kopie oder des Originals angenommen wird, ohne daß sie selbst – wie sie es empfiehlt – die »zum Kauf angebotene Ware« prüft!
Trotz dieses Mißverständnisses ist festzuhalten, daß der Begriff des Simulakrums, so wie Krauss ihn in Bezug auf Shermans Arbeiten einführt, durchaus auf andere Fotoarbeiten übertragbar ist. Dabei ist es ihr Verdienst, die Verbindung zwischen dem Begriff des Simulakrums und Inszenierter (oder postmoderner) Fotografie hergestellt zu haben.

Eileen Cowins Werk in den neunziger Jahren: Narrative Fotografie ohne Inszenierung

Während Cowins Werk im Verlauf der achtziger Jahre im Wesentlichen an die Serie »Family Docudrama« anknüpft, nimmt ihr Werk in den neunziger Jahren eine andere Wendung. Zwar steht nach wie vor das Narrative im Mittelpunkt ihrer Arbeit, jedoch fällt die Inszenierung einzelner Darstellungen weg. Vorgehensweise und Darstellungsform haben sich geändert, nicht zuletzt, weil Cowin andere Medien stärker in ihr Werk einbezieht. Mittlerweile arbeitet die Künstlerin auch mit digitalen Bildmanipulationen, wobei sie in Hinsicht auf ihre inhaltlichen Anliegen dieser Art der Bildbearbeitung keine allzu große Bedeutung einräumt. Die digitale Manipulation ist für sie nicht mehr als ein technisches Mittel, mit dem der Bildinhalt verändert und qualitativ aufgewertet wird – ohne daß diese Veränderungen mit bloßem Auge sichtbar sind.

Anfang der neunziger Jahre arbeitete Cowin mit Fotografien, die durch bestimmte Motive und die Art der Darstellung an Film Stills des *Film Noir* erinnern.[183] In schwarzweißen, meist mehrteiligen Fotoarbeiten stehen Gesten im Vordergrund, die bestimmte Handlungen und Emotionen nur minimal andeuten wie etwa eine Hand, die eine Telefonwahlscheibe berührt oder ein Auge, das, weit aufgerissen, Spuren von Tränen zeigt. Starke Licht- und Schatteneffekte sowie assoziationsreiche Details dominieren den Ausdruck dieser Bilder. Die Figuren sind an Klischees gebundene Charaktere, die für den *Film Noir* der vierziger und fünfziger Jahre typisch sind: die verführte Frau, der Liebhaber, der Spion oder die Femme Fatale. Nach wie vor drückt sich hier das Interesse der Künstlerin am Narrativen aus, jedoch ist der Unterschied zu früheren Arbeiten, daß die Handlung nicht innerhalb eines einzelnen Bildes aufgebaut wird, sondern Motive nur angedeutet werden. In diesen zunächst als Einzelbilder konzipierten, später auch als mehrteilige Installationen präsentierten Arbeiten sind wiederum Geschichten dargestellt, die vom Betrachter »ergänzt« werden müssen. Im Gegensatz zu der Arbeit der achtziger Jahre sind die narrativen Elemente im Bild aber reduziert.

Einige Charakteristika von Cowins Arbeit der neunziger Jahre kann die Arbeit »Based on a true story« (1992/93, Abb. 12) verdeutlichen: Die mehrteilige Fotoarbeit zeigt etwa sechs gleich große Bilder, die gemeinsam auf eine Bildfläche montiert sind. Die Bilder sind durch einen schwarzen Hintergrund formal miteinander verbunden, zeigen darüber hinaus aber keine gemeinsamen Motive. In allen sechs Tafeln sind minimal angedeutete Gesten dargestellt, die ein Maximum an Assoziationen zulassen: ein Finger, der über die Lippen einer Steinskulptur streicht, eine Person, die auf einem zerwühlten Bett sitzt etc. Durch die gemeinsame äußere Form des schwarzen Hintergrunds betrachtet man die Bilder in Beziehung zueinander und vermutet einen inneren Zusammenhang, dies um so mehr, da es sich bei den Gesten um vertraute, aus dem Film bekannte Gesten handelt, die sich auf den ersten Blick leicht miteinander verknüpfen lassen.

Der Raum der einzelnen Tafeln ist nicht näher zu bestimmen, da der schwarze Hintergrund offen läßt, ob es sich um Innen- oder Außenräume handelt. Die Handlungen – soweit überhaupt vorhanden – spielen sich in einem »Nichtraum«

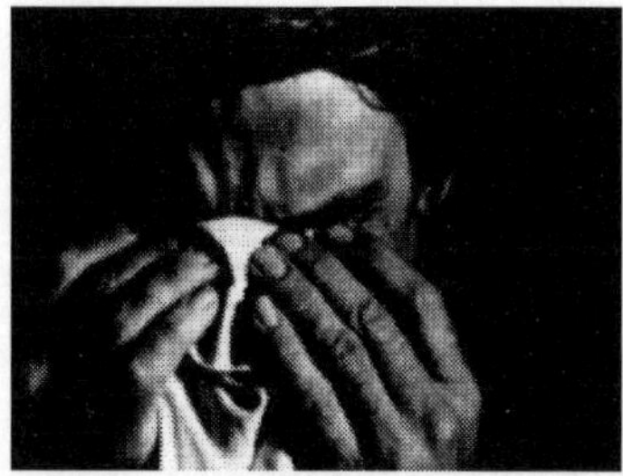

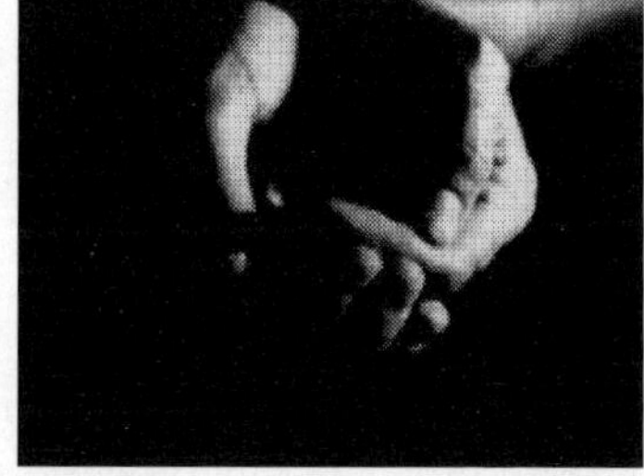

Abb. 12 Eileen Cowin, *Based on a true story*, 1992/93

ab, der etwa eine Assoziation zum Bühnenraum, wie sie im »Family Docudrama« gegeben war, nicht zuläßt. Insgesamt ist die Darstellung konzentrierter – das einzelne Motiv wird im Gegensatz zum »Family Docudrama« nicht nur vergrößert, sondern auch vereinfacht. Keines der Bilder ist narrativ, erst ihre Verbindung zueinander erlaubt, auf den Verlauf einer Geschichte zu schließen.

In vielen neueren Fotoarbeiten tauscht Cowin einzelne Fotografien aus und verwendet sie in neuen Bildkombinationen, die sie im Unterschied zu früheren Arbeiten mit Bildtiteln versieht. Durch die veränderte Zusammenstellung der Motive erhalten die Bildinhalte eine neue Bedeutung, womit die Künstlerin an eine Idee anknüpft, die bereits in ihrem Frühwerk und im »Family Docudrama« zum Ausdruck kommt: Mit demselben Motiv können unterschiedliche Standpunkte und Sichtweisen gezeigt werden, um eine Geschichte aus mehreren Perspektiven zu erzählen.

Seit Mitte der neunziger Jahre konzipiert Cowin Fotoarbeiten gemeinsam mit der amerikanischen Schriftstellerin Louise Erdrich, die zu den Bildern Texte verfaßt (z. B. »Small intimacies«, 4-teilige Fotoarbeit, 12 feet x 3,5 inches, 1995) oder deren Texte Cowin bildlich umsetzt. Daß Cowin direkt mit Literatur – als Inbegriff des Narrativen – arbeitet, kann angesichts ihres Interesses an erzählerischen Formen kaum verwundern. Auch der immer wiederkehrende Bezug ihrer Fotografien zum Film ist darauf zurückzuführen. Seit einigen Jahren konzentriert sich Cowins Schaffen daher auch zunehmend auf Kurzfilme und Videoinstallationen, wobei in den neueren Arbeiten häufig Motive aus Märchenerzählungen vorkommen, deren Handlungsmuster mit autobiographischen Begebenheiten durchsetzt sind. Wiederum spielen stereotype Rollenverteilungen eine bedeutende Rolle – diesmal aus dem Märchen, das noch für eine gesteigerte Form des Narrativen steht. Cowin inszeniert aber nicht länger, sondern bleibt bei der Kombination von Einzelbildern, so daß sich das Erzählerische allein aus der Summe der Bilder ergibt. Die Arbeiten sind auch nur noch selten als Serie angelegt und thematische Schwerpunkte sind nunmehr für einzelne Arbeiten, und weniger für das Gesamtwerk auszumachen.
Insgesamt ist in Cowins jüngerem Werk weder die bildhafte Umsetzung einer Szene mit narrativer Struktur gegeben, noch wird ein Bezug zum Theater hergestellt, der die Darstellung als Inszenierungspart denkbar macht. Ihre Arbeiten sind zwar narrativ, aber die Erzählweise funktioniert durch das Verknüpfen der Bilder untereinander und nicht durch eine narrative Struktur im einzelnen Bild.
In manchen der jüngst entstandenen Arbeiten tritt das Inszenieren von Szenen zugunsten der Genres Porträt, Landschaft oder Stilleben auch ganz zurück. Cowin

ist zwar weiterhin um eine narrative Darstellungsform bemüht, verzichtet aber auf das handlungsreiche vielfigurige Tableau, das für ihr Werk der achtziger Jahre kennzeichnend ist. Diese Entwicklung ist vor allem auf die grundsätzlich veränderte Haltung gegenüber der Fotografie zurückzuführen, die sich binnen der letzten zwanzig Jahre vollzogen hat. Dem Anspruch des Betrachters, in einer Fotografie ein Abbild der Wirklichkeit zu sehen, wollte Cowin noch in den achtziger Jahren zuvorkommen, indem sie dem Glauben an eine objektive Darstellung mit der Serie »Family Docudrama« eine übertriebene Künstlichkeit entgegenstellte, die den Wirklichkeitscharakter der Fotografie von vornherein untergraben sollte. In einer Zeit veränderter und neuer technischer Möglichkeiten ist die Prämisse heutiger Fotokünstler aber eine andere geworden: Während vor zwanzig Jahren noch bewiesen werden mußte, daß es sich bei dem von der Kamera aufgenommenen Geschehen nicht um ein objektives Bild der Wirklichkeit handelt, ist dieses Wissen auch von Seiten des Betrachters heute selbstverständlich. Damit fällt die »Beweislast« weg, der sich Künstler wie Cowin verpflichtet fühlten und die zur Entstehung Inszenierter Fotografie wesentlich beitrug.

Cowin selbst betrachtet ihr Werk der neunziger Jahre trotzdem noch unter den selben Gesichtspunkten, unter denen sie ihr Frühwerk verstanden wissen will:

> *Looking at my work from the last 30 years, I keep going back to the same statement: I am committed to a continuing investigation of the emotional, visceral and intellectual resonance of narrative. The strategy I have continued to use is the combination of seemingly disparate images and ideas that rub up against each other. I use these elements to create and or reconstruct narratives marked by dislocation and incompleteness.*[184]

7. Jeff Wall: »Straight Photography along with Cinematography«

Jeff Wall ist neben Cindy Sherman in Europa der bekannteste Vertreter Inszenierter Fotografie. Doch trotz zahlreicher Einzelausstellungen und der Teilnahme an vielen europäischen Überblicksausstellungen (u. a. documenta VII und X), nahm er an keiner einzigen der bedeutenden Ausstellungen zur Inszenierten Fotografie teil.

Trotzdem spricht vieles dafür, sein Werk im Zusammenhang mit der Inszenierten Fotografie der siebziger und achtziger Jahre zu untersuchen: Zum einen stellen Walls erste inszenierte Fotoarbeiten im Verhältnis zu seinen vorangehenden künstlerischen Arbeiten einen radikalen Neuanfang dar. Von monochromer Malerei über ein mehr konzeptuell ausgerichtetes Werk bis zur inszenierten Fotografie hat Wall seine Arbeitsweise im Laufe der siebziger Jahre vollkommen verändert. Während sich bei Cowin die Inszenierung durch ihre Neigung zum Erzählerischen schon im gesamten Frühwerk andeutet, findet bei Wall zwischen seinem vor 1978 entstandenen Werk und seinen späteren Fotoarbeiten ein grundlegender Wandel statt. Zum anderen macht Walls Tätigkeit als Kunsttheoretiker seine Arbeit für diese Untersuchung interessant. Von Anfang an hat Wall sein künstlerisches Tun nicht nur als Künstler, sondern auch als Kunsttheoretiker reflektiert und sich in einer Reihe von Essays zu seinen Arbeiten geäußert. Sein Bestreben, die Fotografie, und auch sein eigenes Werk in einem (kunst-)historischen Kontext zu sehen, kann daher seinen Umgang mit Inszenierter Fotografie auch auf theoretischer Basis verdeutlichen.

Biographischer Hintergrund

Jeff Wall wurde 1946 in Vancouver (Kanada) geboren. 1964 begann er ein Kunstgeschichtsstudium an der University of British Colombia in Vancouver, das er 1970 mit einer Arbeit über komposite Bildwirklichkeit in der dadaistischen Photomontage (»Berlin Dada and the Notion of Context«) abschloß. Bereits in die Zeit vor seinem Studium fallen seine ersten künstlerischen Arbeiten, Naturabstraktionen und Bilder in der Art des Abstrakten Expressionismus. Während seines Studiums experimentierte Wall mit verschiedenen Kunstrichtungen, ohne sich auf einen Stil oder ein Medium festzulegen. Diesen Versuchen folgte eine längere Schaffenspause, in der sich der Künstler mit kunstgeschichtlichen Forschungen beschäftigte, u. a. betrieb er von 1970 bis 1973 am Courtauld Institute in London Studien für eine Doktorarbeit, die er jedoch nicht fertigstellte. Von Europa nach Kanada zurückgekehrt, lehrte er zunächst als Dozent am Department of Art History am Nova Scotia College of Art and Design in Halifax. In dieser Zeit galt sein Interesse vorwiegend dem Film, insbesondere der Arbeit europäischer Filmemacher, deren Radikalität er bewunderte. Seit 1987 lehrt Wall Fotografie und kritische Philosophie der Ästhetik am Department of Fine Arts an der University of British Colombia in Vancouver. Eine Gastprofessur an der Kunstakademie in Düsseldorf zum Wintersemester 1999/2000 hat Wall im Frühjahr 2000 wieder abgegeben.

Wie bereits erwähnt, nahm Wall an keiner einzigen der für die Inszenierte Fotografie wichtigen Ausstellungen teil, er wird lediglich in dem 1985 erschienenen Aufsatz von Peter Weiermair genannt.[185] Erste Gruppenausstellungen mit Arbeiten des Künstlers fanden jedoch bereits 1969/70 statt, die erste Einzelausstellung 1978 mit seiner ersten Leuchtkastenfotografie (»The Destroyed Room«) in der Nova Gallery in Vancouver[186]. Eine Einzelausstellung außerhalb Vancouvers wurde Wall 1983 in Chicago in der Renaissance Society gewidmet und in Europa 1984 im Institute of Contemporary Arts in London. Das deutsche Publikum hatte im selben Jahr in der Galerie Rüdiger Schöttle in München Gelegenheit, Arbeiten von Wall kennenzulernen.[187]

Einen Überblick über Walls Schaffen bis in die Mitte der achtziger Jahre vermittelt noch immer am ausführlichsten die 1986 erschienene Monographie »Jeff Wall. Transparencies« sowie zwei Ausgaben der Zeitschrift *Parkett* (1989 und 1997). Für die neueren Werke ist besonders die von Thierry de Duve, Arielle Pelenc und Boris Groys publizierte Monographie »Jeff Wall« hervorzuheben, wobei vor allem Thierry de Duve Walls Werk auch kritisch betrachtet. Eine weitgehend vollständige Sammlung mit Texten von Jeff Wall liefert die von Gregor Stemmrich herausgegebene Anthologie »Jeff Wall. Szenarien im Bildraum der Wirklichkeit«, die auch zahlreiche Interviews mit dem Künstler enthält.[188]

Das Frühwerk bis 1978

Um Jeff Walls Frühwerk zu charakterisieren, sollte auch sein damaliges Umfeld in der Stadt Vancouver berücksichtigt werden, sowie die Einflüsse zeitgenössischer Kunst. Die Bekanntschaft und der Austausch mit ebenfalls aus Vancouver stammenden Künstlern, u. a. Ian Wallace, Rodney Graham, Ken Lum und dem für kurze Zeit in Vancouver ansässigen Robert Smithson, ist für Walls Entwicklung besonders wichtig gewesen, wie Wall beschäftigten sich diese Künstler mit den Medien Fotografie und Film.

In seinem Frühwerk adaptiert Wall eine Reihe künstlerischer Strömungen, ohne darin seinen eigenen, künstlerischen Ausdruck, »die Idee einer Geschichten erzählenden, philosophischen Kunst«[189], zu finden. Neben Experimenten mit abstrakter, konzeptueller und minimalistischer Kunst, beschäftigt sich Wall mit kunsthistorischen Studien, insbesondere mit Theodor Adorno, Walter Benjamin und dem Umfeld der russischen Konstruktivisten sowie der Malerei des 19. Jahrhunderts. Da Wall zeitweise seine künstlerische Produktion zugunsten dieser Studien ganz aufgibt, kann die kunsthistorische und -theoretische Auseinandersetzung des Künstlers für seine Arbeit nicht hoch genug eingeschätzt werden.

Als Maler beginnt Wall zunächst mit Naturabstraktionen – vermutlich angeregt durch die kanadische Landschaftsmalerin Emily Carr – und wechselt dann in den sechziger Jahren zu einer vom Abstrakten Expressionismus, insbesondere von Robert Motherwell beeinflußten Malerei.[190] 1962 sieht Wall amerikanische Malerei auf der Weltausstellung in Seattle – u. a. Werke von Hans Hofmann, Kenneth Noland, Barnett Newman, Robert Motherwell und Franz Kline –, die ihn sehr beeindruckt und die er als junger Kunstinteressierter zu imitieren sucht. Daneben malt er figurativ und fotografiert in schwarzweiß. Auch mit monochromer Malerei und ephemerer Kunst experimentiert er, letzteres etwa in der Form von Wandmalereien in Klarlack. Mit Ausnahme von »Landscape Manual« ist von allen diesen Arbeiten keine einzige durch Abbildungen überliefert. Wall selbst bezeichnet sein Frühwerk allerdings auch als künstlerisch uninteressant, da es sich um Resultate einer Periode des Experimentierens handle, die für ihn heute keinen Wert mehr haben.[191]

Daß Wall von experimenteller, abstrakter Kunst zu konzeptueller Fotokunst wechselt, erklärt sich dadurch, daß eine geschichtenerzählende Kunst, die ihn von Beginn an interessierte, mit der Abstraktion nur schwer zu vereinbaren ist. Ian Wallace sieht eine ernsthafte Bedeutung von Walls Werk sogar erst in seiner Beschäftigung mit der Concept Art in den späten sechziger Jahren. Wallace teilt Walls Werk in drei Phasen, von denen er die erste zeitlich zwischen 1969 und 1971 ansetzt, die zweite von 1971 bis 1977 und die dritte von 1977 bis zur Gegenwart. Die erste Phase bezeichnet er als die Periode der konzeptuellen Kunst, die zweite als die »Kluft zum Kunstwerk« und die dritte mit dem Auftauchen der Cibachrom-Leuchtkästen als Höhepunkt der vorherigen Entwicklungsstadien.[192] Ein Ergebnis der konzeptuellen Phase ist die in Buchform realisierte Arbeit »Landscape Manual« (dt. etwa Landschaftshandbuch oder -leitfaden) von 1969. Auch wenn Wall »Landscape Manual« heute keine Bedeutung mehr schenkt, kann diese Arbeit den Übergang von Walls Frühwerk zu seinen Inszenierten Fotoarbeiten sehr gut veranschaulichen.

»Landscape Manual«, 1969

»Landscape Manual« (Abb. 13) ist ein 56 Seiten umfassendes, absichtlich billig reproduziertes Buch, das in einer limitierten Auflage von 400 Exemplaren erschienen ist und seinerzeit zu einem Preis von 1$ zu erwerben war. Es enthält 137 kleine Schwarzweißfotografien von menschenleeren Vororten und Straßenfluchten, die aus einem Auto heraus fotografiert wurden, sowie Bilder verschiedener Gegenstände wie etwa eine tragbare Projektionsleinwand. Begleitet werden diese Fotos von einem experimentellen, maschinengeschriebenen Text, der mit zahlreichen handschriftlichen Korrekturen und Ergänzungen versehen ist. Dieser Text ist aus der Perspektive eines Ich-Erzählers geschrieben, der Eindrücke beschreibt, die er während einer Autofahrt wahrnimmt bzw. im nachhinein

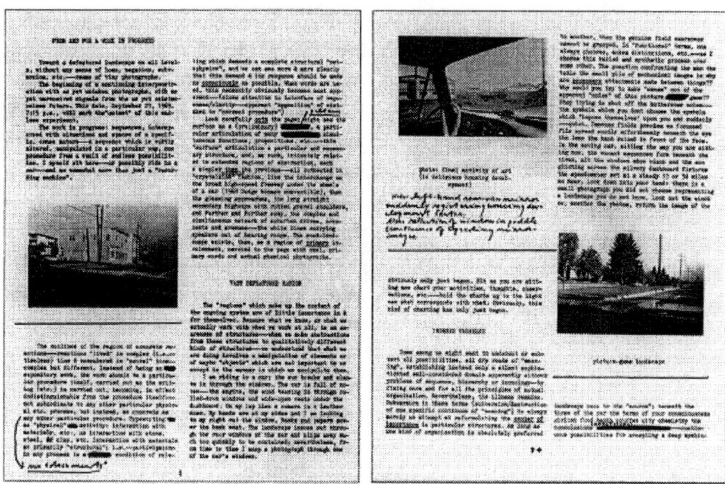

Abb. 13 Jeff Wall, *Landscape Manual*, 1969

rekonstruiert, wobei er zwischen journalistischer Reportage und einer eher prosaischen Erzählweise schwankt. Mitunter richtet sich der Ich-Erzähler direkt an den Leser, erteilt ihm Ratschläge, stellt ihm Fragen oder erklärt bestimmte Ansichten. Die Fotografien beziehen sich nicht immer direkt auf den Text, untermauern diesen aber als die Beschreibung eines *car-trips*. Dabei ist das Buch wie ein Reisebericht angelegt, in dem die Fotografien von erläuternden Texten dokumentiert werden.

Hervorzuheben an »Landscape Manual« ist die lapidare Aufmachung: Die Fotos wirken wie beiläufig aufgenommene Schnappschüsse, sie zeigen Teile des Autos – einen Spiegel, die Windschutzscheibe –, was den Eindruck vermittelt, als hätte der Künstler sein Motiv absichtlich flüchtig ablichten wollen. Auch der Schriftsatz ist einfach gehalten, Flattersatz zieht sich durch die Seiten, und die Silbentrennungen sind oft falsch gesetzt, als ob sie willkürlich und im nachhinein gemacht worden wären. Schließlich lassen auch die zahlreichen handschriftlichen Korrekturen sowie gedruckte Tippfehler auf eine absichtsvolle Nachlässigkeit schließen. Bereits hier lassen sich Analogien zu anderen Konzeptkünstlern ziehen, die vermutlich Einfluß auf Wall ausübten. **Edward Ruscha** begann beispielsweise schon 1962 damit, die Fotografie als vollkommen »unkünstlerisches« Medium einzusetzen, um sich von der ästhetisierten Kunstfotografie, wie sie die erste Jahrhunderthälfte bestimmte, zu befreien. In seinen Büchern, die er bis Ende der sechziger Jahre zu Titeln wie »Twenty Six Gasoline Stations«, »Some Los Angeles Apartments« oder »Every Building on the Sunset Strip« produzierte, trug

Ruscha Motive zusammen, die sich durch ihre Banalität bewußt gegen die ästhetisierten Landschaftsaufnahmen eines Ansel Adams oder Minor Whites richteten. Auch Wall wählt mit seinen Vorstadtbildern Motive, die mit dem erhabenen Ausdruck traditioneller Landschaftsfotografie nichts mehr gemein haben, wobei die betonte Nachlässigkeit der Aufnahmen noch durch den unprätentiösen Schriftsatz und die zahlreichen Korrekturen hervorgehoben ist. Wie Ruscha, der seine Fotografien lange Zeit ausschließlich in Buchform veröffentlichte, gestaltet Wall sein Werk als Buch. Damit unterwandern beide Künstler bewußt das Bemühen im Kunstbetrieb hochgeschätzter Fotografen (z. B. Ansel Adams), der Fotografie durch aufwendige Drucke, kleine Auflagen und manipulierte Abzüge den Status eines »Kunstwerkes« zu verleihen. Die Reproduzierbarkeit des Mediums wird nicht nur nicht verleugnet, sondern sogar besonders betont. Wall bezeichnet in einem Aufsatz von 1995 diesen Ansatz auch als Selbstenthronisierung (engl. autodethronement) oder Dekonstruktion der Fotografie, welche die Folge ihrer jahrzehntelangen Randexistenz als Kunstfotografie war. Seiner Meinung nach konnte sich die Fotografie erst in dem Moment von ihrer Funktion als abbildendes Medium befreien, in dem sie Selbstkritik übte, u. a. in dem sie ihren künstlerischen Status in Frage stellte.[193]

Wall selbst sieht seinen Ansatz, sich vom »Kunstwerk« weg zu entwickeln, offensichtlich von Ruscha, Graham und Smithson beeinflußt, deren – und damit auch seine eigenen – Interessen er folgendermaßen formuliert:

> *Sie [Ed Ruscha, Dan Graham und Robert Smithson] entwickelten eine Art Modell von einer Kunst, die nicht wie Kunst aussah – das war damals eines der Dinge, nach denen man ständig auf der Suche war, um der recht überheblichen Art, wie ›Kunst‹ aussah, zu entkommen.*[194]

Abgesehen von der formalen Aufmachung – Buchform und schnappschussartige Schwarzweißaufnahmen –, bei der man Ruschas Einfluß geltend machen kann, gibt es weitere bedeutende Anregungen. Wall selbst weist auf das Werk von Dan Graham und Robert Smithson hin, während Ian Wallace William Burroughs und die Erzählung »Nadja« (1926) von André Breton nennt.[195] Bei Graham und Smithson ist es die systematische fotografische Erfassung von Objekten – insbesondere von Architektur – sowie allgemein die urbane Thematik, die Wall begeistert, und die er u. a. in dem Titel übernimmt, der impliziert, daß es sich bei seiner Arbeit um eine wissenschaftliche Erfassung von Landschaft handelt. Der Einfluß Bretons hingegen liegt wohl mehr in dem Versuch, eine automatisierte Handlung darzustellen. Die Willkür in der Auswahl der Motive in »Landscape Manual« und die zum Teil visionär anmutenden Texte lassen auf eine Begeisterung des Künstlers für die von Breton und den Surrealisten angestrebte Befreiung des Bewußtseins vom rationalen Denken schließen. Walls Text und seine Fotografien erwecken den Eindruck, der Künstler hätte sein Auge (bzw. das Auge der Kamera) und seine Gedanken ohne ein bestimmtes Ziel schweifen lassen, um die wahrgenommenen Eindrücke schnell und unbewußt festzuhalten. Das Interesse für eine solche Aufzeichnung läuft dabei den Inszenierungen von Walls späteren fotografischen Arbeiten vollkommen zuwider. Zwar hängt auch das Aufzeigen von unbewußten Abläufen mit der Darstellungsmöglichkeit von Wirklichkeit zusammen, insofern als Wall nach einer Darstellungsform sucht, die sich dem manipulierenden Eingriff des Künstlers entzieht. Jedoch erfolgt die Auseinandersetzung mit fotografischer Realität in einer ganz anderen Form als es später in seinen Inszenierten Fotografien zum Ausdruck kommt.

Die Beschäftigung mit dem Verhältnis von Fotografie zur Wirklichkeit stellt auch Scott Watson heraus, der behauptet, daß »der grundlegende Widerspruch [von »Landscape Manual«] auf dem Standpunkt des Werkes in Beziehung zur Realität beruht. Es ist ein Analogon realer Erfahrung und zugleich ein Korrektiv der Unzulänglichkeit realer Erfahrung.« Weiter erklärt Watson, daß »für Wall die Unmöglichkeit einer ontologisch authentischen Sprache in gewisser Hinsicht eine schmerzliche Qual [bedeutet]«.[196] Damit ist sehr treffend der Zwiespalt des Künstlers beschrieben: Der Versuch, durch automatisierte Handlungen – das willkürliche Fotografieren und Niederschreiben – reale Erfahrungen auszudrücken, um dann festzustellen, daß die (subjektive) Realität auf diesem Wege weder erfaßbar noch vermittelbar ist. Aus der daraus entstehenden »schmerzlichen Qual« ergeben sich nur zwei Auswege: das Aufgeben der Kunst aufgrund des Wissens, daß eine »authentische Sprache« nicht möglich ist, oder die Darstellung der subjektiven Empfindungen mittels der Inszenierung. Erst auf letztgenanntem Weg läßt sich der Unmöglichkeit, die »authentische Sprache« zu finden, zuvorkommen, da in der Inszenierung die Sprache nicht authentisch sein kann, insofern sie von vornherein erfunden ist.

Beide Wege ist Wall gegangen, indem er sich zunächst vom künstlerischen Schaffen abwendet – und in die Phase tritt, die Ian Wallace als die »Kluft zum Kunstwerk« bezeichnet –, um dann mit seinen Leuchtkastenbildern eine Form zu finden, die seinem Anspruch nach Wirklichkeitsdarstellung genügen kann. Der konzeptuelle Ansatz, mit dem sich Wall in seinem Frühwerk an Ruscha, Graham und Smithson orientiert, konnte diesem Anspruch offenbar nicht entsprechen.

Mit Blick auf die Fotografiegeschichte ist in diesem Zusammenhang auch ein Vergleich mit dem amerikanischen Fotografen **Garry Winogrand** interessant, der in seinem Spätwerk ganz ähnlich wie in »Landscape Manual« Wall arbeitete. Winogrand, der in den fünfziger und sechziger Jahren zu den einflußreichsten *Street Photographers* in den USA gehörte, begann in den siebziger Jahren einen Werkkomplex, der Walls Arbeit sehr ähnlich ist. In ausgedehnten Spazierfahrten nahm Winogrand Tausende von Bildern (die er zum großen Teil nicht mehr entwickelte) aus seinem Auto heraus auf. Diese Bilder entstanden zwar aus einer anderen Motivation heraus als »Landscape Manual«, doch sind sie im Ergebnis zu dieser Arbeit vergleichbar. Das ziellose Herumfahren und das »aus der Hüfte-heraus-Schießen« spricht für eine absichtsvolle Unabsichtlichkeit. Als Fotograf blickte Winogrand natürlich auf eine andere Karriere zurück als Wall: Nach gut zwanzig Jahren *Street Photography* fand Winogrand in der Suche nach komischen oder dramatischen Augenblicksaufnahmen keinen Gefallen mehr, konnte sich aber von dieser Art der Fotografie auch nicht wirklich lösen. Wall, genau zwanzig Jahre später geboren, beginnt dort, wo Winogrand aufhörte, als Fotograf, der aus der Hüfte (bzw. aus dem Auto) ›herausschießt‹, ohne aber den »entscheidenden Augenblick« einfangen zu wollen. Fast ein halbes Jahrhundert *Street Photography* machte die Suche nach dem entscheidenden Augenblick in der Fotografie Ende der sechziger/Anfang der siebziger Jahre offenbar überflüssig. Der Schnappschuß, soviel er auch an Witz, Form oder Alltagsdramatik enthalten konnte, hatte sich selbst überholt und konnte in der neuen, von Winogrand, Ruscha oder Wall praktizierten Form des Augenblicklichen **ohne** Witz, Dramatik etc. nicht länger als bis in die siebziger Jahre hinein überleben.

Obwohl »Landscape Manual« auf den ersten Blick keinerlei Gemeinsamkeiten mit Walls Leuchtkastenbildern aufweist, zeigt sich, daß der Künstler sich hier doch mit etwas beschäftigte, was er in seinem Werk der achtziger und neunziger noch konsequenter verarbeitete. Das Buch thematisiert ebenso wie das spätere Œuvre die Auseinandersetzung mit dem Thema der Wirklichkeitsdarstellung bzw. der Erfahrung, wie Wirklichkeit wahrgenommen wird und wie sie festgehalten werden kann. Zudem steht »Landscape Manual« auch für die Suche nach der narrativen Form, die später Walls Leuchtkastenbilder wesentlich prägt. Nach eigenen Angaben war Wall von Beginn an an einer »*pictorial art*«[197] interessiert, die er im Gegensatz zu früheren Arbeiten mit »Landscape Manual« zumindest im Ansatz verfolgt. Durch die Kombination von Text und Bild nimmt Wall die einfachste der erzählerischen Formen auf – vergleichbar zu Comics, Bilderbüchern oder Fotogeschichten –, ohne die Erzählung (als literarische Gattung) direkt aufzugreifen.[198] Wie der Künstler immer wieder betont, ist es das Narrative, das ihn am Medium der Fotografie reizt, und das sich weder in der abstrakten Kunst der fünfziger Jahre noch im Happening der sechziger Jahre adäquat ausdrücken läßt.[199] Auch die reduzierte Ausdrucksform der Concept Art kann dem Wunsch nach der Erzählung im Bild nicht entsprechen, so daß sich »Landscape

Manual« zwar zwischen einem erzählerischen und einem formal-konzeptuellen Ansatz bewegt, Walls eigentliches Anliegen, das »Geschichtenerzählen«, aber nicht erfüllt. Vor allem darin liegt einer der Gründe, warum sich Wall der Inszenierung zu-, und von der Concept Art abwendet. Hinzu kommt vermutlich auch, daß »Landscape Manual« noch einer eigenen »Handschrift« entbehrt; zu sehr gleicht es formal und inhaltlich Arbeiten von Ruscha, Graham und Smithson, ohne diesen Arbeiten wirklich etwas hinzufügen zu können.

Die »Kluft zum Kunstwerk« (1971 bis 1978)

Auf die Frage, warum er sich theoretisch mit Kunst beschäftigt, bzw. ob er glaube, daß Künstler sich heutzutage auch mit Kunstgeschichte und -theorie auskennen müssen, antwortet Jeff Wall wie folgt:

> *Alle guten Künstler haben gelernt, Kunst zu beurteilen. Um ein gutes Kunstwerk zu machen, ist es das Wichtigste, den Unterschied zwischen einem guten und einem schlechten Werk zu erkennen – möglichst schon im Atelier. Mein Weg ist mein Weg – für mich war die Möglichkeit zu denken, zu studieren, sehr hilfreich.*[200]

Bereits mit dieser Aussage kommt zum Ausdruck, warum Wall sich für fast sieben Jahre ausschließlich mit Kunsttheorie und -geschichte befaßt, ohne unmittelbar an »Landscape Manual« anzuknüpfen. Offenbar hatte Wall nach dieser Arbeit nicht das Empfinden ein »gutes Kunstwerk« machen zu können, ohne vorher »gute Kunst« studiert zu haben. Der »Adaptionsphase« folgt daher eine Lernphase, in der Wall nur schreibt und studiert, ohne aktiv künstlerisch tätig zu sein. 1970 zog Wall nach London, um dort Studien für eine Doktorarbeit am Courtauld Institute zu betreiben, zunächst über John Heartfield, dann über Marcel Duchamp. Faktisch ist aus dieser Zeit fast nichts erhalten, die meisten seiner veröffentlichten Schriften sind später entstanden. Daher basieren die folgenden Ausführungen vor allem auf den wenigen Aussagen Walls zu dieser Zeit sowie auf Texten aus den siebziger Jahren und einer verworfenen Arbeit.

Bekannt ist von Jeff Walls Studien aus den siebziger Jahren, daß er sich mit Film- und Fotografiegeschichte, Ästhetik von Kant bis zur Gegenwart, philosophischen Fragestellungen und Kunst vom 16. Jahrhundert bis heute beschäftigte.[201] Er selbst behauptet, bestimmte Weimarer und sowjetische Künstler der zwanziger Jahre studiert zu haben. Zeitlich geht es für ihn von der Concept Art zurück zum Umkreis von Tretjakow und Heartfield und den Schriften von Bertolt Brecht und Walter Benjamin. Besonders Benjamin interessiert ihn, da er seiner Meinung nach

»einer der Vermittler war, die eine Verbindung zu all den kritischen Ideen und Theorien herstellten, die damals erschienen und für das englischsprachige Publikum [das die Schriften erst um 1970 in übersetzter Fassung kennenlernen konnte] relevant wurden«[202]. Dabei mag es zunächst verwundern, daß ein junger kanadischer Künstler sich mit Persönlichkeiten wie Heartfield, Rodtschenko, Benjamin und anderen auseinandersetzt, das heißt, mit europäischen Künstlern und Philosophen, die der amerikanischen Kultur und Geschichte nicht gerade am nächsten stehen. Wall selbst formuliert seine Meinung zu der Kunst seiner Zeit folgendermaßen:

> *Wir fanden abstrakte, expressionistische, existentialistische, romantische Kunst wirklich langweilig, und zwar [...] aus den verschiedensten Gründen. Die Leute waren von dem Neuen fasziniert und von all den Dingen, die in einem das Gefühl hervorriefen, daß es in diesen neueren Kunstformen einen utopischen Gehalt gab, und die Hoffnung, daß sie wirklich über die bürgerliche Kunst hinausgehen würden.*[203]

Auch der klassischen Fotografie kann Wall nichts abgewinnen, da seiner Meinung nach die streng ästhetischen Gesetze der *Straight Photography* jedes weitere Potential der Fotografie, wie Farbe und Format, ausschließen.[204] Neben dem Gedankengut Benjamins ist Wall auch von der Frankfurter Schule stark beeinflußt, dessen politisch-ideologischen Hintergrund er sich Anfang bis Mitte der siebziger Jahre erarbeitet und der in »Landscape Manual« bereits anklingt. Die Frage, wie ein Kunstwerk aussehen könne, um im modernen Sinne Bestand zu haben, bestimmt dabei seine Überlegungen. Das führt ihn zur Auseinandersetzung mit dem »Maler des modernen Lebens«[205], Edouard Manet, und der Malerei des 19. Jahrhunderts.

Einen Hinweis auf Walls Tätigkeit zu Beginn der siebziger Jahre gibt ein 1971 verfaßter Text, »Cine Text«, der 1973 als Auszug in einer Publikation über Concept Art und ihre Künstler veröffentlicht wurde.[206] Der Text, der im Original neben Fotografien von Ian Wallace stand, demonstriert Walls Beschäftigung mit dem Film, indem er den Stil eines Drehbuchs nachahmt. Zunächst erfolgt eine Ortsbeschreibung, dann eine Personenbeschreibung, die sich wie in einer Regieanweisung auf Kleidung und Aussehen beschränkt. Weiter geht es um russische Künstler (Allan Kaprow, El Lissitzky), von denen Wall den Bogen zur Arbeit (»labour«) und zur »Dematerialisierung« (»dematerialization«) schlägt. Da es sich bei der Publikation nur um ein Textfragment handelt, ist der Inhalt nicht vollständig zu deuten, aber bereits das Wenige läßt erahnen, daß sich Wall hier mit marxistischem Gedankengut auseinandersetzte (»Cultural Labour«, »Mass Production«, »Materialism«, »World Revolution 1930«), dem er Regieanweisungen als filmisch-erzählerisches Element gegenüberstellt. Tatsächlich lassen sich kaum weitere Schlußfolgerungen aus Walls theoretischer Arbeit ziehen, die Schlagwörter Kino/Film, Marxismus und Russischer Konstruktivismus zeigen lediglich, welche Themen ihn interessieren. Wall selbst beschreibt den Zeitraum, in dem auch der oben erwähnte Text entstand, mit folgenden Worten:

> *In der Zeit danach, bis 1973 gab es dann diese völlig neue Erfahrung, was Kunst angeht, es gab Duchamp, die Annäherung an Philosophie, an konzeptuelle Kunst und, als Folge, an die Photographie. Alles wurde viel experimenteller. Bis man an die Grenzen kam, an die Frage, was überhaupt künstlerisch gemacht werden konnte mit diesen veränderten Medien. Um 1973 kam dann die Hinwendung zu einer mehr bildlichen Beschäftigung mit Photographie, die Hinwendung zum Bild selbst.*[207]

Obwohl Wall hier schon von einer Hinwendung zum Bild spricht, dauert es noch circa fünf Jahre, bis er sich der Arbeit am Bild wieder zuwendet. Die Phase der Orientierung ist noch nicht abgeschlossen, und auch die theoretische Beschäftigung mit Kunst zeigt dem Künstler die Grenzen, seinen eigenen angemessenen künstlerischen Ausdruck zu finden. Walls Ansatz, zu schreiben kann dabei auch als Versuch gewertet werden, dem »direkten« Kunstwerk wie es selbst »Landscape Manual« durch seine haptische Form noch verkörpert, aus dem Weg zu gehen, wobei sein Bedürfnis nach dem Bild als Ausdruck des Erzählerischen mit Texten wie »Cine Text« natürlich nicht befriedigt wurde.

In den siebziger Jahren ist Wall als Dozent tätig, wobei er sich vorwiegend mit der Malerei des 19. Jahrhunderts beschäftigt, daneben aber auch als Drehbuchautor arbeitet und über eine eigene Filmproduktion nachdenkt – ein Vorhaben, das er jedoch bald aufgibt. Auch wenn Walls Beschäftigung mit dem Film keinen konkreten Niederschlag zeigt, sind sein Interesse daran und seine Kenntnis von filmischen Mitteln Voraussetzung für das Verständnis seines Werkes. Vermutlich über den Film beschäftigt sich Wall auch mit Feminismus und Semiotik, sowie der in der filmtheoretischen Zeitschrift *Screen* angeregten Diskussion über die Aneignung der Frau durch den männlichen Blick im Film und in der Bildenden Kunst.[208]

Als Kunsttheoretiker hat sich Wall immer für die Art interessiert, *wie* Kunst betrachtet und interpretiert wird, und wie diese Betrachtungsweise den Blickwinkel auf die Kunst selbst verändern kann. Wall geht davon aus, daß sich Bildkonzepte als Folge geschichtlicher Begebenheiten verändern können, so daß er selbst nach einer modernen Ausdrucksmöglichkeit sucht, die sich adäquat zur heutigen Zeit verhält. Sowohl die Inszenierung als auch die großformatige Diaaufnahme im Leuchtkasten stellen dabei eine Form dar, die nach Wall diesem Ausdruck gerecht werden kann:

> *›Cinematography‹ emerged from the combination of my interest in the pictorial, and the western pictorial tradition, with the neo-avant-garde; but at the same time from my natural involvement with cinema, and from my relation with photography itself. I saw the fusion of aesthetic potentials from these things as opening a way to a kind of pictorial art that might include both fact and artifice, tradition and the new, memory and new technologies.*[209]

Erste inszenierte Fotoarbeiten als Ausdruck eines narrativen Bildkonzepts

Bevor Jeff Wall zu beidem – Inszenierung und Leuchtkasten – findet, arbeitet er zunächst an einer dreiteiligen Fotoarbeit ohne Leuchtkasten, »Faking Death« (1977), die er später aber wieder verwirft.[210] In diesem mit Schauspielern verwirklichten Fototriptychon sind auf der ersten Bildtafel die Inszenierungsarbeiten zu sehen, die den Aufnahmen der zweiten und dritten Tafel vorausgehen. In nur geringfügig voneinander abweichenden Aufnahmen liegt der Künstler wie tot auf einem Bett. Da es von der Arbeit keine zugänglichen Abbildungen gibt, müssen zur Deutung Dritte zitiert werden. So sieht Ian Wallace »Faking Death« als »allegorische Selbstdarstellung in einem Zustand erhabener Stagnation [...], als Akzeptieren und Anerkennen der Standphotographie, die der Bewegung des Erzählerischen zuvorkommt und durch welche die filmischen Werte geopfert werden.«[211] Wallace' Interpretation bringt bereits das zum Ausdruck, was Wall bis heute beschäftigt: das Narrative und die Frage, ob oder wie es für eine Fotografie eingesetzt werden kann. Auch Walls Beschäftigung mit dem Film klingt in dem Werk an, da hier filmische Produktionsmethoden gezeigt werden. Schließlich ist es der Tod des Künstlers, den Wall vermutlich als Metapher für seine persönliche Situation, künstlerisch angemessen zu arbeiten, gebraucht. Das Bild zeigt demnach auch das verzweifelte Ringen, mit dem der Künstler nach einer für ihn angemessenen Ausdrucksform suchte.

Auf einer Europareise kommt Wall auf die Idee mit Leuchtkastenbildern zu arbeiten, die seinem Anspruch als »Maler des modernen Lebens« gerecht werden – modern in Bezug auf das Medium des Leuchtkastens, das sich von herkömmlichen Bildflächen unterscheidet –, und die seiner Forderung an das Bild, narrativ und philosophisch zu sein, entsprechen.

Abb. 14 Jeff Wall, *The Destroyed Room*, 1978

1978 stellt Wall seine erste inszenierte Leuchtkastenarbeit aus, das Bild eines zerstörten Frauenzimmers, »The Destroyed Room« (Abb. 14), das zahlreiche, über den Boden verteilte weibliche Utensilien zeigt. Das von hinten beleuchtete, großformatige Transparent wurde so im Schaufenster der Vancouver NOVA Gallery angebracht, daß man den Eindruck erhielt, das Zimmer läge direkt hinter der Schaufensterfront. Inhaltlich bezieht sich das Bild auf Eugène Delacroix' Gemälde, »Der Tod des Sardanapel« von 1827. Wie in Delacroix' Bild geht es um Gewalt, insbesondere um an Frauen verübte Gewalt. In beiden Bildern gibt es eine von links oben nach rechts unten abfallende Diagonale zu deren Seiten sich ein Bild von mutmaßlicher Verwüstung und Zerstörungswut abzeichnet. In Walls Fotografie wird die Zerstörung als künstlich arrangiert entlarvt, da der Raum ein offensichtlich für die Aufnahme konstruiertes Gebilde ist.

Durch den Aufbau des Bildes und die Ausstattung des Raumes kann das Bild als Inszenierte Fotografie einer handlungslosen Szene bezeichnet werden. Wall zeigt das von einer Frau bewohnte Zimmer, in das bewußt und brutal eingedrungen wurde, worauf Schmuck und weitere feminine Accessoires hinweisen. Die Darstellung vermittelt den Eindruck, als hätte der mutwillige Zerstörer gerade erst den Raum verlassen, wobei eine aufgeschlitzte Matratze in der Bildmitte die eindeutige Assoziation an ein an einer Frau verübtes Sexualverbrechen vorgibt.

Der Künstler hat mit dem Bild des zerstörten Zimmers eine narrative Szene aufgebaut, in der man sich Anfang (gewaltvolles Eindringen) und Ende (die an einer Frau verübte Vergewaltigung) einer Geschichte vorstellen kann, von der Wall aber nur einen kleinen Ausschnitt preisgibt.

Im selben Jahr wie »The Destroyed Room« (1978) entstehen die ersten Bilder einer Serie von Arbeiterporträts, »Young Workers«, die Jeff Wall 1984 noch weiter fortführt. Weitere Porträts, diesmal mit einem Kinopublikum, entstehen 1979 (»Movie Audience«, 1979). Ebenfalls 1979 macht der Künstler ein Selbstporträt, »Double-Self-Portrait«, sowie die Aufnahme »Picture for Women«, die im folgenden als Beispiel für Walls Umgang mit Inszenierter Fotografie untersucht wird. Anhand dieser Arbeit wird Walls Bildkonzept, seine Darstellungstechnik und die Art, wie er seinen kunsthistorischen Hintergrund – in Form eines von ihm publizierten Essays – in sein Werk einbringt, analysiert. Das Bild wurde aus Walls mittlerweile mehr als siebzig Bilder umfassendem Werk ausgewählt, da es zum einen sehr gut den Übergang von Walls Beschäftigung als Kunsttheoretiker zum (wieder) ausübenden Künstler veranschaulicht und zum anderen, da Walls kunsttheoretischer Text auch als implizites Lesen des eigenen Tuns zu verstehen ist, das einmal mehr Aufschluß über die Deutung seines Werkes geben kann – auch wenn diese Deutung nicht ohne kritische Einwände übernommen werden sollte.

Gesellschaftskritische Beobachtungen in »Picture for Women« (1979)

Das 1979 entstandene Bild »Picture for Women« (Centre Georges Pompidou, Paris, Farbtafel 4) ist mit den Maßen 163 cm x 229 cm eine annähernd lebensgroße Darstellung. Jeff Wall selbst hat das Bild als ein Remake von Edouard Manets Gesellschaftsporträt *Un Bar aux Folies-Bergère* (1882, Abb. 15) bezeichnet. In dem Text »Einheit und Fragmentierung bei Manet« nimmt der Künstler zu Manets Bildkonzept Stellung und äußert sich damit indirekt auch zu seinem eigenen Kunstwerk.[212]

Die Aufnahme zeigt einen Raum mit einem Mann und einer jungen Frau zwischen denen eine Kamera steht, die der Mann per Fernauslöser bedient. Durch die Kamera und die Stellung der Personen erhält man den Eindruck, daß es sich bei der dargestellten Szene um eine spiegelbildliche Aufnahme handelt, die von der abgebildeten Kamera selbst produziert wurde. Der von einer bildparallelen Fensterreihe nach hinten abgeschlossene Raum ist zum Betrachter hin mit einer Holzplatte in Tischhöhe begrenzt und wird seitlich von zwei Wänden eingefaßt, die stark zur Bildmitte hin fluchten. Nach oben wird der Raum von einer

Abb. 15 Edouard Manet, *Un Bar aux Folies-Bergère*, 1882

Anzahl dunkler, zueinander paralleler Rohre abgeschlossen, an denen ein weiteres Rohrsystem mit einfachen Glühbirnenfassungen befestigt ist. Alle vier gleichgroßen Fenster im Bildhintergrund sind dunkel. Vor der Fensterwand befinden sich übereinandergestellte Tische, die zusammen mit herumstehenden Stühlen den Raum als Unterrichtsraum auszeichnen. Die gesamte Darstellung ist in ein bläuliches, leicht diffuses Licht getaucht.
In der linken Bildhälfte steht frontal zum Betrachter die von einem Scheinwerfer angestrahlte Frau mit leicht eingeknickter Hüfte und auf die Holzplatte gestützten Händen. Ihr selbstbewußter Blick führt geradewegs aus dem Bild heraus, wo er den Blick des Betrachters trifft. Die Bildmitte nimmt die schwarzchromfarbene Großbildkamera ein, die auf einem Stativ befestigt ist, und deren Auslöser der Mann in der rechten Bildhälfte hält. Dieser, der Künstler selbst, steht mit angewinkeltem Arm leicht vom Betrachter abgewendet. Im dreiviertel Profil, blickt er in die Richtung der jungen Frau, ohne sie direkt anzuschauen. Sein Gesichtsausdruck wirkt emotionslos aber konzentriert.

Die gesamte Bildfläche erfährt eine Dreiteilung durch zwei Eisenstangen, die vermutlich zwei Scheinwerfern als Stative dienen. Wall selbst äußert sich zur Komposition der Aufnahme allerdings so, daß er eine Zweiteilung in dem Bild sieht, die sich durch den »vertikalen Saum« zeigt, der durch die Linse der Kamera geht (in Reproduktionen nicht sichtbar). Seiner Meinung nach ist dieser Teilungsfaktor ein Strukturelement, das sowohl die Vereinheitlichung als auch die Teilung eines Bedeutungsgewebes darstellt, das sich auf die Mechanismen stützt, die ein Bild ausmachen. Er betrachtet das Bild auch als Ausdruck für die erotische Atmosphäre in einem Unterrichtszimmer.[213] Tatsächlich ist das Bild zumindest formal durch die Stangen weniger zwei- als dreigeteilt, im Mittelfeld steht die Kamera, während den gleich großen Seitenteilen jeweils eine Person zugeordnet ist. Die Aufnahme stellt sich als wohl durchdachte Komposition dar, die auf den ersten Blick an eine perspektivische Raumdarstellung der italienischen Renaissance erinnert – symmetrische Dreiteilung in einer Frontalansicht, blickführende Tiefenlinien und Decken- und Bodenlinien als sich gleichmäßig verkürzende Fluchtlinien. Bei eingehender Betrachtung offenbart die Fotografie allerdings eine irritierende Perspektive. Aufgrund einer Bildnaht in der Bildmitte – das Transparent ist zweigeteilt und die Überlappung verläuft genau durch die vertikale Linie des Kamerastativs – hat sich der Fluchtpunkt leicht verschoben, so daß er nicht mehr wie zunächst angenommen im Objektiv der Kamera liegt. Der Künstler hat hier sehr bewußt mit der Kamera und ihrem Aufnahmewinkel gearbeitet, indem er ihre Stellung im Raum bewußt arrangierte. Bereits darin liegt ein Schlüssel zum Verständnis des Werkes, die Inszenierung der Szene **für** die Kamera. Dazu gehört auch, daß die Inszenierung der Darstellung nicht sofort auffällt, da der Betrachter zunächst nur sieht, was – durch den Spiegel – auch der Künstler und sein Modell gesehen haben: den Augenblick des Fotografierens.

Erinnert man sich noch einmal an »Landscape Manual«, in dem Wall seine subjektive und unbewußte Wahrnehmung mit der Kamera festhalten wollte, zeigt sich, daß er in »Picture for Women« die Wahrnehmung, die der Betrachter durch und mit der Kamera hat, bewußt lenkt. Damit wird das Verhältnis der Fotografie zur Wirklichkeit durch die Inszenierung ausdrücklich thematisiert, und, obwohl es als »Un-Verhältnis« dargestellt wird, wird ein Moment gezeigt, der sich auch ohne das Eingreifen des Künstlers so zugetragen haben könnte. Ein anderer Aspekt, den die Position der Kamera über die Inszenierung hinaus deutlich macht, ist das System von Blicken, das der Kritiker Thierry de Duve in einer Zeichnung anschaulich wiedergegeben hat (Fig. 1).[214]

Die Kamera (und damit der Betrachter) fixiert mit ihrem Objektiv (= Auge) sowohl den Mann als auch die Frau, während der Mann nur das Spiegelbild der Frau sieht, und die Frau nur in das Objektiv der Kamera blickt. Dieses Blickgeflecht legt eine Vielzahl von Beziehungen frei, die bereits Ian Wallace sehr treffend analysiert hat. Er bezeichnet »Picture for Women« als »ärgerliches Werk, denn der männliche Betrachter wird in einer hilflosen Position zwischen seiner

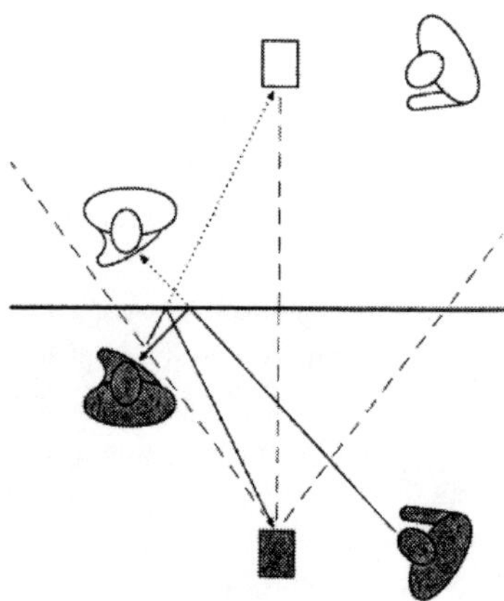

Fig. 1
Positionierung von Personen und Kamera in *Picture for Women* nach Thierry de Duve

eigenen unsichtbaren Gegenwart als das Auge der Kamera erfaßt, während er den direkten Blick der Frau bindet, die vom Vordergrund aus direkt den Zuschauer ansieht.«[215] Wall verweist mit dieser Konstellation auf die Rolle des Künstlers, indem er deutlich macht, daß hinter dem »sexualisierten Frauenbild«, das hier durch die den Blicken ausgesetzte Frau dargestellt wird, immer ein männlicher Schöpfer steht. Und indem er sich selbst als Künstler in diesem Schaffensprozeß zeigt, relativiert er dieses Frauenbild, das sich durch die Kunstgeschichte zieht, da er seinen eigenen – unsicheren – Standpunkt angesichts einer solchen Darstellung offenbart.

Weiter ist für die Analyse des Bildes bedeutend, daß es im Bewußtsein der feministischen Kritik des Blickes entstanden ist, entsprechend des Titels, daß es sich um ein »Bild *für* Frauen« handelt. In diesem Zusammenhang muß auch erwähnt werden, daß Wall die von Laura Mulvey in den siebziger Jahren angeregte Diskussion um den männlich voyeuristischen Blick (u. a. durch die Zeitschrift *Screen*) verfolgte und ihm die von Mulvey aufgestellte These, daß der Mann sich am besten in einem Erzählzusammenhang die Frau als Sexualobjekt anzueignen vermag, bekannt war.[216] Die Darstellung seines Blickgeflechts kann daher auch als Hommage an die Frau verstanden werden, der Wall die Gelegenheit gibt, sich ihrerseits den Mann in der Person des Künstlers durch ihren Blick »anzueignen«, und zwar im narrativen Zusammenhang der dargestellten Klassenzimmersituation.

Allerdings ist nicht nur aus feministischer Sicht die Deutung des Blickgeflechts interessant, sondern auch von der Überlegung her, daß Wall ein Bild gemacht hat, das den Betrachter direkt miteinbezieht. Der Künstler selbst hat in Hinsicht auf die Blickkonstellation den Begriff der »Triangulation« gebraucht, der

auf ein imaginäres Positionsdreieck verweist, innerhalb dessen dem Betrachter ein fester Standpunkt zugeordnet ist.[217] Der Blick durch die Kamera steht für den Betrachter, der sich sowohl innerhalb des Bildes befindet (durch die Position der Kamera) als auch außerhalb (als Betrachter).
Eine derart direkte Einbeziehung des Betrachters ist für die Fotokunst der späten siebziger Jahre relativ neu. Es wurde bereits darauf hingewiesen, daß Wall davon ausgeht, daß sich Bildkonzepte und damit verbunden auch die Anschauung auf Kunst ändern können, weshalb sein offensiver Umgang mit dem Betrachter auch als Konsequenz dieser Auseinandersetzung zu sehen ist. Dabei gehört zu der Reflexion über die Betrachtungsweise von Kunst, daß Wall sich selbst in einem Unterrichtszimmer darstellt, entsprechend seiner damaligen Situation als Dozent. Sein eigener Status als Lehrender, der nicht nur betrachtet, sondern auch Blickweisen vermittelt, wird in dem Bild durch die Verbindung zu der Frau thematisiert.

Über die bisher vorgeschlagenen Deutungen hinaus, muß schließlich auch auf die Beziehung des Bildes zu Edouard Manets Gemälde »Un Bar aux Folies-Bergère« eingegangen werden. Auch wenn Walls Überlegungen zu Manet, die er in dem Essay »Einheit und Fragmentierung bei Manet«[218] formuliert hat, durchaus kritisch zu hinterfragen sind, stellen sie unter der Prämisse, daß »Picture for Women« ein Remake von »Un Bar aux Folies-Bergère« ist, einen wichtigen Hintergrund dar.[219]
Manets Gemälde von 1882 zeigt eine Bardame, die in der Mitte des Bildes frontal zum Betrachter steht, während sie ihre Hände auf eine Marmortheke stützt. (Abb. 15) Die Dame, die ein rüschenbesetztes, tief ausgeschnittenes Kleid trägt, blickt zwar unverwandt nach vorne, trifft aber nicht den Blick des Betrachters. Fast den gesamten Hintergrund des Bildes nimmt ein Wandspiegel ein, in dem sich Theaterlogen mit vielen nur schemenhaft angedeuteten Menschen spiegeln. Rechts in dem Spiegel ist die Bardame in Rückenansicht zu erkennen, ihr gegenüber steht ein Herr im schwarzen Zylinder, den sie – für den Betrachter nicht sichtbar – direkt anblickt.
Ungewöhnlich an dieser Spiegelung ist, daß die Frau und der Mann in schräger Ansicht dargestellt sind, obwohl die Bardame, die Theke und der Spiegel frontal zum Betrachter stehen. Der Herr, der im Spiegel zu sehen ist, müßte in korrekt wiedergegebener Perspektive auch vor dem Spiegel erscheinen, wo er allerdings dem Betrachter den Blick auf die Dame verstellen würde. Manet ist hier mit den perspektivischen Gesetzmäßigkeiten sehr frei umgegangen, was auch einige Flaschen links im Bild zeigen, die in der Spiegelung im Bildhintergrund auf der falschen Seite der Bartheke, das heißt an ihrem entgegengesetzten Ende wiedergegeben sind.

Beim Vergleich zwischen Manets Bild und »Picture for Women« fallen auf den ersten Blick formale Ähnlichkeiten auf: die Frontalität der Frauen und der Theke, die Bildkomposition und das verwirrende Motiv der Spieglung. Weiterhin lassen sich die vielen Horizontalen und Vertikalen anführen, die als strukturierende Elemente in beiden Bildern vorkommen sowie einige motivische Details wie der unverwandte Blick der Frauen oder die nackten Glühbirnen bei Wall, die sich offensichtlich auf Manets einfache Kugellampen beziehen. Auch die Abend- oder Nachtzeit ist beiden Bildern gemeinsam.[220]

In dem bereits erwähnten Essay zur Einheit und Fragmentierung bei Manet setzt sich der Künstler ausführlich mit Manets Bildkonzept auseinander: Walls Ausgangspunkt ist es, Manets Werk in Hinsicht auf die »historische Veränderung des Bildkonzepts und damit (...) das Konzept der Einheit des Bildes«[221] zu analysieren. Bereits hier muß vorweg genommen werden, daß Walls Auffassung von der Einheit des Bildes eine sehr eigenwillige Sichtweise auf die Kunstgeschichte darstellt, die von der europäischen Kunstgeschichtsschreibung kaum geteilt, und nicht einmal diskutiert wird.

Wall beschreibt zunächst ein Bildkonzept, das er auch als ›westlichen Bildtyp‹ bezeichnet, und das seiner Meinung nach bis in die Zeit Manets geläufig war. Ausgehend von der Figur des menschlichen Körpers, beruht dieser Bildtyp im wesentlichen darauf, daß im Bild ein ›inneres Drama‹ stattfindet, welches auf die Entfremdung des projizierten Körpers im Raum zurückgeht.[222] Wall unterscheidet für dieses ›innere Drama‹ zwischen ›gemalt‹ und ›dargestellt‹. ›Gemalt‹ bedeutet die »sinnliche Nachzeichnung [des Körpers] durch die Hand, den Arm und den Körper des Malers«, wobei dieser Akt von Natur aus erotisch ist, da es sich bei dem gemalten Körper um die gleichzeitige ›Spur zweier Körper‹ bzw. um ein Paar (Maler-Körper und gemalter Körper) handelt. ›Dargestellt‹ heißt hingegen, daß dieser erotisierte Körper mittels eines Mechanismus – der Perspektive – in den Raum projiziert wird, so daß es zu einem »Akt des Zusammentreffens des Körpers mit seiner eigenen Selbstentfremdung, mit dem Verlust seines Status als Paar« kommt. Dieser Vorgang »führt unentrinnbar zum inneren Drama des Bildes«[223]. An dieser Stelle geht Wall auch auf die Fotografie ein, die seinerzeit als Bedrohung für die Malerei galt, weil sie durch ihre technische Perfektion, den Akt der Darstellung so offenkundig enthüllen konnte. Wie oder ob das »innere Drama« in einer fotografischen Aufnahme überhaupt stattfinden kann, dazu äußert sich der Künstler aber nicht. Im Gegenteil, er klammert die Fotografie aus seinen weiteren Ausführungen sogar aus.

Nach Wall führte zur Zeit Manets das kapitalistische System zu Veränderungen in der Malerei, insofern im Kapitalismus das Individuum nur noch unbedeutender Teil eines Ganzen und sich selbst entfremdet war. Diese Entfremdung brachte nach Wall die Aufhebung des Ideals menschlicher Ganzheit und Harmonie mit sich, ein Umstand der sich auch auf den gemalten Körper auswirkte: Dieser erfuhr zusätzlich zu der durch das ›innere Drama‹ bedingten Selbstentfremdung, noch eine durch den Kapitalismus ausgelöste Entfremdung. In dieser Situation konnte die Perspektive (oder auch Projektion des Körpers im Raum) nur noch akademisches Gesetz sein, ohne weiter zur Einheit des Bildes beizutragen. Diesen Zustand, der sich vor allem in der Salonmalerei des 19. Jahrhunderts manifestierte, nennt der Künstler die »Krise der klassischen Einheit«. Seiner Meinung nach hat Manet diese Krise in seinen Bildern zum Ausdruck gebracht, durch die »Anbringung des (...) entfremdeten Körpers innerhalb der negativen Fortdauer der Perspektive«, die durch die Beibehaltung klassischer Bildmittel zu einer »fast gedenkenden Vereinheitlichung des Bildes um ein zerstörtes oder sogar totes Bildkonzept herum« führte.[224] Nach Wall hat Manet den Zustand der doppelten Entfremdung künstlerisch nicht überwunden – beispielsweise durch die totale Fragmentierung, wie sie später im Kubismus zum Tragen kam –, sondern hat den Akt der Entfremdung besonders deutlich herausgestellt, und zwar auf zweierlei Arten: Manet behielt den westlichen Bildtyp bei, verwendete aber falsche Perspektiven, die die Einheit des Bildes ins Wanken brachte. Dann wendete er den überkommenen Bildtyp auf einen verhältnismäßig fremden Gegenstandsbereich an, nämlich auf *la vie moderne*, das moderne Leben.

Wall schließt seine Ausführungen mit der Feststellung, daß Manet ohne wirkliche Nachfolger blieb, so daß die Einheit des Bildes nach Manet nicht mehr hergestellt wurde, sondern »eine zeitgenössische Kultur der absoluten Fragmentierung [herrscht], die als Malerei wie auch als Fotografie in den Galerien von 1984 erscheint und dort dominiert«.[225]

Wie bereits angedeutet sind Walls Äußerungen an einigen Stellen zu hinterfragen, angefangen bei dem fragwürdigen Begriff der Einheit des Bildes bis zu den Auslassungen, die Wall für diesen Begriff trifft. Die Frage nach dem inneren Drama in den Bildern, die motivisch keine Figuren zeigen, wie das Stilleben, hat Wall z. B. nicht berücksichtigt. Dennoch soll Manets Bildkonzept, so wie Wall es sieht, auf sein Bild übertragen werden, da er deutlich macht, daß Manets Ausdrucksweise für ihn auch heute noch Gültigkeit hat. Die Gesellschaftskritik, die Manet indirekt zum Ausdruck brachte, übernimmt Wall, indem er erneut die Frage nach dem inneren Drama des Bildes stellt. Daß dabei auch der entfremdete Mensch eine Rolle spielt, dafür spricht seine marxistisch orientierte

Haltung. Wall hinterfragt das »moderne Leben« seiner Zeit, indem dort, wo einst Manets Bardame sich dem Barbesucher entgegenstellte, nun die Schülerin steht, die sich dem Blick des Lehrers/Künstlers stellt. Sie tut es mit einem direkten Blick auf den Betrachter. Der Künstler stellt die Beziehung der Frau zum Mann unter feministischen Gesichtspunkten dar und überträgt damit Manets Thema auf das 20. Jahrhundert.

In beiden Bildern wird zudem das abbildende Medium – Malerei, Fotografie – thematisiert. Indem Manet absichtlich falsche perspektivische Ansichten wählte, setzte er sich mit den Möglichkeiten auseinander, die die Malerei über die perspektivische Darstellung hinaus leisten kann. Er machte deutlich, daß Malerei auch ohne den Anspruch an Wirklichkeitstreue funktionieren kann. Wall möchte mit der Fotografie seine Sicht auf die Wirklichkeit darstellen, und tut dies auf dem Wege der Inszenierung, das heißt ohne sich an die herkömmliche Auffassung von Fotografie – spontan und ungestellt zu sein – zu halten. Er zeigt, daß die fotografische Abbildung nicht dem Dogma des »entscheidenden Augenblicks« unterliegen muß, sondern auch einem anderen Abbildungsmodus folgen kann. Der Fotokünstler ist ebenso wie der Maler frei in der Darstellung seiner Sicht auf die Wirklichkeit. Ob der Fotograf inszeniert oder ungestellte Aufnahmen macht, spielt für das Verständnis der Darstellung keine Rolle, da die Wirklichkeit ohnehin nur subjektiv erfaßt werden kann. Diese Haltung gegenüber der Fotografie zeigt sich im übrigen auch darin, daß für Wall der Unterschied zwischen Dokumentar- und Inszenierter Fotografie nicht so groß ist, wie es bei der Interpretation seines Werkes häufig angenommen wird. Auch wenn bis auf wenige Ausnahmen alle seine Arbeiten inszeniert sind, zeigen seine Fotografien oft einen Wirklichkeitsausschnitt, der sich ebenso real hätte abspielen können. Wall selbst sieht seine Arbeit auch zwischen Dokumentar- und Inszenierter Fotografie angesiedelt:

> *I should say that I always practiced ›straight photography‹ along with cinematography, and I consider both equally legitimate. [...] I do not see a conflict between cinematography and reportage. I don't make a dualism with ›reportage‹ or ›documentary‹ on one pole, and ›fiction‹ on the other. Photography exists in the interaction between those qualities, which are always present somehow, in every photography.*[226]

Fast hundert Jahre nach Entstehung von Edouard Manets Bild setzt der Künstler dessen Konzept in dem zeitgenössischen Medium der Fotografie um und stellt die Frage, wie ein Bild heute aussehen kann und welchen Stellenwert das wirklichkeitsnahe Abbilden in Fotografie und Malerei hat. Wie Manet einst die Malerei revolutionierte, indem er demonstrierte, daß ihre Funktion nicht allein im Abbilden liegt, so stellt Wall die herkömmliche Art zu fotografieren in Frage.

»Picture for Women« als Inszenierte Fotografie

»Picture for Women« erfüllt alle Kriterien, die es als Inszenierte Fotografie auszeichnen: Der Bildausschnitt wurde vor der Aufnahme exakt berechnet, damit die Kamera als zentraler Bildinhalt ihre mittige Position behält. Das heißt, die schrittweise Umsetzung einer Bildidee ist allein aufgrund der formalen Bildlösung ablesbar. Der Raum, der so auffällige Parallelen zu Manets Raum aufweist, und die ausgewogene Beleuchtung sprechen zudem für die bewußte Gestaltung des äußeren Bereichs. Hinzu kommt die enorme Größe des Transparents, die sich vom gängigen Mittelformat unterscheidet, sowie die extreme Tiefenschärfe, die nur mit einer Großbildkamera erreicht werden kann.

Walls Technik und sein Umgang mit dem Licht sind für seine Bilder überhaupt von großer Bedeutung, weshalb eine kurze Erläuterung von beidem zu einem grundsätzlichen Verständnis seines Werkes beitragen kann: Bei allen Arbeiten, die Jeff Wall von 1978 bis 1996 geschaffen hat, handelt es sich um Cibachrom-Diapositive, die in Plexiglaskästen mit Aluminiumleisten befestigt, und von hinten mit Neonlicht beleuchtet sind. Diese aufwendige Präsentation macht – unabhängig vom Motiv der Darstellung – auf den ersten Blick klar, daß es sich um eine Technik handelt, die sich von der Kleinbildkameraaufnahme unterscheidet, wobei Jeff Wall im übrigen zu den ersten Künstlern gehörte, die den Leuchtkasten für das Medium der Fotografie einsetzten. Das beleuchtete, monumentale Transparent verweist auf eine andere, und zwar gestellte, Aufnahmesituation der Bilder, allein aufgrund der aufwendigen Technik. Darüber hinaus erinnern die Leuchtkästen durch ihr kastenförmiges, dreidimensionales Format auch an kleine Bühnen, auf denen die Akteure wie Schauspieler agieren. Die Vorstellung, daß es sich bei den Aufnahmen um eine bildhafte Umsetzung eines Inszenierungspartes handelt, findet sich durch die räumliche Dimension der Leuchtkästen noch gesteigert.

Gelegentlich wird die Bedeutung von Walls Technik, Leuchtkästen mit Diapositiven zu kombinieren, zusätzlich durch die Hängung der Bilder hervorgehoben; so wurde die Porträtserie »Movie Audience« von 1979 auf einigen Ausstellungen hoch über der Augenhöhe des Betrachters angebracht. Der Betrachter, der, um die Fotografien erfassen zu können, ebenso aufschauen muß, wie die in den Porträts abgebildeten Personen, wird so mit der Führung seines eigenen Blickes konfrontiert. Der Leuchtkasten stellt einen Bezug zur visuellen Wahrnehmung her, erst recht da Wall ein für den Stadtmenschen alltägliches Medium aufgreift, das er aus dem gewohnten Umfeld extrahiert.[227] Der aus der Werbung bekannte Leuchtkasten wird im Ausstellungskontext anders wahrge-

nommen, so daß hier deutlich wird, daß die Unterscheidung zwischen real und fiktiv für jedes Bild neu zu treffen ist. Wichtig für die visuelle Erfahrung angesichts der Diapositive ist daher der Kontext, in dem die Fotografien gezeigt werden. So gibt es zum Beispiel große Unterschiede zwischen den Originalen und ihrer Reproduktion. Während die Originale viele Assoziationen wachrufen – Leuchtkastenwerbung, Fensterausblicke etc. – wirken die Reproduktionen auf den ersten Blick nicht anders als Dokumentarfotografien.
Seit 1996 arbeitet Wall wieder mit Schwarzweißfotografien, die zwar das große Format der Transparente haben, aber nicht auf Leuchtkästen aufgezogen werden. Daß Wall nach fast zwanzig Jahren wieder das »gewöhnliche« Schwarzweiß benutzt, läßt sich u. a. auch auf eine gewandelte Einstellung gegenüber der Fotografie zurückführen: Fotografie wird allgemein nicht länger als objektives Abbilden der Wirklichkeit betrachtet, weshalb die Inszenierung auch nicht durch den artifiziell wirkenden Leuchtkasten hervorgehoben werden muß. *Daß* Wall wieder Schwarzweißfotografien produziert, hebt die Bedeutung der Leuchtkastentechnik sogar noch hervor und macht im Nachhinein deutlich, daß diese Technik vor allem dazu diente, das Gestellte der Fotografie besonders zu betonen.

Von der Technik abgesehen erfüllt »Picture for Women« auch alle weiteren Merkmale Inszenierter Fotografie. Allem voran ist es die Konstellation der Personen zueinander, die der Darstellung ihre narrative Struktur verleiht: Das Blickgeflecht, das für ein Beziehungsgeflecht steht, »erzählt« von den Beziehungen der Personen zueinander, wobei Wall zusätzlich den Betrachter involviert, indem er ihm eine bestimmte Position zuweist.
Hier kann auch nochmals auf Walls Interesse für den Film hingewiesen werden: Während Wall als Filmemacher weder erfolgreich war, noch an diesem Vorhaben weiter arbeitete, hat er in der Inszenierten Fotografie eine dem Film adäquate Ausdrucksmöglichkeit gefunden, mit der er in der für ihn so bedeutsamen »Welt der Bildlichkeit«[228] bleiben konnte. Walls Bilder haben nicht nur im Film ihren Ursprung, sondern sind auch nur denkbar durch die vom Film übernommene narrative Struktur. »Picture for Women« kann auch als ›Standbild‹ verstanden werden, das als Pendant zum bewegten Bild des Films steht, wobei es in seiner Aussage konzentrierter ist, als dies eine entsprechend kurze filmische Sequenz sein könnte.
Als weiteres Merkmal Inszenierter Fotografie ist schließlich noch die Ausrichtung auf den Betrachter zu nennen. In »Picture for Women« wird der Betrachter nicht nur durch seine Position im Bild explizit angesprochen, sondern er wird durch das Bildthema des Sehens und Gesehenwerdens auch unmittelbar in die Handlung einbezogen. Nur mit dem Betrachter als Blickendem funktioniert die Konstellation des Sehens.

Jeff Walls Arbeiten der achtziger und neunziger Jahre: Dokumentarfotografie mit den Mitteln der Inszenierung

Im Gegensatz zu Eileen Cowins Werk, zeigt Walls Werk von 1978 bis heute kaum grundlegende Veränderungen was das Medium, das methodische Vorgehen, die Technik und die Inhalte betrifft. Ein kurzer Überblick über seine Arbeiten der achtziger und neunziger Jahre kann seine weitere Arbeit mit Inszenierter Fotografie dokumentieren.

Bis etwa 1988 arbeitet Jeff Wall vor allem mit den Genres der Landschaftsdarstellung und des sozialkritisch motivierten »vermeintlichen« Schnappschusses. Walls Landschaftsdarstellungen zeigen zersiedelte, urbanisierte Landschaften, meist von einem erhöhten Standpunkt aus. Der Künstler nimmt in panoramaartiger Ausrichtung weitläufige Landstriche von Vancouver und Umgebung auf, die von Autobahnbrücken, Industrieanlagen, Strommasten oder Ähnlichem durchbrochen werden.[229] Diese Landstriche, Symbole eines maroden sozialen Systems, sind zwar mitunter Kulisse »gestörter« zwischenmenschlicher Kontakte (z. B. »A hunting scene«, 1994), inszeniert sind sie in der Regel aber nicht – oder nur dann wenn Wall in das Bildmotiv eingreift, indem er etwa Personen in der Landschaft agieren läßt (z. B. »The Bridge«, 1980). Auch wenn die Landschaftsdarstellungen kompositionell durchdacht sind, da der Künstler über Monate hinweg nach geeigneten Orten sucht und auf passende Lichtverhältnisse wartet, zeigen die meisten dieser Bilder weder narrative Darstellungen in Form von Handlungen, noch hat der Künstler in den äußeren Bereich eingegriffen. Die Landschaftsdarstellungen können sogar als dokumentarisch bezeichnet werden, da sie bestimmte Verhältnisse, meist in Hinsicht auf den Verfall von Landschaft, dokumentieren. In ihrem Aufbau erinnern sie häufig an die niederländische oder französische Landschaftsmalerei des 17. Jahrhunderts. Sie zeichnen sich durch tiefliegende Horizonte, klare horizontale Zweiteilung zwischen Landschaft und Himmel und die typische Farbigkeit der Luftperspektive aus (z. B. »The Old Prison« von 1987 oder »Coastal Motifs« von 1989). Ähnlich wie bei »Picture for Women« macht Wall neben dem reinen Interesse an der Landschaft, mit diesen mehr oder weniger direkten Anleihen an der Malerei vergangener Jahrhunderte deutlich, daß auch scheinbar überkommene Bildthemen noch Aktualität haben. Wall orientiert sich dabei nach wie vor an klassischen Bildmotiven und -kompositionen und baut seine Bilder nach ebenso strengen ästhetischen Gesetzen auf, wie die Werke derjenigen Fotografen, von denen er sich zeitweise zu distanzieren suchte.

Die Fotografien, denen in den achtziger Jahren die größere Aufmerksamkeit zukam – die Landschaftsdarstellungen wurden erst in den neunziger Jahren häufiger gezeigt[230] –, sind Walls sozialkritische, an Schnappschüsse erinnernde Aufnahmen. Für diese Arbeiten ist Walls politisch-theoretischer Hintergrund bedeutend, da der Künstler vorherrschende Verhältnisse dokumentieren und durchaus auch anprangern will.[231] Bezeichnend für diese Arbeiten der »inszenierten Schnappschüsse« ist etwa die Fotografie »Mimic« von 1982 (Abb. 16): In einer Straßenkulisse, in der die Gebäude- und Bürgersteigkanten streng fluchtende Linien darstellen, gehen zwei Männer und eine Frau auf gleicher Höhe auf den Betrachter zu. Einer der beiden Männer hält an seiner linken Hand die Frau, während er mit der rechten Hand eine ebenso beiläufige wie abfällige Geste macht, indem er sein Augenlid langzieht. Der Blick der Frau wirkt abwesend, sie scheint die Geste ihres Mannes nicht zu bemerken, ganz anders der zweite Mann im Bild, auf dessen asiatisches Äußeres sich die Handbewegung bezieht. Die Darstellung spielt auf ein rassistisches Konfliktpotential an, das auf die mangelnde Akzeptanz der weißen (kanadischen) Einwohner gegenüber Immigranten zurückzuführen ist. Im Mittelpunkt dieser wie auch anderer Fotografien Walls (z. B. »No«, 1983, »Bad Goods«, 1984, »The Storyteller«, 1986) steht die Handlung, die den Bildern ihre erzählerische Struktur verleiht. Neben dem Wissen, daß Wall meist mit Schauspielern arbeitet und die Darstellungen oft in langen, zum Teil filmischen Studien vorbereitet, ist es vor allem das Narrative, das die Fotografien als Ausschnitt einer Film- oder Theatersequenz denkbar macht, wobei sie trotzdem nie ihren dokumentarischen Charakter verlieren. Dem Betrachter wird das Gestellte der Handlung kaum bewußt – obwohl Wall es nicht einmal absichtlich verbergen will –, da es keine direkten Anzeichen für eine Inszenierung gibt. Das Gebaren der Personen wirkt trotz oder gerade wegen ihres oft unschönen Verhaltens überaus real, die dargestellten Szenerien sind in ihrer Konstellation nie undenkbar oder unrealistisch. Zwar hat Wall auch Aufnahmen gemacht, in denen die Personen in ihren Bewegungen eigentümlich manieriert wirken (z. B. »Milk«, 1984 oder »The Stumbling Block«, 1991), doch überwiegen in seinem Werk »natürlich« wirkende Haltungen und Handlungen. Diese »Natürlichkeit« wird noch durch die Alltäglichkeit unterstrichen, da Wall Begebenheiten zeigt, die sich in jeder Stadt mehrmals täglich abspielen.

Mit diesen Darstellungen erinnert Walls Werk der achtziger, und zum Teil auch der neunziger Jahre, in Reproduktionen stark an Aufnahmen der *Street Photography*. Hier wie dort zeigt sich ein Interesse an dem Alltag der Menschen, ihren Orten (der Straße) und ihrem oft unmenschlichen Verhalten. Der Unterschied von Walls Bildern zur *Street Photography* ist erst durch das lebensgroße Format und die artifiziell leuchtende Farbigkeit gegeben. Die Größe, die ungewöhnlich große Tiefenschärfe und die Leuchtkraft der Transparente machen deutlich, daß es sich nicht um sog. Schnappschüsse handeln kann.

Abb. 16 Jeff Wall, *Mimic*, 1982

In jüngster Zeit nimmt Wall das Thema des sozialkritisch motivierten Schnappschusses erneut auf (»Mahmutbey, Istanbul«, 1997 oder »Polishing«, 1998), nachdem er sich seit Ende der achtziger Jahre zwischenzeitlich davon distanzierte. In dieser Zeit beschäftigte er sich häufig mit psychoanalytischen Inhalten (z. B. »The Drain«, 1989) oder formal-kompositorischen Fragen (»Diagonal Composition«, 1993, oder »Swept«, 1995).

Seit den neunziger Jahren gibt es auch groteske Darstellungen in Walls Werk. Angefangen mit »Vampires Picnic« (1991), in dem das opulent-blutige Mahl von Vampiren dargestellt ist, zeigt Wall u. a. Handlungsabläufe, die in ihrer Art der Darstellung – viele Personen, großer Ausstattungsreichtum etc. – an den Aufbau klassischer Historiengemälde erinnern. Parallel zu den grotesken Darstellungen beginnt Wall mit digitaler Bildmanipulation zu arbeiten, oft um das Groteske noch zu unterstreichen (z. B. »The Giant«, 1992).

Für die documenta X hat der Künstler eine Serie von Schwarzweißfotografien ohne Leuchtkasten geschaffen, die auf traditionelle Vorbilder, wie die Dokumentarfotografie Walker Evans' oder Dorothea Langes, verweisen. Indem Wall das Schwarzweiß der sozialdokumentarischen Fotografie aufgreift, setzt er es bewußt als Stilmittel ein, das die Nähe seiner Arbeit zu diesem Genre deutlich macht. In seinen jüngsten Arbeiten benutzt Wall sowohl die Leuchtkastentechnik als auch die klassische Schwarzweißfotografie (z. B. »Rear, 304 East 25 Ave, Vancouver, Mai 1997«, 1997). In den Fotografien beider Techniken thematisiert er nach wie vor soziale Mißstände, wie Drogenmißbrauch, Obdach- und Arbeitslosigkeit.

Insgesamt gilt für Walls Umgang mit Inszenierter Fotografie, daß es nicht die Künstlichkeit der Darstellung ist, die ihn vorrangig interessiert, sondern daß er vor allem seine Sicht der Wirklichkeit darstellen will. Dabei spielt es für ihn keine Rolle, ob er diese Sicht inszenieren muß, das heißt, ob sie fiktiv ist, oder ob sie sich zufällig vor dem Auge seiner Kamera zugetragen hat. Er inszeniert **nicht**, um zu demonstrieren, daß die fotografische Realität eine andere ist als die faktische Wirklichkeit, sondern, um den Betrachter mit der Wirklichkeit zu konfrontieren, wie er sie sieht. Im Unterschied zu anderen zeitgenössischen Fotografen (**Lucas Samaras**, **Les Krims**, **Joel Peter Witkin**, **Ellen Brooks** oder **Sandy Skoglund**), die gerade in den Anfängen Inszenierter Fotografie das Künstliche der Darstellung besonders hervorgehoben haben, wirken Walls Fotografien in erster Linie durch die Leuchtkastentechnik artifiziell und weniger durch ihre Bildmotive (mit Ausnahme der grotesken Szenen). Wie die Entwicklung von »Landscape Manual« zu »Picture for Women« zeigte, ist Wall an einer Form interessiert, die narrativ ist, und die sich ohne Inszenierung in der vom Künstler gewünschten Weise kaum vor seiner Kamera zutragen würde.[232]
Eine Sonderstellung haben allerdings die Landschaften und sozialen Dokumentationen. Zwar bauen auch diese mitunter auf narrativen Szenen auf, jedoch steht das Narrative meist nicht im Mittelpunkt der Darstellung. Die Einordnung als Inszenierte Fotografie muß gerade bei den Landschaftsfotografien nicht zwangsläufig erfolgen bzw. sollte sie nur dort vorgenommen werden, wo sich Narrativik tatsächlich aus der Personendarstellung ergibt.

8. Cindy Sherman und das inszenierte Porträt

Bisher wurde ausschließlich das narrative Tableau, wie wir es bei Cowin, Wall und der »frühen« Cindy Sherman finden, als Inszenierte Fotografie behandelt. Daneben können aber auch die Genre des Porträts und des Stillebens Merkmale

Inszenierter Fotografie aufweisen. Zwar ist hier nicht das primäre Kennzeichen der narrativen Struktur gegeben, doch können narrative Mittel in einem erweiterten Sinn eingesetzt werden.

Cindy Sherman gehört nicht nur zu den bekanntesten zeitgenössischen Fotokünstlerinnen, ihre aufwendig inszenierten und konstruierten Bilder legen auch einen Bezug zum herkömmlichen Inszenierungsbegriff (d. h. zur *Fabricated Photography*) auf den ersten Blick nahe.
Die Nähe ihres Werkes zum Theater und zum Film ist sowohl von ihr selbst als auch von verschiedenen Autoren immer wieder bestätigt worden. So behauptet der niederländische Ausstellungsmacher Peter Schjeldahl etwa, der vorherrschende Modus von Shermans Werk sei ein theatralischer:

> *Wie kommt es, daß das Theatralische dieser Bilder [hier: die Modebilder] – in Thematik, Stil und allein schon in ihrer Größe (bis zu 2,50 Meter Höhe) – die Kraft einer Offenbarung gewinnt? Weil das Theater, als die eigentliche Kunstform der Darstellung/performance, die ästhetische Grundlage aller Arbeiten Cindy Shermans und ihrer Avantgarde-Generation bildet. Indem sie explizit gemacht wird, gewinnt die theatralische Dimension ihre ganze, ungebrochene Fülle und Kraft.*[233]

Sherman selbst sieht sich stark dem Film verhaftet, von dem sie behauptet, daß er das einzige sei, zu dessen Studium sie sich je habe überwinden können.[234] Theater und Film haben auf ihr Werk von Anfang an großen Einfluß gehabt. Seit 1975 arbeitet die Künstlerin meist mit in sich abgeschlossenen Werkserien, die bereits vielfach ausführlich besprochen und beschrieben wurden.[235] Nur einer einzigen ihrer Serien hat Sherman einen Namen gegeben, den »Untitled Film Stills«, alle anderen Titel sind Arbeitstitel, die sich in der Literatur jedoch fest etabliert haben.

Zur Unterscheidung einer inszenierten Fotografie als narrativem Tableau und einem inszenierten Porträt werden zwei Bildbeispiele aus Shermans zwischen 1977 und 1988 entstandenen Werkkomplexen herangezogen. Im weitesten Sinn kann innerhalb dieser Serien von einer Entwicklung Inszenierter Fotografie gesprochen werden.
Nach verschiedenen Experimenten mit Schwarzweißfotografien begann Sherman 1977 mit der Serie der »Untitled Film Stills«, die insgesamt neunundsechzig Fotografien umfaßt. Zur Entstehung dieser Serie sagt die Künstlerin, daß sie die Bilder, die sie vorher machte, »vereinfachen [wollte], nur noch Fotos machen, die als einzelne Fotos für sich funktionieren, aber trotzdem Geschichten erzählen.«[236] Damit konstatiert sie selbst für die Serie das wesentliche Merkmal In-

szenierter Fotografie, daß das einzelne Bild narrativ, und folglich denkbar als bildhafte Umsetzung eines Inszenierungspartes sei. An dem Bild »Untitled Film Still # 48« (1979, Abb. 17) lassen sich exemplarisch die weiteren Merkmale Inszenierter Fotografie erläutern: Die Fotografie zeigt eine dem Betrachter abgewandte junge Frau (die Künstlerin selbst), die in mädchenhafter Kleidung und kindlicher Pose am Straßenrand steht und in die Ferne blickt. Ein Koffer neben ihr ist als Aufbruch in eine andere Welt zu verstehen. Das Warten am Straßenrand steht hier für die Handlung, zu der man sich wegen der unschuldigen Haltung des Mädchens leicht eine Geschichte vorstellen kann, etwa von den Verheißungen, die sich eine junge Frau fernab von ihrer Heimat erhofft. Die punktuelle Beleuchtung der Mädchenfigur sowie die unzeitgemäße Kleidung gehören zum äußeren Bereich.[237] Daß das Bild als Teil einer Serie konzipiert ist, worauf u. a. die Numerierung verweist, verrät die Umsetzung einer Bildidee, hier: die Arbeit mit aus fünfziger Jahre-Filmen bekannten stereotypen Frauenrollen. Der Betrachterbezug als ebenfalls konstituierendes Merkmal Inszenierter Fotografie zeigt sich u. a. in dem Spiel mit der Erinnerung, die der Betrachter an eine bestimmte Filmszene zu haben glaubt. Sherman beschwört mit den »Untitled Film Stills« sog. ›Erinnerungsbilder‹ herauf, die den Betrachter veranlassen, seine Wahrnehmung zu überprüfen.[238]
Das »Untitled Film Still # 48« erfüllt aber nicht nur die primären Merkmale Inszenierter Fotografie, sondern offenbart auch thematisch vieles von dem, was schon in Cowins Werk als charakteristisch für die Fotografie der siebziger und achtziger Jahre herausgestellt wurde: die Arbeit mit aus den Massenmedien bekannten Stereotypen, das In-Frage-stellen des Frauenbildes im Film und in der Bildenden Kunst sowie die Rezeption anderer Gattungen durch das Medium Fotografie. Hinzu kommt der offensive Umgang mit szenographischen Elementen, der für die Fotokunst der siebziger Jahre ein künstlerisches Novum war. Cindy Sherman hat diese Elemente nicht nur für jedermann sichtbar einbezogen, sondern steigert ihre Verwendung auch häufig bis ins Absurde.

Abgesehen von dieser Ausstattung des äußeren Bereichs ist bei anderen Werkserien Shermans die Bezeichnung als Inszenierte Fotografie weniger evident, was die 1988 entstandenen »History Portraits« veranschaulichen können: Zur Serie der »History Portraits« gehören elf Bilder, die unter dem Namen »Citoyennes, Citoyens« zum 500-jährigen Jubiläum der französischen Revolution in Paris ausgestellt wurden. Dreizehn Bilder sind unter dem Einfluß italienischer Renaissancegemälde entstanden, weitere beziehen sich auf die Malerei des 17. Jahrhunderts.[239] Bei allen Aufnahmen handelt es sich um Portraits, die Sherman nach berühmten Gemälden geschaffen hat, immer mit sich selbst als Darstellerin. Bis auf einige Ausnahmen (Männerbildnisse, die an Porträts von Caravaggio,

Abb. 17 Cindy Sherman, *Untitled Film Still # 48*, 1979

Holbein u.a. erinnern) zeigen die Bildnisse, die entsprechend der gemalten Vorbilder mit aufwendigen Rahmen versehen sind, Mätressen, Künstlergattinnen oder die Ehefrauen reicher Mäzene. Sherman leistet mit dieser Serie nicht nur einen Beitrag zum Künstlerporträt, sondern setzt sich auch mit der Rezeption von Kunstgeschichte, Fragen des Feminismus, der Kunst und der Philosophie auseinander.[240]

Auf den ersten Blick weisen auch diese Bilder viele Merkmale Inszenierter Fotografie auf, am auffälligsten ist der äußere Bereich. In keiner anderen ihrer Serien hat Sherman so offensichtlich mit falschen Körperteilen, Perücken, Schminke und Kostümen gearbeitet. Hinzu kommt, daß alle Bilder sorgfältig ausgeleuchtet und mit der Großbildkamera aufgenommen sind. Auch liegt der Serie ein klares Konzept zugrunde, insofern als Sherman an ihrem »Grundthema festhält, stereotype Frauengestalten auf möglichst mannigfaltige und nie langweilige Weise zu zeigen«.[241] Der Betrachterbezug ist u. a. durch den Entstehungsprozeß der Bilder gewährleistet, da Sherman eigenen Angaben zufolge allein deswegen so zahlreiche »History Portraits« produzierte, weil die Resonanz auf diese Bilder so groß war.[242] Die Ausrichtung eines Bildes auf einen potentiellen Betrachter kann wohl kaum größer sein! Darüber hinaus arbeitet Sherman in den »History Portraits« mit Gesten, die von großem Pathos und starken Emotionen gekennzeichnet sind. Eine gewisse Theatralik um ihre Person als Darstellerin drängt sich durch die auffälligen Kostümierungen und überzeichneten Posen in jedem einzelnen Porträt der Serie auf.

Doch trotz vieler Entsprechungen zur Definition Inszenierter Fotografie erfüllen die Bilder ihre wichtigste Eigenschaft nicht: Sie sind weder als Part einer Inszenierung denkbar, noch weisen sie narrative Strukturen in Form von Handlungen auf. Sherman setzt weniger eine Handlung um, als daß sie narrative Mittel einsetzt, die die Porträts »erzählen« lassen. Die überzogenen Kostümierungen, Maskeraden und falschen Körperteile verweisen auf den ersten Blick auf etwas, das außerhalb der Person der Porträtierten liegt und in diesem Fall nicht einmal in direktem Zusammenhang zu der Dargestellten steht – die Künstlerin selbst ist zwar das Modell ihrer Frauenbildnisse, stellt aber nicht sich selbst, sondern einen ›Frauentypus‹ dar.
Die Fotografie »Untitled # 222« (Farbtafel 5) zeigt beispielsweise die Künstlerin als alte Frau, mit einem Plastiktorso vor der Brust, der in überspitzter Weise für den welken Körper einer in die Jahre gekommenen Frau steht. Durch Kleidung – Käppchen, Spitzenkragen und Spitzenrock –, Haltung und den Torso, der fortgeschrittenes Alter symbolisiert, erinnert das Porträt an die Bildnisse, die etwa Frans Hals von Frauen seiner Zeit geschaffen hat (z. B. »Gruppenbild der Regentinnen des Altmännerhauses in Haarlem«, 1664, Haarlem, Frans-Hals-Museum). Sherman schafft mit den zahlreichen Requisiten und Kostümierungen also eine Verbindung zu dem Frauenbild des 17. Jahrhunderts, dessen Aussage sie übersteigert und persifliert. Ihrem Bild fehlt zwar eine tragende Handlung, dennoch funktioniert es auf narrative Weise, da auf Zusammenhänge verwiesen wird, die über das bloße Dargestellte weit hinausgehen. Das narrative Tableau, wie wir es bei Eileen Cowin und Jeff Wall kennengelernt haben, erfährt in Shermans »History Portraits« somit eine Weiterführung. Nicht mehr das aktive Geschehen steht im Vordergrund, sondern es wird allein der äußere Bereich betont, der unabhängig von einer Handlung auf erzählerische Strukturen verweist. Natürlich hängt die fehlende Darstellung einer Handlung dabei auch mit dem Genre des Porträts (oder Stillebens) zusammen, für das eine narrative Struktur viel schwieriger herzustellen ist, als für andere Genres. Zwar hat es in der Kunstgeschichte immer wieder Porträts gegeben, die eher narrativ als repräsentativ waren – von Rembrandts sog. »Nachtwache« (1642, Amsterdam, Rijksmuseum) bis zu den Gruppenporträts, die der amerikanische Fotograf Richard Avedon im Umkreis von Andy Warhols »Factory« aufgenommen hat –, dennoch liegt die Aufgabe des Porträts in erster Linie in seiner eine bestimmte Person repräsentierenden Darstellung. Erst das Werk von Cindy Sherman hat wesentlich dazu beigetragen, daß sich das Porträt in der Fotokunst

zu einem Genre etabliert hat, das durch seine Verweise auf außerbildliche Zusammenhänge genauso stark erzählend als repräsentativ darstellend ist.[243]

Für den Zeitraum zwischen den »Untitled Film Stills« (1977) bis zu den »History Portraits« der achtziger Jahre läßt sich demnach auch von einer Entwicklung Inszenierter Fotografie sprechen. Die Künstlerin konnte Mitte der achtziger Jahre nicht nur auf ein Jahrzehnt Inszenierter Fotografie zurückblicken, sondern sie konnte auch ihr eigenes Werk fort- und weiterführen, indem sie die artifizielle Bildsprache, die in den »Untitled Film Stills« bereits zum Anklang kommt, noch intensivierte. Geht man davon aus, daß sich das Inszenierte Porträt als eine Form Inszenierter Fotografie *nach* dem narrativen Tableau, wie wir es bisher bei Eileen Cowin und Jeff Wall kennengelernt haben, entwickelte, verwundert es auch nicht, daß Sherman zwar zu den bekanntesten zeitgenössischen Künstlerinnen gehört, – und sie gehört zu denjenigen, mit denen der Terminus der Inszenierung für die Fotokunst am häufigsten in Verbindung gebracht wird – , sie in frühen Ausstellungen oder Publikationen zur Inszenierten Fotografie aber vergleichsweise wenig berücksichtigt wurde – im Gegensatz zu ihrer fast gleichaltrigen Künstlerkollegin Eileen Cowin.

Welchen Einfluß Sherman mit ihren inszenierten Porträts dafür auf nachfolgende Künstler hatte, und wie sehr ihre betont künstlichen Selbstdarstellungen ein ganzes Genre der Fotografie revolutionierten, belegen nicht nur die Arbeiten vieler Fotokünstler – etwa die absichtsvoll kitschig ausgestatteten Porträts des Fotografenpaares **Pierre et Gilles**, die futuristisch anmutenden Selbstinszenierungen **Mariko Moris** oder die Selbstporträts **Morimuras** in der Art von Gemäldeklassikern – sondern auch die Werbe- und Modebranche, in der die extrem artifizielle Bildsprache Shermans sehr häufig übernommen wurde.

9. Inszenierte Fotografie als Zeitchronik und Folge eines gewandelten Kunstverständnisses

Welche Rückschlüsse über allgemeine stilistische Merkmale Inszenierter Fotografie ergeben sich nun aus der Untersuchung der Arbeiten von Eileen Cowin, Jeff Wall und Cindy Sherman?
Auffällig ist, daß die ersten inszenierten Fotoarbeiten auf anekdotische Ereignisse zurückgehen: Jeff Wall kam die Idee zu seinen großformatigen Transparenten auf einer Busfahrt von Madrid nach London, als er Leuchtreklamen

beobachtete, und Eileen Cowin erzählt, daß ein Briefträger ein Bild ihrer Familie machte, das den Anstoß zum »Family Docudrama« gab. Aber nur scheinbar zufällig ereigneten sich die auslösenden Momente zu »Entdeckungen« der Inszenierten Fotografie, tatsächlich fielen sie in eine Zeit, in der das Fundament für derartige Veränderungen schon vorbereitet war: Fotografie wurde in den sechziger und siebziger Jahren im Kunstkontext neu diskutiert, so daß das Erfinden und Manipulieren eines Fotomotivs in der künstlerischen Auseinandersetzung geradezu anstand. Verschiedene parallel verlaufende Entwicklungen brachten es mit sich, daß die Inszenierung in der Fotografie in ihrer ganzen Konsequenz praktiziert wurde. Zu diesen Entwicklungen gehörte u. a., daß viele Fotografen und Bildjournalisten der *Straight* und *Street Photography* überdrüssig waren und nach neuen Lösungen suchten, um bewußt Einfluß auf eine Fotografie nehmen zu können.[244] Die Fotografie wurde von bildenden Künstlern als Ausdrucksmedium entdeckt, wobei entweder bereits vorhandene Bilder benutzt wurden, oder, da man nicht gewillt war, auf das Motiv zu warten, man die Bilder selbst »komponierte«.

In diesem Kontext müssen die ersten inszenierten Arbeiten von Eileen Cowin und Jeff Wall gesehen werden. Beide Künstler waren auf der Suche nach neuen Ansätzen, die die Auseinandersetzung mit dem Medium der Fotografie in der Bildenden Kunst erforderte. Dabei war ihr Ausgangspunkt zwar derselbe, ihre Vorgehensweise unterschied sich aber maßgeblich: Während Cowin schon seit Beginn der siebziger Jahre daran interessiert war, fotografische Realitäten zu untersuchen, fand Wall nach einer Phase der Orientierung, in der er nicht künstlerisch tätig war, zur Inszenierten Fotografie. Cowin experimentierte seit ihrer Studienzeit mit verschiedenen Möglichkeiten der Fotografie, die, ausgehend von einem veränderten Bildbegriff, über das bloße »Abbilden« hinausgehen sollte: Mit den »Overlays« hinterfragte sie den Moment der fotografischen Aufnahme, mit den »Kwik Proofs« arbeitete sie die objekthafte Materialität einer Fotografie heraus und mit den »Polaroid-Word-Pieces«, der »Lady Killer«- und der »One-Night-Stands«-Serie begann sie, erste Arrangements vorzunehmen. Um zu einem narrativen Bildkonzept zu finden, machte sie sich von den vorherrschenden Kunstformen frei, insbesondere von den Vorstellungen der *Street* und *Straight Photographers*, die in der Fotografie ein Abbild der faktischen Wirklichkeit sahen. Für sie war es weniger die theoretische Auseinandersetzung als das praktische Experimentieren mit den Möglichkeiten des Mediums, die sie zu ihren ersten inszenierten Bildern führte. Wie Cindy Sherman benutzte sie dazu von Anfang an die Form der Serie, die ihren Bildern eine zusätzlich narrative Struktur verleihen konnte. Von dem Wunsch, einen authentischen (oder autobiographischen) Wirklichkeitsaus-

schnitt festzuhalten, war sie weit entfernt, dafür untersuchte sie das Medium auf seine verschiedenen Ausdrucksweisen hin, von denen die Inszenierung, zu der sie 1980 kam, eine war.
Jeff Wall hingegen beschäftigte sich bis Mitte der siebziger Jahre vor allem auf theoretischer Basis mit der Fragestellung, auf welche Weise die Kunst ein angemessenes, gleichermaßen modernes wie erzählendes Ausdrucksmedium sein könne. Weder seine Experimente mit abstrakt-monochromer und ephemerer Kunst waren narrativ, noch konnte er mit »Landscape Manual« ein eigenständiges **und** erzählerisches Bildkonzept verfolgen. Erst die theoretische Beschäftigung mit Kunst und Film brachte ihn zu den Leuchtkästen, die Raum für ein solches Konzept boten. Im Gegensatz zu Eileen Cowin interessierte ihn nicht vorrangig die Thematisierung der Fotografie mit ihren beschränkten Möglichkeiten der Wirklichkeitsdarstellung. Er suchte vielmehr nach einem Medium, das sowohl in Bezug auf die Technik modern sein sollte als auch dem traditionellen Bildbegriff verhaftet. Der Einfall, die Fotografie mit dem Leuchtkasten zu verbinden, wurde seiner Suche gerecht.

Der Weg zur Inszenierung, der Umgang mit der Fotografie und das Ausloten ihrer Möglichkeiten verliefen bei Cowin und Wall jeweils sehr unterschiedlich, gemeinsam war beiden Künstlern aber der Wunsch nach einer erzählenden Kunst. Dieses Anliegen muß vor allem als Erwiderung auf die Kunst der zweiten Jahrhunderthälfte betrachtet werden: In der Kunst der sechziger und siebziger Jahre fand sich das Narrative so gut wie nicht. Minimal Art, Land Art und Concept Art boten keinen Raum für Erzählerisches. In einer eher spröden Bildsprache beschäftigten sich die vorherrschenden Kunstrichtungen mit konzeptuellen Inhalten, die des Narrativen nicht nur nicht bedurften, sondern es teilweise sogar für störend hielten.

Dafür gewann das Narrative an anderer Stelle an Bedeutung, und zwar in der kunst- und filmhistorischen Literatur. Es wurde mehrmals auf die Bedeutung des Films hingewiesen, der für die Bildende Kunst sehr einflußreich war und eine Debatte auslöste, von der auch die Fotografie – als dem Film nahestehendem Medium – nicht unbeeindruckt blieb. Hier wurde u. a. Laura Mulveys Publikationen zum »Narrative Cinema« genannt, die das Narrative als Ausgangspunkt weiterer theoretischer (hier: feministischer) Ansätze diskutierte.[245] Cowin und Wall waren sowohl mit Mulveys methodischem Vorgehen als auch mit dem Film im Allgemeinen vertraut. Während Wall zeitweise sogar als Filmemacher arbeiten wollte, setzte sich Cowin in den siebziger und achtziger Jahren intensiv mit Film und Filmliteratur auseinander – ihren eigenen Angaben zufolge verbrachte sie einen Großteil ihrer Zeit im Kino.

Das Werk von Eileen Cowin, Jeff Wall und Cindy Sherman ist somit von der Kunst der sechziger und siebziger Jahre deutlich abzugrenzen, steht dafür aber dem Film sehr nahe. Ihre Inszenierten Fotografien geben wider, was sich im Film, aber nicht mit der vorherrschenden Kunst verwirklichen läßt: das Erzählen in Bildern. Für diese neue Aufgabe war natürlich das Medium der Fotografie besonders geeignet, da fotografische Bilder allgemein visuell schnell zugänglich und folglich leicht »lesbar« sind. Dem kommen noch die großen Formate und die satte Farbigkeit entgegen, deren konsequenter Einsatz die Fotokünstler der siebziger und achtziger Jahre für sich in Anspruch nehmen können.[246] Durch Presse und Werbung an Fotografien gewöhnt, ist es in den siebziger Jahren kaum einem Betrachter mehr schwer gefallen, eine Fotografie zu »lesen« –, im Gegensatz zur reduzierten Formensprache der Minimal Art oder der amateriellen Ausdrucksweise von Concept Art.

Abgesehen von der narrativen Darstellung – die als primäres Merkmal Inszenierter Fotografie genannt und anhand der Bildanalysen bestätigt werden konnte – gehören zu den weiteren Charakteristika Inszenierter Fotografie in den siebziger und achtziger Jahren der im Bild explizit hervorgehobene Betrachterbezug. Auch dieser ist im Kontext mit den vorherrschenden Kunstrichtungen zu sehen. Minimal und Concept Art sehen einerseits eine extreme Art des Betrachterbezuges vor, andererseits eine schwer zugängliche. Obwohl der Betrachter nie unmittelbar angesprochen wird, sind ohne ihn Minimal und Concept Art kaum vorstellbar. In beiden Richtungen gibt es so gut wie nie deutliche Rezeptionsvorgaben, da der Betrachter auf einer Ebene involviert ist, die am Kunstwerk selbst nicht visuell zu erfassen ist. Anders in der Inszenierten Fotografie der siebziger und achtziger Jahre, die den Betrachter unmittelbar anspricht. Rezeptionsvorgaben wie der durch das Objektiv gesteuerte Blick zum Betrachter, die Repoussoirfigur oder der Tiefenzug sind als bewußte und leicht zu erfassende Zeichen gesetzt, mit denen sich die Künstler an den Betrachter wenden.

Schließlich fällt für die Inszenierte Fotografie auf, aus wie vielen, und ganz unterschiedlichen Inspirationsquellen geschöpft wird. Eileen Cowin, Jeff Wall und Cindy Sherman setzen sich intensiv mit bereits Vorhandenem auseinander und zeigen große Offenheit gegenüber verschiedenen Themen und Inhalten. Ohne diese Vielfalt wäre die Inszenierte Fotografie der siebziger und achtziger Jahre nicht nur undenkbar, sondern auch eines ihrer wichtigsten Charakteristika beraubt. Cindy Sherman und Eileen Cowin setzen sich in ihren Fotografien intensiv mit dem Film, vor allem dem Fernsehfilm, der Fotografie, der Malerei, der Literatur und sogar der Skulptur (in Cowins »Kwik Proofs«) auseinander, wobei motivische und/oder formale Elemente vieler Gattungen in ihr Werk einfließen. Beide Künstlerinnen übernehmen Details aus einzelnen Filmen und Gemälden, die sie in ihrem Werk neu umsetzen. Besonders Cowin reflektiert durch die Beschäftigung mit der fotoimmanenten Wirklichkeit das Medium der Fotografie per se. Inhaltlich stellen Sherman und Cowin gesellschaftspolitische Themen ihrer Zeit dar, die sie zum Teil direkt, zum Teil nur in Anspielung verarbeiten. Angefangen von der sexuellen Revolution über feministische und literarische Sujets bis zu offener Medienkritik, beziehen die Künstlerinnen fast das gesamte Themenspektrum der siebziger und achtziger Jahre in ihre Arbeit ein.

Auch Wall verarbeitet viele dieser Themen in seinen inszenierten Leuchtkastenbildern. Die Analyse von »Picture for Women« zeigte, daß Wall Gesellschaftskritik übt, indem er das Frauenbild der Kunstgeschichte ebenso wie das kapitalistische Gesellschaftssystem in Frage stellt. In anderen Arbeiten macht er auf die desolate Situation sozial unterprivilegierter Gruppen aufmerksam (»The Storyteller«, 1986) oder thematisiert auf metaphorischer Ebene gesellschaftliche Mißstände wie Gier und Korruption (»The Agreement«, 1987). Später kommen literarische Werke als Vorbilder für seine Arbeiten hinzu (»Odradek, Taboritska 8, Prague, 18 July 1994«, 1994) oder Fragen der Komposition und des Bildaufbaus (»Diagonal Composition«, 1993). Und wie bei Cowin und Sherman finden sich bei ihm Parallelen zur Malerei und zum Film: Nicht zufällig hat Wall für seine filmische Vorgehensweise den Ausdruck der »Kinematographie« gewählt und nicht zufällig werden seine Bilder als Historiengemälde, *tableaux vivants* oder fotografierte Malerei bezeichnet.

So unterschiedlich Wall, Cowin und Sherman mit den verschiedenen Inhalten umgehen, steht die Themen-, Form- und Stilvielfalt, das heißt ein umfassender intertextueller Ansatz in all ihren Arbeiten im Vordergrund. Für die Inszenierte Fotografie der siebziger und achtziger Jahre gilt somit, daß ihre Hauptmerkmale, neben dem narrativen Aufbau und dem betonten Betrachterbezug, in der formalen und inhaltlichen Vielfalt liegen. Formal sind die Bezüge zur Malerei und zum Film – Kompositionsaufbau, Größe, Ausrichtung der Fotografien als Serie etc. – bedeutend, während inhaltlich ein breites gesellschaftspolitisches Spektrum thematisiert wird. Damit zeigt sich die Inszenierte Fotografie durchaus auch postmodern, so daß die eingangs erwähnte Parallele zwischen postmoderner und inszenierter Fotografie auf jeden Fall vorhanden ist – auch wenn die sog. postmoderne Fotografie in der Regel circa zehn Jahre später angesetzt wird. Nur am Rande sei hier darauf verwiesen, daß diese thematische und stilistische Vielfalt es gelegentlich auch mit sich bringt, daß sich ein einzelnes Bildkonzept über einen längeren Zeitraum hinweg kaum erfüllt findet. Viele Fotokünstler aus der Anfangszeit Inszenierter Fotografie wenden sich

Ende der achtziger Jahre sowohl von der Fotografie als auch von der Inszenierung wieder ab, so u. a. auch Eileen Cowin.[247]

Im übrigen lassen sich die Bilder Cowins, Walls und anderer hinsichtlich der Themen- und Formvielfalt aus heutiger Perspektive auch als Zeitchronik der siebziger und achtziger Jahre lesen, da sie darstellen, was die Gesellschaft in diesen Jahren bewegte. Inszenierte Fotografie dokumentiert und analysiert gesellschaftspolitische Problematiken, was dem Wunsch der Fotografen, der Wirklichkeitsdebatte in der Fotografie ein Ende zu setzen, genaugenommen widerspricht. Auf der einen Seite ging es Künstlern darum, deutlich zu machen, daß eine Fotografie **nicht** Spiegel der faktischen Wirklichkeit sein kann, auf der anderen Seite gibt die Inszenierte Fotografie der siebziger und achtziger Jahre aber doch ein realitätsnahes Bild dieser Zeit wieder. Indem Cowin und Wall thematisieren, was tages- und gesellschaftspolitisch diskutiert wird, ob feministische, soziologische oder politische Themen, zeigen ihre Arbeiten ihre »Wirklichkeit«. Dies zwar nur thesenartig, und keinesfalls in einem analogen Verhältnis, dafür auf eine Weise, in der – durch die Inszenierung – nichts dem Zufall überlassen ist. Hierzu ist erneut auf das Verständnis von postmoderner Fotografie zu verweisen und den Begriff des Simulakrums. Es wurde behauptet (Michael Köhler und m. E. Rosalind Krauss), daß die Thematisierung des Verhältnisses von der Fotografie zur Wirklichkeit wesentliches Merkmal postmoderner Fotografie ist. Köhler konstatierte etwa, daß der Anspruch an Objektivität und Wirklichkeitstreue von den postmodernen Fotokünstlern untergraben und willentlich negiert würde. Übertragen auf die Inszenierte Fotografie läßt sich diese These durch die Bildanalysen jedoch nur zum Teil bestätigen: Eileen Cowin geht es im »Family Docudrama« zwar zum einen darum, sich von dem Authentizitätspostulat der *Straight Photography* zu befreien. Zum anderen zeigt sie aber doch »Wirklichkeit«, indem sie als Zeitzeugin aktuelle Themen ihrer Zeit aufgreift. Auch Wall bleibt mit seinen den Schnappschuß imitierenden Darstellungen »nahe bei der Wirklichkeit«, auch wenn er sich durch die artifizielle Form der Leuchtkästen deutlich von einer »realitätsnahen Fotografie« abgrenzt. Die Auseinandersetzung mit der Wirklichkeit gehört demnach nach wie vor zu den Aufgaben der Fotografie, nur handhaben Künstler der siebziger und achtziger Jahre durch die Inszenierung die Darstellung von Wirklichkeit ganz anders als noch die Fotografen der ersten Jahrhunderthälfte.

Abschließend soll noch die eingangs erwähnte, unterschiedliche Rezeption von Jeff Wall und Eileen Cowin diskutiert werden. Entsprechend der verschiedenen Vorgehensweisen der Künstler, der betonten und der dezenten Inszenierung, und

angesichts ihrer anders gearteten künstlerischen Intention wurde das Werk von Cowin und Wall sehr unterschiedlich rezipiert. Jeff Wall wurde zumindest in Europa von seiner ersten Ausstellung an von der Kunstkritik begeistert aufgenommen, während Eileen Cowin außerhalb der USA völlig unbekannt ist.[248] Die Ursachen für diese unterschiedliche Rezeption sind wiederum in erster Linie auf den veränderten Status von Fotografie zu Beginn der siebziger Jahre zurückzuführen. Während die Fotografie in den USA seit den sechziger Jahren bereits als Medium der Bildenden Kunst anerkannt war, hatte sie diesen Status in Europa noch nicht erreicht. Durch das große Format, die leuchtende Farbigkeit und die Materialität des Leuchtkastens heben sich Walls Bilder von der herkömmlichen Fotografie ab und widersprechen dem weitverbreiteten Glauben, daß eine Fotografie nichts anderes sei, als das schnelle Auslösen im richtigen Moment, notfalls auch vom Amateurfotografen. Allein der Leuchtkasten und die Größe der Transparente verleihen den Bildern eine Objekthaftigkeit, die sie von der gängigen Fotografie der sechziger Jahre unterscheidet. Hinzu kommt, daß die Transparente durch ihre klaren Kompositionen, ihre große Tiefenschärfe, und die leuchtenden, meist harmonisch aufeinander abgestimmten Farben in der Regel ausgesprochen ästhetisch wirken, ein Faktor, der die Auffassung von ihnen als »Kunstwerke« – in Abgrenzung zu einer »gewöhnlichen« Schwarzweißfotografie – noch steigert. Wall selbst behauptet auch, daß er immer bemüht ist, »schöne Bilder« zu machen.[249]
Daß die »Inszenierung« einer Fotografie als »Kunstwerk« allein durch formale Merkmale zu ihrer größeren Akzeptanz führen konnte, bestätigen auch die Arbeiten von Cindy Sherman. Sherman erfreute sich in Europa von Anfang an großer Beliebtheit, wobei auffällt, daß ihre Bilder ähnliche formale Merkmale aufweisen wie Walls Fotografien: übergroßes Format, satte Farbigkeit, harmonische Komposition und große Tiefenschärfe. Die Fotografie brauchte in den siebziger Jahren offenbar derart markante Merkmale, um überhaupt beachtet und in den Kunstbetrieb integriert zu werden, und genau darauf spielen diese beiden Fotokünstler durch die formale Inszenierung ihrer Werke an.

Ein anderer Aspekt, der die Akzeptanz von Walls Bildern sicherlich steigerte, scheint dem oben genannten Ansatz von Fotografie als »Kunstwerk« zunächst zu widersprechen. Es wurde wiederholt darauf hingewiesen, daß für Wall, anders als für Cowin, die Künstlichkeit der Darstellung nicht vordergründig ist, sondern daß seine Bilder oft wie ›Schnappschüsse‹ wirken, bzw. teilweise sogar solche sind. Diese »ungestellt« wirkende Darstellungsweise kommt dem noch immer weit verbreiteten Glauben entgegen, in Fotografien ein authentisches Abbild der Wirklichkeit zu sehen. Der Betrachter, der angesichts von Cowins Fotografien über die offensichtliche Künstlichkeit der Darstellung irritiert ist, sieht in Walls Bildern in erster Linie seine Erwartungen erfüllt, die er an die Fotografie heranträgt: Abbild von etwas zu sein, das sich vor der Kamera spontan zugetragen hat.[250] Erinnert man sich noch einmal an den Dialog, den Cowin Anfang der siebziger Jahre mit einem Betrachter ihrer Bilder führte (S. 87/88), macht die Empörung dieses Betrachters deutlich, daß er nicht gewillt war, seine Haltung gegenüber der Fotografie zu ändern, was seiner Akzeptanz von Cowins Bildern schließlich auch entgegenstand.

Mehrere Umstände kamen in den siebziger und achtziger Jahren zusammen, die zu einer größeren Anerkennung von Fotografie, und damit auch zur Entwicklung Inszenierter Fotografie führten. Walls Werk vereinte dabei von Anfang an auf beinahe widersprüchliche Weise diese Umstände – tradierte Sehgewohnheiten contra Fotografie als »Kunstwerk«. Sein Werk konnte sowohl bei den Verfechtern von »Fotografie als Kunst« als auch bei ihren Gegnern großen Anklang finden.[251]

Teil C Inszenierte Fotografie heute

Vier Positionen zeitgenössischer Fotokunst, Anna Gaskell, Sharon Lockhart, Tracey Moffatt und Sam Taylor-Wood, sollen für diese Untersuchung veranschaulichen, wie sich Inszenierte Fotografie in den neunziger Jahren und danach entwickelte, bzw. wo es Parallelen und wo es Unterschiede zu den Arbeiten der siebziger und achtziger Jahre gibt. Da es zu allen Fotokünstlerinnen bislang keine oder nur sehr wenige monografischen Publikationen gibt, wird ein Überblick über ihr Werk den Ausführungen jeweils vorangestellt.

10. Anna Gaskell: Gesteigertes Erzähltempo in Anlehnung an filmische Errungenschaften

Anna Gaskell arbeitet seit Mitte der neunziger Jahre mit Inszenierter Fotografie. 1969 in Des Moines (Iowa) geboren, besuchte sie bis 1992 das Art Institute of Chicago und bis 1995 die Yale University School of Art in New Haven, an der sie ihren Master of Fine Arts machte. Im Anschluß arbeitete sie bei dem Kindermagazin *Child*, für das sie u. a. Polaroid-Aufnahmen für Castings fotografierte. Die Zusammenarbeit mit Kindern und Jugendlichen prägte ihre Arbeit bis hin zu ihren jüngsten Fotoarbeiten entscheidend.

Gaskells erste Einzelausstellung fand 1997 in der Galerie Casey Kaplan in New York statt, an ersten Gruppenausstellungen nahm sie in den White Columns (»Portraiture«, 1996) und in der Bravin Post Lee (»Baby Pictures«, 1996) teil, beide in New York. Dem deutschen Publikum ist sie durch die Gruppenausstellungen »Power X-Change« in der Kölner Galerie Gisela Capitain, 1998, und »I Love New York: Crossover of Contemporary Art«, 1998, im Museum Ludwig, ebenfalls in Köln, bekannt. An einer Ausstellung zum Thema Inszenierter Fotografie, »Making Pictures: Women in Photography, 1975-Now«, nahm Gaskell 1997 in der Bernard Toal Gallery in Boston teil. Neben ihrer fotografischen Tätigkeit zeichnet Gaskell auch und beschäftigt sich mit Videofilmen und -Installationen (»floater«, 1997, und »magicass«, 1998). Die Künstlerin lebt in New York.

Gaskell arbeitet vor allem in Serien, von denen es bisher vier abgeschlossene gibt. Alle Serien zeigen Mädchen oder junge Frauen in einer surrealen, traumhaften

Welt ohne bestimmbare Zeit und in schwer erfaßbaren Räumen. Die Künstlerin selbst beschreibt ihre Bilder als »fiktive Geschichten, in denen sich eine Person in einer Krise befindet aufgrund der instabilen Umgebung und der Situation, mit der sie, die Person, konfrontiert ist.«[252] Häufig ist es das Thema der Gewalt, das Gaskell darstellt, und zwar Gewalt, die an Kindern und Jugendlichen verübt wird, aber auch Gewalt, die unter den Jugendlichen selbst herrscht. In ihren Bildern wird sowohl das Unbehagen, als auch die Freude kindlicher und präpubertärer Erlebnisse zum Ausdruck gebracht. Durch extreme Blickwinkel, z. B. Close-Ups oder Unter- und Obersichten, verweist die Künstlerin zudem formal auf eine Welt, die wankend, instabil und in ständiger Bewegung ist, eine Welt, wie Kinder und Jugendliche sie häufig erleben, und der sie oft hilflos ausgesetzt sind.

Die Bilder der einzelnen Serien haben ganz unterschiedliche Formate, jede Serie umfaßt relativ kleine (25,5, x 20,5 cm) bis lebensgroße (152 x 127 cm) Fotografien. In Ausstellungen will die Künstlerin durch die variierende Bildgröße und eine lose, ungeordnete Hängung der Bilder »a lazy salon style hanging« kreieren, um bewußt von dem Statischen gängiger Bildpräsentationen wegzukommen.

Bevor Gaskell mit ihrer ersten größeren Serie begann, arbeitete sie an Porträts junger Mädchen, die sie zu einem Vorsprechtermin vor ihre Kamera bat. Den präraffaelitischen Stil derjenigen Porträts nachahmend, die **Julia Margaret Cameron** einst von Alice Liddell machte (»Alethea« und »Pomona«, 1872), dem Mädchen, das dem Schriftsteller und Fotograf **Lewis Carroll** Vorbild für seine Erzählungen war, bezog sich die Fotokünstlerin mit dieser Porträtreihe explizit auf eine Inkunabel der Fotografiegeschichte.

1996 entstand die erste von Gaskells narrativ angelegten Serien, die »Wonder Series« (Farbtafel 6). Sie umfaßt zwanzig Fotoarbeiten von unterschiedlichem Format, die die Kindererzählungen von Lewis Carroll, »Alice im Wunderland« (»Alice in Wonderland«, 1865) und »Alice in den Spiegeln« (»Alice through the Looking Glass«, 1872), neu darzustellen und zu interpretieren suchen.

Der »Wonder Series« folgt die Serie »Override« (dt. über-/durchreiten, zu Schanden reiten, überanstrengen, sich hinwegsetzen über), die sich motivisch ebenfalls an Carrolls oben genannte Erzählungen anlehnt. Darüber hinaus verweist der Titel auf das Thema der Gewalt und die Möglichkeit, diese zu überwinden. Die »Override«-Bilder sind in etwas kühleren Farben gehalten als die »Wonder Series« und haben insgesamt fünf anstatt zwei Darstellerinnen. Der Ort des Geschehens um die Alice-Figur ist fast vollständig an den Rand eines Waldes verlegt, der als unheimliche Kulisse pubertärer Mädchenspiele dient. Gemeinsam ist beiden Serien, daß die Protagonistinnen junge Mädchen sind, deren ausgelassenes Spiel sich zwischen echter Freude und grausamem Vergnügen bewegt. Gaskell wählte eine geringe Aufnahmedistanz zu ihren Figuren, so daß diese fast immer vom Bildrand beschnitten sind. Dadurch erhalten die Bilder eine Schnappschußästhetik, die suggeriert, daß die aufnehmende Kamera sich inmitten der tobenden Kinder befunden hat. Ob die Mädchen »normales« kindlich spielerisches Verhalten demonstrieren, oder ob sie im Streit übereinander herfallen, ist in beiden Serien kaum zu entscheiden.

Für »Hide« (dt. sich verstecken/verbergen, Haut, Fell) von 1999 fotografierte Gaskell erneut junge Mädchen, die sich in der Übergangsphase vom Kind zum Teenager und bereits damit in einer ambivalenten Situation befinden. Der Name der Serie stammt von einem Märchen der Gebrüder Grimm (dt. »Allerleihrauh«), in dem sich ein kleines Mädchen aus Angst vor der körperlichen Zudringlichkeit seines Vaters in einen Mantel aus Tierfell (engl. hide) hüllt. Durch den Titel ist eine Deutung vorgegeben, die auf die pädophilen Neigungen eines Erwachsenen zu (s)einem Kind anspielt. Darüber hinaus läßt sich mit dem Titel auch das Versteckspiel »hide and seek« sowie die gespaltene Persönlichkeit der literarischen Filmfigur »Dr. Jekyl and Mr. Hyde« assoziieren. Alle drei Assoziationen verweisen auf die Notwendigkeit, sich im Verborgenen zu halten und zwar, je nach Deutung, ausgelöst durch Verbrechen und Gewalt oder, durch die Bedrohung der kindlichen Unschuld.
In düsterer Atmosphäre zeigt Gaskell die Mädchen in beklemmend abnormen Haltungen, wobei sie offen läßt, ob die Teenager sich selbst in ihre mißlichen Stellungen gebracht haben, oder ob sie von fremder Hand dazu gezwungen wurden. Motive wie dunkle Hauseingänge, halb geöffnete Türen oder abgedimmte Lichter beschwören zudem das Genre des Horrorfilms herauf, von dem sich Gaskell stark beeinflußt sieht.[253]

Die Protagonistinnen von Gaskells vierter Serie »by proxy«/»sally salt says« (1999) sind erneut junge Mädchen, die sich in unheimlichen und zweideutigen Situationen befinden, die an Szenen eines Horrorfilms erinnern. Die Fotografien zeigen Mädchen zwischen sieben und einundzwanzig Jahren, die weiße Krankenschwester- oder Krankenhauskleidung tragen. Sie stehen, sitzen oder liegen inmitten surreal wirkender Kulissen, entweder in der freien Natur oder in Innenräumen, die durch sonderbare medizinische Geräte Assoziationen an ärztliche Folterkammern erwecken. Der Titel »by proxy«/»sally salt says« läßt mehrere Deutungen zu: Die Bezeichnung »by proxy« verweist auf das sog. »Münchhausen-by-proxy-syndrome«, einer Abart der Hypochondrie, bei der Eltern ihr Kind von Arzt zu Arzt schicken, um mittels der Krankheit des Kindes die Aufmerksamkeit der Ärzte auf sich selbst zu lenken. Der zusätzliche Titel, »Sally Salt Says«, spielt auf die Heldin Sally Salt aus Rudolf Raspes Erzählung

»Baron Münchhausen's narrative of his marvellous travels and campaigns in Russia« (1786) an. Gaskell erinnert damit an die fantastische Kulisse, die der Lügenbaron Münchhausen einst für seine Geschichten erfunden hat, und die den Hintergrund für ihre Serie darstellt. Schließlich dachte die Künstlerin bei der Person der Sally Salt wohl auch an die amerikanische Kinderkrankenschwester Genene Jones, die 1984 des Mordes an vierzehn ihrer Schützlinge verurteilt wurde.[254] Gemäß dieser Deutung beziehen sich die Bilder wiederum auf Gewalt und an Kindern verübtes Verbrechen.

Die »Wonder-Series« (Farbtafel 6)

Die Bilder der »Wonder-Series« zeigen jeweils ein oder zwei Mädchen, die durch Kleidung und Aussehen kaum voneinander zu unterscheiden sind. Literarisches Vorbild der Mädchen ist das Kind Alice aus Lewis Carrolls Erzählungen, das zu Beginn des ersten Buches in einen Kaninchenbau stürzt, um anschließend in einer wundersamen Traumwelt zu irritierendem Bewußtsein über seine eigene Person zu gelangen. Auch Gaskells Alice wirft Fragen nach ihrer Identität auf, da die Künstlerin – anders als in der literarischen Vorlage – Alice als Zwillingspaar darstellt und bereits damit die Figur entscheidend »erweitert«.
Durch die Kleidung der Mädchen – Kleid mit Schürze, Strumpfhose und schwarze Schuhe – die an Kinderkleidung des 19. Jahrhunderts erinnert, sowie durch die Lichtverhältnisse, die einem natürlichen Lichteinfall widersprechen, wird deutlich, daß dem äußeren Bereich besondere Beachtung beigemessen ist. In den meisten Bildern herrschen starke Hell-Dunkel-Kontraste, oft mit punktueller Beleuchtung auf Gesicht oder Körper der Mädchen. Die Umsetzung einer narrativen Szene zeigt sich im Einzelbild an der Darstellung von Handlungen, die durch angeschnittene Bildmotive durchweg den Eindruck großer Aktivität vermitteln. Die Bilder suggerieren schnelle Bewegungen der Mädchen, schneller als die Kamera es hätte einfangen können. Dabei steht diese Wirkung in seltsamen Widerspruch zu der extremen Tiefenschärfe, die einen weiteren Hinweis auf die sorgfältige Inszenierung der Bilder liefert.
Neben dem Einzelbild ist es die Gesamtkonzeption als Serie, die eine narrative Struktur beinhaltet, wobei das Erzählerische vor allem durch die Verbindung zu Lewis Carrolls Alice-Erzählung hergestellt wird. Gaskell übernimmt von Carroll bekannte Motive wie den Tränensee (»Untitled # 1«), Alices Sturz (»Untitled # 3«) oder die Kaninchenohren (»Untitled # 7«), ohne jedoch einzelne Szenen direkt zu imitieren. Die Darstellung »Untitled # 1« zeigt etwa eines der beiden Mädchen vollständig angezogen in einem dunklem Gewässer, das auf den Tränensee aus Carrolls Erzählung anspielt. Anders als bei Carroll macht Gaskells Alice

aber nicht den Eindruck als würde sie ertrinken, so daß erst der Titel der Serie die Verbindung zwischen Gaskells Mädchen und Carrolls Alice deutlich macht. Die Künstlerin bezieht sich zwar auf Carrolls Erzählung, unterwirft sie aber gleichzeitig einer veränderten Darstellungsweise. Sie ist an einer Neuinterpretation der Erzählung interessiert, die Fragen nach den Bedingungen aufwirft, die eine zeitgenössische Alice in ihrer Traumwelt antreffen würde.

Von dem literarischen Vorbild abgesehen, ist die narrative Struktur der »Wonder Series« auch durch die Art und Weise der Bildpräsentation hergestellt. Zumindest ein Teil der Serie wird in der Regel immer gemeinsam ausgestellt. Durch die lose Abfolge der Fotografien und das variierende Format lassen sich die Bilder auf verschiedene Arten lesen: als Folge – etwa chronologisch nach Carrolls Erzählung –, oder ohne durchgängige Leserichtung, entsprechend einer elliptischen Erzählung, in der Zeit und Erzähler wechseln. Gaskell will mit der besonderen Art der Hängung erreichen, daß sich der Betrachter »durch die einzelnen Fotografien hindurch bewegt« wie durch eine Geschichte, so daß das Merkmal des Narrativen sich nicht nur inhaltlich, sondern auch formal erfüllt.[255] Die Betonung des Narrativen findet folglich auf mehreren Ebenen statt: durch das Spiel der Mädchen, die Form der Serie, die Hängung der Fotografien und durch die Verbindung zu Lewis Carrolls Erzählung. Indem die Künstlerin eine literarische Vorlage umsetzt, kommt sie zur originärsten Form des Narrativen, der Literatur, womit sie auf das Erbe der älteren Fotografengeneration rekurriert und es zugleich ausbaut und intensiviert. Im Vergleich zu Cowin oder Wall ist Gaskells Erzählweise aber eine andere: Die beschnittenen Bildmotive geben ein zügiges Erzähltempo vor, das Geschehen schreitet so schnell voran, daß es kaum festgehalten werden kann. Die »Wonder Series« wie auch alle weiteren Serien erinnern an die Bilder eines Vidoclips und deren schnelle Schnitte, das heißt, sie spiegeln eine Technik wider, die für das fortschrittsgeleitete Tempo der neunziger Jahre steht. Verbesserte Schnittechniken beeinflußten zunächst den filmischen Rhythmus, zeigen mittlerweile aber auch ihre Auswirkungen auf die Fotografie.

Im Gegensatz zur Betonung des Narrativen räumt Gaskell dafür der Inszenierung weniger Bedeutung ein, da sie sie weder besonders hervorhebt noch verbirgt. Die offensichtliche Anspielung auf Lewis Carroll, die Kostümierung und die verbindende Form der Serie sprechen auf den ersten Blick für eine Inszenierung, während die gezielt eingesetzte Schnappschußästhetik dagegen spricht. Durch die stark angeschnittenen Bildmotive vermitteln die Bilder zunächst den Eindruck, als seien sie spontan und ohne präzise Vorarbeit entstanden (z. B. »Untitled # 4«), doch spätestens die technische Präzision der Aufnahme und die

surreale Umgebung mit ihrer artifiziellen Beleuchtung revidieren diesen Eindruck. Im Vergleich zu Cowin, bei der die Inszenierung betont, oder zu Wall, bei dem sie abgesehen von der Leuchtkastentechnik kaum erkennbar ist, legt Gaskell weder auf das eine noch das andere Extrem besonderen Wert. Ihr Umgang mit der Inszenierung wirkt vielmehr selbstverständlicher. Tatsächlich geht es ihr auch nicht darum, den Betrachter mittels der Inszenierung zu täuschen, oder etwas darzustellen, das der empirischen Wirklichkeit entsprechen soll. Im Gegenteil behauptet sie sogar, daß die einzige Realität, die für sie zählt, die Beziehung der Schauspieler zu dem Ort ist, an dem sie sich befinden, und daß sich der Betrachter dort in acht nehmen muß, wo er sich angesichts eines angenommenen Realraumes täuschen läßt. Gaskell will einen Raum schaffen, der den Mädchen und ihrer Welt vorbehalten ist, wobei sie gar nicht den Anspruch erhebt, dieser solle objektiv sein.[256]
Die Fotografie, längst als Gattung der Bildenden Kunst etabliert, muß nicht mehr auf ihre Möglichkeiten der subjektiven oder objektiven Wiedergabe hin befragt werden, sondern kann – einmal befreit von dieser Aufgabe – als neutrales Medium dienen. Diesem Wandel entspricht auch, daß Gaskell ihre künstlerischen Wurzeln keineswegs in der Fotografengeneration sieht, die die Fotografie in den Kunstdiskurs brachte, indem sie ihre Fähigkeit der Realitätswiedergabe in Frage stellte. Zwar ist sich Gaskell der Arbeiten dieser Künstler – **Cindy Sherman, Ellen Brooks, Sandy Skoglund, Laurie Simmons, Jeff Wall** u. a. – wohl bewußt, sieht aber von ihrer Seite keinen Einfluß auf ihr Werk. Viel stärker betrachtet sie sich hingegen von Malern beeinflußt, von denen sie einfache Stilmittel wie die anamorphotische Verzerrung Hans Bellmers (z. B. in »Untitled # 14«) oder die Hell-Dunkel-Wirkung Caravaggios (z. B. in »Untitled # 17«) übernimmt.[257] Gaskells Selbsteinschätzung gegenüber diesen Einflüssen demonstriert, daß sie der Fotografie als Bildträger und der Inszenierung als methodisches Vorgehen offenbar eine weit geringere Rolle einräumt als inhaltlichen oder stilistischen Fragen. Sie nutzt die Fotografie, um Bilder einer bestimmten Thematik zu produzieren – ohne unmittelbar immanente Wesenszüge des Mediums herauszustellen.

11. Sharon Lockhart: Der veränderte Umgang mit der Erzählung im Bild

Im Katalog der Ausstellung »Cinéma, Cinéma. Contemporary Art and the cinematic experience« wird eine Fotografie (Abb. 18) der kalifornischen Fotografin Sharon Lockhart wie folgt beschrieben:

Abb. 18 Sharon Lockhart, *Untitled*, 1996

> *Untitled (1996), a photograph of a boy about sixteen, is set in a space that looks very much like a hotel room at night. At first glance, the image reveals nothing out of the ordinary. Just a boy in a hotel room. But the way in which the boy has been photographed suggests that there's more to the story. The photo is too perfect, in a technical sense, to have been a spontaneous snapshot. We note the light that skims the clothing while leaving his face in partial darkness; the look on the face, which expresses so much but reveals so little (do his eyes show alarm or resignation?); and the sophisticated cut-out or framing that exposes just enough, but not too much, of the room. Lockhart prepares her photographs as if making a Hollywood movie, with the use of storyboards, lighting experts, special make-up artists, movement consultants, set dressers and the like. Such elements result in a photograph that, as a fixed shot, is filled with the potency of a before and an after. It is the combination of these technically perfectly applied cinematographic resources and the non-event of the scene – in general, Lockhart's photographs are totally lacked in action – that makes the viewer tend to project his own story onto what he sees.*[258]

In dieser kurzen Beschreibung sind sämtliche Merkmale zur Definition einer Inszenierten Fotografie angeführt: Der Essayist geht zunächst ausführlich auf den äußeren Bereich ein, erläutert dann Lockharts filmische Vorgehensweise, um schließlich das Ergebnis ihres Vorgehens zu benennen, eine Fotografie, die die Möglichkeit zu einem Vorher und Nachher enthält. Allein die zeitliche Spanne verweist dabei auf eine narrative Struktur. Mit der Bemerkung, daß der Betrachter versucht, seine eigene Geschichte auf die Fotografie zu projizieren, wird sogar das letzte Merkmal Inszenierter Fotografie genannt, der Betrachterbezug.

Sharon Lockharts Werk weist auf den ersten Blick weniger einheitliche Merkmale auf als das ihrer Zeitgenossinnen. Bei genauer Betrachtung offenbart es aber eine Vorgehensweise, die trotz unterschiedlicher Ansätze ein einheitliches Ziel verfolgt: das Aufzeigen der komplexen Beziehung zwischen verschiedenen Disziplinen, insbesondere zwischen Fotografie und Film sowie die Auseinandersetzung mit den Phänomenen Zeit und Dauer.

Lockhart, 1964 in Norwood (Massachusetts) geboren, besuchte bis 1991 das San Francisco Art Institute und anschließend das Art Center College of Design in Pasadena (Kalifornien). Die Künstlerin lebt in Los Angeles.
Zu Lockharts ersten Arbeiten gehören die Porträtfotografien »Shaun« (1993, Abb. 19), der Film »Khalil, Shaun, A Women Under the Influence« (1994) und die fünfteilige Fotoserie »Audition« (1994). Diesen Arbeiten folgte 1994 eine Serie »re-fotografierter Schnappschüsse« aus Lockharts eigenem Familienalbum (»Untitled Study«/re-photographed snapshot) sowie Porträtstudien von Jugendlichen in der Natur (»Lily/Approximately 8 a.m. Pacific Ocean«, 1994 oder »Julia – Thomas«, 1994). 1996 arbeitete Lockhart an einer Reihe von Einzelbildern, die wie die oben beschriebene Fotografie Jugendliche in ruhigen und scheinbar gedankenverlorenen Posen zeigen.
Viele Arbeiten Lockharts entstehen als großformatige Fotografien und als Filme. So führte die Künstlerin die Fotoarbeit »Shaun« im Film weiter und entwickelte aus dem Film »Goshogaoka« (10 min, 1997), der eine Basketballmannschaft japanischer Mädchen zeigt, die Fotoserie »Goshogaoka Girls Basketball Team« (1997). Neben den (inszenierten) Fotografien, die die Mäd-

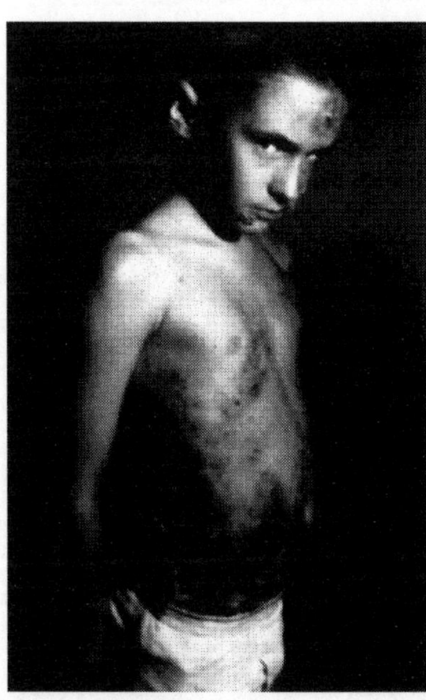

Abb. 19 Sharon Lockhart, *Shaun*, 1993

chen in Posen zeigen, die sie sich selbst nach (Presse)Fotografien ihrer Vorbilder aussuchten, entstanden zu dem Thema des choreographierten Baskettballspiels auch tatsächliche Filmstills mit Szenen, die den Film eins zu eins wiedergeben.[259]

Die ersten Arbeiten Lockharts kreisen um das Genre der Fotografie im Bereich der Medizin und ihre Verbindung zum Film. Medizinfotografie wird häufig im Film, insbesondere im Horrorfilm adaptiert, ein Umstand, den sich Lockhart für ihre Arbeit zunutze macht. Der nüchterne Blick auf obskure Hautkrankheiten in den Arbeiten »Shaun« (Abb. 19) und »Khalil, Shaun, A Women under the Influence« erinnert an körperliche Mutationen wie sie in Horrorfilmen häufig vorkommen. Gerade das körperlich Unwiderlegbare der Medizinfotografie läßt sich gut mit den Grausamkeiten des klassischen Horrorfilmes kombinieren. Die Krankheit und ihr abstoßender Anblick wird von Lockhart allerdings in dem Augenblick objektiviert, in dem sie zeigt, daß es sich bei den Hautgeschwüren um bloße maskenbildnerische Eingriffe handelt. Lockharts Interesse an der Medizinfotografie gilt weniger dem Motivischen als der Überkreuzung verschiedener Genres (Medizin und Horrorfilm) innerhalb einer oder mehrerer Gattungen (Film und Fotografie).
Seit Ende der neunziger Jahre arbeitet Lockhart auch mit weiteren Disziplinen, in denen die Fotografie zu Studienzwecken eingesetzt wird. So traf die Künstlerin für ihre 1999 entstandene Arbeit »Teatro Amazonas«[260] mit Ethnologen und Anthropologen zusammen und nutzte deren dokumentarische Vorgehensweise für ihre eigene Arbeit. Indem Lockhart sowohl filmt als auch fotografiert und dabei verschiedene Genres miteinander mischt, deckt sie nicht nur die Bezüge der verschiedenen Medien zueinander auf, sondern unterwirft auch ihre eigene Arbeit einem interdisziplinären Ansatz.

»Audition I bis V« (Farbtafel. 7)

In den fünf Bildern der Fotoserie »Audition« (dt. Vorsprechen, -singen oder -spielen) geht es um die Verflechtung zweier Medien, Film und Fotografie, sowie um das Ineinander-Übergreifende verschiedener Bereiche (Casting-Call-Aufnahmen, Filmstills etc.). Die Fotografien zeigen jeweils eine Kußszene, die Lockhart mit insgesamt neun Kindern nach einer Szene aus François Truffauts Film »L'argent de poche« (»Taschengeld«, 1976) nachgestellt hat. Jeweils ein Junge und ein Mädchen im Alter zwischen acht und elf Jahren stehen sich in einem Treppenhaus gegenüber und küssen sich. Die verschiedenen Titel der Fotografien geben die Namen der Kinder an (Audition One – Five: Simone und Max, Darija und Daniel, Amalia und Kirk, Kathleen und Max, Sirushi und

Victor), womit die Arbeit dokumentarische Züge erhält, da nahegelegt wird, daß es sich bei der gleichen Szene mit wechselnden Darstellern um reale Vorsprechaufnahmen handelt.
Alle fünf Bilder sind von der gleichen Kameraposition aus aufgenommen, ein formal-ästhetisches Mittel, das Lockhart häufig einsetzt, um ihrem Werk eine äußere Ordnung zu geben. Die Kinder stehen auf einer Treppe einander frontal gegenüber. Während die Jungen entweder die Schultern oder den Oberarm der Mädchen umfassen, legen die Mädchen ihre Arme um die Taille ihrer Partner oder lassen sie am Körper herabhängen. Die Jungen nähern sich den Mädchen jeweils von rechts, um sie auf die Backe zu küssen, wobei sie ihren Partnerinnen mal mehr und mal weniger nahekommen. Zwar wirkt manch einer von den vier Jungen (– der Junge Max küßt in Audition One und Four, eine Doppelbelegung, die deutlich macht, daß es sich bei den Kindern nicht um reale Pärchen handelt –) etwas forscher als die Mädchen, aber in keinem Fall ziehen die Jungen die Mädchen wirklich fest an sich – ganz im Gegenteil zeigen die Gesten der kleinen Paare auf allen Bildern große Zurückhaltung, kindliche Unerfahrenheit und Zartheit. Zwischen dem ersten (»Audition One, Simone and Max«) und dem letzten Bild (»Audition Five, Sirushi and Victor«) ändern sich in den Fotografien die Lichtverhältnisse minimal. Während im ersten Bild der gekachelte Steinboden der Treppe noch von Sonnenflecken überflutet ist, sind auf dem letzten Bild der Serie kaum mehr Lichtreflexe zu erkennen. Das Licht im Eingangsbereich des Treppenhauses nimmt im Verlauf der Serie ab, und läßt den Hintergrund der Kußszene insgesamt dunkler werden.
Die Bilder erwecken insgesamt den Eindruck, als würde es sich um Probeaufnahmen zu einem Film handeln oder als würde hier ein Casting dokumentiert. Auch der Titel suggeriert, daß die Fotografien Aufnahmen sind, die beispielsweise einem Filmregisseur zur Auswahl seiner Schauspieler vorgelegt werden. Tatsächlich sind die Bilder aber weder im Zuge eines Vorsprechtermins entstanden, noch wollte Lockhart einen Film drehen. Vielmehr nimmt die Künstlerin auf einen bereits vorhandenen Film Bezug, um eine fotografische Re-Inszenierung zu machen, ohne von dem Film selbst ein Remake zu produzieren.

Eine kurze Analyse der Bilder kann Lockharts Ansatz verdeutlichen und die komplexe Beziehung von Film und Fotografie in ihrem Werk aufzeigen. Die szenische Ausstattung der Darstellungen zeigt sich vor allem in der Motivwiederholung und ihrer Anlage als Serie oder Reihe. Dagegen findet sich eines der Indizien, das in der Regel auf eine Inszenierte Fotografie hinweist, nämlich die sorgfältige Lichtregie, in den Bildern – zumindest auf den ersten Blick – nicht; die Sonnenreflexe am Fuße der Treppe deuten auf natürliches Licht hin, so daß die Szene im Treppenhaus sogar relativ dunkel ist, was dem Kunstlicht

der meisten Fotoinszenierungen entgegensteht. Nur die Kinder in »Audition IV + V« sind so gut beleuchtet, daß eine Ausleuchtung der Räumlichkeit von seiten der Künstlerin wahrscheinlich ist.
Läßt man das Licht unberücksichtigt, verweist auch das große Format der Bilder (124,5 x 155 cm) auf die Ausstattung des äußeren Bereichs, da hier offensichtlich eine Großbildkamera benutzt wurde. Im übrigen macht Lockhart ihre Aufnahmen meist nicht selbst, sondern beschäftigt – wie u. a. Tracey Moffatt – einen berufsmäßig gelernten Fotografen.
Bezüglich der Umsetzung einer narrativen Szene, ist zwischen dem Einzelbild und der gesamten Bildreihe zu unterscheiden. Im Einzelbild ist es das Küssen, das den Bildern ihre narrative Struktur in Form einer Handlung verleiht. In der Fotoserie als Ganzes wird diese Möglichkeit einer weiterführenden Handlung aber aufgehoben, da sich das Geschehen, anstatt fortzulaufen, stetig wiederholt. Lockhart zeigt mehrmals den Kuß in minimal variierenden Posen, womit sie die Möglichkeit, sich ein Vorher und ein Nachher der Szene vorzustellen, von vornherein unterbindet. Die narrative Potenz der Einzelszenen wird in Frage gestellt – das Serielle macht die Inszenierung auf den Moment des Kusses deutlich. Zwar nimmt Lockhart die Form einer Fotogeschichte auf, kehrt deren eigentliche Intention, das Erzählen, aber um.

Ein kurzer Blick auf die Fotoserie kann Lockharts ungewöhnliche Umgangsweise mit diesem Genre verdeutlichen: Fotoserien als Inszenierte Fotografien hat es in der Fotografiegeschichte häufig gegeben, neben trivialen Formen wie der italienischen *fotoromanza*, ist hier vor allem **Duane Michals** zu nennen, der für seine mystisch-verträumten Geschichten dieses Genre nutzte. Im Unterschied zu Michals zeigt Lockhart in ihrer Serie aber keine fortlaufende Handlung, sondern bringt im Gegenteil die Handlung, den Kuß, immer wieder an denselben Punkt zurück. Lockhart arretiert die Handlung, indem sie einen Moment, die Kußszene aus Truffauts Film, »einfriert«, keineswegs aber im Sinne der *Street Photography*, sondern als Augenblick, dem das Prägnante durch seine Wiederholung genommen wird. Dafür führt sie das Bildgeschehen auf andere Weise weiter, indem sie das sich verändernde Licht mit abbildet: Das Licht auf dem Treppenhausboden variiert in allen fünf Fotografien, so daß bei eingehender Betrachtung offensichtlich wird, daß die Fotografien in einer Zeitspanne entstanden sind, in der sich das Licht mit der wandernden Sonne änderte. Dieser Zeitraum läßt sich auch als ›erzählte‹ oder ›fotografierte Zeit‹ bezeichnen, da die Zeit der Aufnahme der dargestellten Zeit entsprechen muß – tatsächlich sind die Fotografien auch an einem Tag, mit fortlaufend wandernder Sonne entstanden. Die »Audition«-Serie knüpft damit an formale Mittel einer Erzählung an, ohne im eigentlichen Sinn narrativ zu sein. In ihrer Form als Serie dokumentieren die Bilder vor allem das Verstreichen von Zeit.[261] Was Lockhart darstellt, ist dort erzählerisch, wo man es am wenigsten erwartet, in der kaum merklichen Veränderung der Lichtverhältnisse, in die die Künstlerin nicht eingegriffen hat. Lockhart spielt mit den Erwartungen des Betrachters, indem sie seine Vorstellungen von einer fortlaufenden Bildgeschichte erst einmal enttäuscht, um ihn dann glauben zu machen, daß es sich bei den Bildern um eine Dokumentation handelt. Je nach Auslegung ließe sich in den Fotografien der »entscheidende Augenblick« oder eine sachliche Dokumentation sehen. Erst weitere Überlegungen machen deutlich, daß Lockhart weder dokumentiert (etwa die schauspielerischen Fähigkeiten der Kinder) noch erzählt (z. B. von Truffauts Film). Ihre Fotografien sind vielmehr in einem Grenzbereich zwischen Dokumentation und Inszenierter Fotografie anzusiedeln. Wie bei der Auseinandersetzung mit der medizinischen Fotografie geht es ihr darum, die Überkreuzung verschiedener Disziplinen darzustellen und daraus etwas Neues zu schaffen, in diesem Fall ein alternatives narratives Modell.

In Hinsicht auf den Betrachterbezug als weiteres Merkmal Inszenierter Fotografie, behauptet Lockhart selbst, »daß es etwas gibt, was [sie] einen Beitrag von [ihrer] Seite nennen würde, [...] die Art und Weise, wie [ihre] Arbeit den Betrachter emotional beteiligt.«[262] Tatsächlich ist etwas an ihren Fotografien, das sich einer detaillierten Beschreibung entzieht, und das dennoch von Kritikern häufig hervorgehoben wird, wobei diese Äußerungen – zwangsläufig – selten über vage Andeutungen hinausgehen.[263] Das schwer Faßbare in Lockharts Arbeit läßt sich am besten mit dem auch von der Künstlerin verwendeten Begriff des Emotionalen umschreiben, da ihre Bilder eher Gefühle wachrufen, als daß sie sich rational erfassen lassen. Sowohl die Motive selbst als auch das Aufbereiten dieser Motive rufen Reaktionen hervor, die sich vor allem auf emotionaler Ebene abspielen. Dazu können auch noch einmal die anfangs erwähnten Foto- und Filmarbeiten, »Shaun« und »Khalil, Shaun, A Woman under the Influence«, angeführt werden, die zwei Jungen zeigen, die vom Ausdruck und ihrer körperlichen Reife her sehr kindlich und natürlich wirken. Im Kontrast dazu stehen die Körper der Jungen, die von Furunkeln übersät sind und damit auf folgenschwere Krankheiten verweisen. Der Betrachter ist über die Hautgeschwüre aber nur solange irritiert, bis er begreift, daß es sich bei den Verunstaltungen um maskenbildnerische Eingriffe handelt. Seine Reaktion bewegt sich daher von Mitleid zu Erstaunen darüber, daß die Krankheit den Jungen nichts auszumachen scheint, bis zum Erkennen der Maskerade und der letztendlichen Erleichterung darüber. Es ist nicht nur das Motiv der grausamen Hautmutationen, sondern auch die Präsentation dieses Motivs, die den Betrachter gleichermaßen berührt wie irritiert.

Ähnlich zwiespältige Gefühle bringt man den Kinderküssen der »Audition«-Serie entgegen. Auf der einen Seite birgt der Anblick von Kindern, die sich zärtlich küssen etwas Rührendes, auf der anderen Seite ist dieses Gefühl der Rührung schwer mit der fünffachen Wiederholung des Motivs in Einklang zu bringen. Dem ersten Eindruck, den man beim Anblick der Bilder hat, wird somit etwas entgegengesetzt, das diesen Eindruck nicht bestätigt, aber auch nicht widerlegt. Schließlich nimmt auch der Umstand, daß sich gleich fünf Kinderpaare küssen, den einzelnen Bildern nicht die Aufrichtigkeit, die man in jedem Kuß zu spüren glaubt.

Die Analyse der »Audition«-Serie zeigt, daß Lockharts Fotografien inszeniert sind, bestimmte Merkmale wie die Umsetzung einer narrativen Szene in ihrem Werk aber anders funktionieren als in den bisher untersuchten Arbeiten von Cowin, Wall oder Gaskell. Lockhart geht es weder um eine Neudefinition des Mediums hinsichtlich seiner Glaubwürdigkeit noch um inhaltliche Aspekte, die sich durch die narrative Form besonders gut darstellen lassen. Sie arbeitet zwar mit narrativen Strukturen, aber ohne im eigentlichen Sinn zu »erzählen«, vielmehr stellt sie dar, auf welche verschiedene Arten eine Erzählung im Bild funktionieren kann. Damit führt sie die inszenatorischen Techniken der älteren Fotografengeneration formal weiter, legt ihnen aber zugleich ein verändertes Verständnis zugrunde, indem sie dem Geschichtenerzählen an sich kaum Wert beimißt – im Gegensatz zu den Möglichkeiten alternativer Erzählformen.

12. Tracey Moffatt: Emotion, Dramatik und Erzählung in stilistischer Vielfalt

Meine Arbeiten sind voller Emotion und Dramatik, und diese Dramatik läßt sich erreichen, indem man eine Erzählung zugrunde legt.[264]

Mit dieser Aussage beschreibt Tracey Moffatt bereits ein wesentliches Charakteristikum ihres Werkes, die Tatsache, daß ihre Arbeiten auf Erzählungen aufbauen. Moffatts Fotografien wirken meist sehr artifiziell, so daß eine Inszenierung schon durch den äußeren Bereich (z. B. gemalte Kulissen) und ungewöhnliche Techniken (u. a. Offsetprints, Fotogravüre, Schwarzweißfotografien mit starker Tönung) naheliegt. Außerdem arbeitet die 1960 in Brisbane (Australien) gebürtige Künstlerin ausschließlich in narrativ angelegten Serien.
Seit ihrem Abschluß 1982 am College of Art in Brisbane im Fachbereich visueller Kommunikation ist Tracey Moffatt als Fotokünstlerin und Filmemache-

rin tätig. Neben ihren Fotoarbeiten entstehen kommerzielle Videos (z. B. ein Musikvideo für die Popgruppe INXS), Kunstvideos (»Heaven«, 1997) und Spielfilme (»Bedevil«, 1993). Wie Sharon Lockhart tritt auch Tracey Moffatt als Regisseurin auf, das heißt sie setzt ihre Ideen mit professionellen Teams um, engagiert Kameraleute, Fotografen, Choreographen und Schauspieler.

Tracey Moffatts erste Fotoarbeit, »Something More« (Abb. 20), entstand bereits 1989, war aber erst seit Mitte der neunziger Jahre auf zahlreichen Ausstellungen auch außerhalb Australiens zu sehen.[265] »Something More« umfaßt neun Fotografien (sechs Cibachrome und drei Schwarzweißfotografien, jeweils circa 100 x 130 cm), die Szenen aus dem Leben einer jungen Frau zeigen. Die Frau, dargestellt von der Künstlerin selbst, macht sich auf, ihre provinzielle Heimat zu verlassen, kommt dabei aber zu Tode, bevor sie ihr Ziel erreicht. Auffällige Details, die sich in den Bildern wiederholen (Koffer, Peitsche, ein Lamékleid etc.) weisen auf eine fortlaufende Geschichte hin, die sich in einem begrenztem Zeitraum abspielt. Moffatt erklärt die intendierte Lesart ihrer Fotoserien folgendermaßen:

> *Meine Erzählungen sind meistens sehr einfach, aber dann verforme und verbiege ich sie. [...] Es gibt keine traditionelle Ordnung mit Anfang, Mitte und Ende. Man kann in der Gegenwart beginnen und dann in die Vergangenheit gehen und wieder in die Gegenwart zurückkommen – es ist ein Spiel mit Raum und Zeit.*[266]

Verschwommene Konturen in einzelnen Fotografien der Serie und eine stark variierende Distanz der Kamera zum Bildgeschehen weisen auf heftige Bewegungen hin und unterstützen den Eindruck des Erzählerischen. Auffällig ist der Kontrast zwischen einem eindeutig konstruierten Hintergrund und fragmentarischen Bildausschnitten, beides ist typisch für Moffatts Inszenierungsstil. Während die angeschnittenen Bildmotive suggerieren, daß es sich um spontan entstandene Fotografien handelt, stehen die gemalten Kulissen und eine extrem künstliche Farbgebung der Vorstellung von »Schnappschußfotografie« entgegen. Nach »Something More« entsteht 1991 die sechsteilige Serie »Pet Thang«, die motivisch sehr reduziert ist. Vor dunklem Hintergrund heben sich ein Stofftier und eine weibliche Figur in grüner und roter Farbe ab. Vergleichbar mit Cowins Bildern aus den Jahren 1987/88 und 1997 hebt der schwarze Hintergrund die punktuell beleuchteten Motive zwar hervor, verschluckt zugleich aber jede möglicherweise angedeutete Handlung. Eine Einordnung dieser Bilder als »Inszenierte Fotografien« ist daher fragwürdig.
»Pet Thang« folgt 1994 die Fotoserie »Scarred for Life« (Farbtafel 8), die Moffatt 1999 noch einmal erweitert (»Scarred for Life II«).

Abb. 20 Tracey Moffatt, *Something More*, 1989

Angeregt durch einen Aufenthalt in San Antonio (Texas), wo die Künstlerin mit amerikanischen Sportarten vertraut wurde, arbeitete Moffatt 1995 an der zehnteiligen Serie »Guapa (Goodlooking)«. »Guapa« zeigt fünf Frauen bei einem »Bladeroller Derby« (Rollschuhrennen), einer Sportart, die sich in den siebziger Jahren in den USA großer Beliebtheit erfreute. Zwar stellen die Bilder motivisch die Dokumentation eines Roller Derbys dar, durch ihre ungewöhnliche Technik und ihr Format (jeweils 80 x 104 cm, d. h. Großformate, überbelichtete Schwarzweißfotografien mit starker rötlicher Tönung) stehen sie der neutralen Aufnahmetechnik von Dokumentarfotografie aber entgegen. Tatsächlich hat Moffatt die Szenen nicht nur im Studio nachstellen lassen, sondern sie zuvor sogar auf einem Storyboard angelegt, um nichts dem fotografischen Zufall zu überlassen.

Die folgende Serie, »Up in the Sky« von 1997, ist wie »Guapa« in monotoner Farbigkeit gehalten. Sie besteht aus insgesamt fünfundzwanzig Fotografien, die motivisch ganz unterschiedliche und nicht eindeutig zusammenhängende Darstellungen zeigen, u. a. Männer, die miteinander ringen, Nonnen, die einer Frau ihr Kind wegnehmen oder Menschen, die Autowracks zerkleinern. Der fehlende Zusammenhang macht die Lesart der Bilder als Geschichte und ihre Deutung schwierig. Viele Bilder der Serie weisen auf eine Auseinandersetzung mit der australischen Kultur und Gesellschaft hin. So spielt die Fotografie mit den Nonnen etwa auf die australischen Adoptionsgesetze an, die vorsahen, daß weiße Familien – auch gegen den Willen von Eltern und Kindern – Aboriginals adoptieren sollten, um die Integration der Ureinwohner zu gewähren.[267] Zu »Up in the Sky« gehören auch spontan aufgenommene Fotografien, wobei die Unterscheidung zwischen der Inszenierung im Studio und dem »Schnappschuß« für den Betrachter kaum nachvollziehbar ist. Die Bilder können auch als soziale Dokumentation bezeichnet werden, da Moffatt vornehmlich Menschen bei der Arbeit oder im alltäglichen Leben zeigt, ohne, daß die Inszenierung für den Inhalt von Bedeutung ist.

Mit »Some Lads« (1986/98) behandelt Moffatt ein Thema, das sie bereits 1986 beschäftigte: Die in schwarzweiß aufgenommenen Bilder der Serie imitieren auf spielerische Art den Stil **Robert Mapplethorpes**, indem sie in einer Art sachlichen Erotik jugendliche, farbige Tänzer zeigen, die mit sichtbarem Stolz ihre schönen Körper vor einer mit Stoff abgehangenen Wand präsentieren. Auch mit der »Backyard-Series« von 1998 zitiert sich Moffatt selbst. Hier ergänzt sie allerdings nicht die Serie durch weitere Bilder, sondern reproduziert Fotografien, die sie bereits als 14-jährige von ihren Spielgefährten aufgenommen hat.

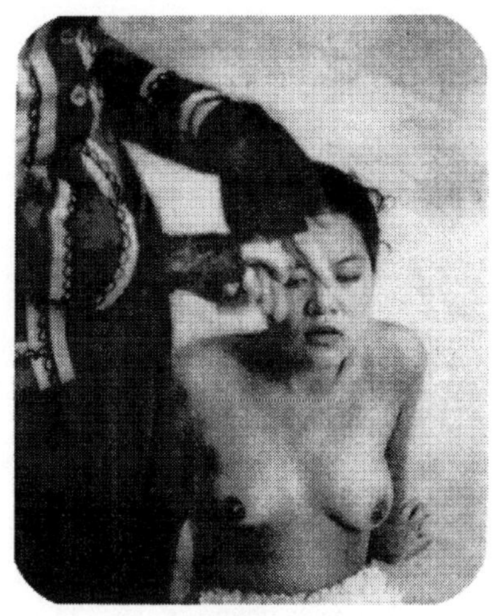

Abb. 21 Tracey Moffatt, *Laudanum*, 1998

In der 1998 entstandenen Serie, »Laudanum« (Abb. 21), mit insgesamt neunzehn Bildern ahmt Moffatt den Stil piktorialistischer Fotografien nach. Unübliche Bildformate (Halbkreis, Rechteck mit abgerundeten Ecken etc.), matte Schwarzweißabzüge sowie eine Oberflächengestaltung, die an die Abzüge angekratzter Glasplattenaufnahmen erinnert, lassen die Fotografien eigentümlich antiquiert erscheinen, eine Wirkung, die durch die Technik der Fotogravure noch unterstützt wird. Neben der altertümlichen Technik läßt das Bildthema den Geist viktorianischer Zeit aufleben: Die Bilder erzählen von einer Frau, die in einer Herrschaftsvilla halb als Dienstbotin, halb als Sklavin gehalten wird, während sie in einem zweideutigen, offenbar erotischen Verhältnis zu ihrer Herrin steht. Umgebung und Motive erwecken dabei Assoziationen an koloniale Verhältnisse des 19. und frühen 20. Jahrhunderts.

Moffatts jüngste Serie, »Fourth«, simuliert die Wettkampfsituation der olympischen Spiele in Sydney 2000 und zeigt jeweils den Gewinner bzw. Verlierer des 4. Platzes.

Der kurze Überblick zeigt, daß zu den bedeutendsten Kennzeichen von Moffatts Werk die stilistisch vielseitige Darstellungsweise, der Gebrauch verschiedenster Techniken, das (Selbst-)Zitat und unterschiedlichste Themengebiete gehören. Moffatt bewegt sich nicht nur selbstverständlich zwischen den Medien Film und Fotografie (und hier sogar noch zwischen angewandten Arbeiten und bildender Kunst), sondern wendet vor allem viele verschiedene Techniken, Genres und Stilebenen an. Sie selbst behauptet auch, daß sie keinen identifizierbaren Stil habe, da sie nie zweimal das selbe mache[268] – mit Ausnahme von »Scarred for Life II«. Tatsächlich lassen sich Moffatts Bilder nur schwer ein und derselben Künstlerin zuordnen, da sie abgesehen von der Form der Serie und der häufig von Auslassungen geprägten Erzähltechnik kaum Gemeinsamkeiten zeigen.

»Scarred for Life« (Farbtafel 8)

Die Analyse von »Scarred for Life« (1994) kann Moffatts Arbeitsweise und ihre verschiedenen inhaltlichen Anliegen verdeutlichen: Die neunteilige Fotoserie erhält bereits durch ihre fotografische Qualität ein besonderes Aussehen. Als Offsetprints auf dünnem, cremefarbenem Papier mit aufgehellten Farben weisen die Bilder das farbliche Erscheinungsbild einer vergrößerten Magazin- oder Zeitschriftenseite auf. Jede der farbigen Fotografien ist mit einem kurzem Text und einer Überschrift versehen, die das Bildgeschehen in den Zeitraum von 1956 (»The Wizard of Oz, 1956«) bis 1977 (»Telecam Guys, 1977«) datiert. Durch einen breiten Balken über und unter der Fotografie und der Kombination aus Text und Bild ahmt Moffatt den Stil des amerikanischen *Life*-Magazins und sein Layout aus den sechziger Jahren nach.
Alle Bilder der Serie zeigen alltägliche Begebenheiten aus dem Leben von Kindern und Jugendlichen, die in Verbindung mit dem Text psychische und physische Verletzungen offenbaren. Da die Figuren häufig vom Bildrand beschnitten sind, wirken die Fotografien auf den ersten Blick wie Schnappschüsse. Die Sicht auf das Bildgeschehen gleicht der Perspektive eines beiläufig Vorbeigehenden, so daß allein durch die Wahl des Bildausschnitts der Eindruck des Zufällig-Spontanen entsteht. Die Arbeit »Doll Birth. 1972« (1994) zeigt z. B. zwei am Boden hockende Jungen, die mit einer farbigen Puppe eine Geburt nachspielen. Die Aufnahme ist vogelperspektivisch, und der Blickwinkel suggeriert, daß eine größere Person die Szene *en passant* gesehen (und aufgenommen) hat. Der beigefügte Text erklärt, daß die Mutter die Jungen beim Spiel mit der Puppe überraschte und ihnen deshalb verbot, zukünftig miteinander zu spielen (»His mother caught him giving birth to a doll. He was banned from playing with the boy next door again.«). Nach Moffatts eigenen Angaben gehen die gestellten Szenen der Serie auf wirkliche, oft tragikomische Kindheitserlebnisse von Moffatts Freunden oder ihr selbst zurück.[269] Aber trotz dieses realen Bezuges geht es der Künstlerin nicht darum, autobiographische Erlebnisse festzuhalten, da die Geschehnisse auf so typisierende Weise vereinfacht sind, daß sie die Sorgen, die Ängste und die innere Verletzbarkeit vieler Jugendlicher festhalten.

Daß es sich bei den Fotografien um Inszenierte Fotografien handelt, ist leicht nachvollziehbar: Der Text und das ungewöhnliche Layout sind dem äußeren Bereich zuzuordnen, für den sich hier die Ausstattung erstmals nicht nur auf das Bildgeschehen, sondern auf die gesamte Aufmachung der Fotografie bezieht.
Die narrative Struktur der Bilder ergibt sich ebenfalls aus den den Bildern zugeordneten Texten, da zur dargestellten Handlung jeweils eine weitere beschrieben wird, die das Bildgeschehen fortführt oder ergänzend erläutert. Indem alle Texte in der Vergangenheitsform verfaßt sind, wird die Handlung in einen

abgeschlossenen zeitlichen Rahmen verlegt. »Doll Birth. 1972« verweist in Kombination mit dem Text etwa auf mehrere Handlungen im Jahr 1972, die eine narrative Struktur voraussetzen. Dabei spielt Moffatt hier, ähnlich wie zuvor Eileen Cowin, mit dem Augenblick der höchsten Spannung. Zwar stellen alle Bilder der Serie Szenen dar, in denen die Protagonisten eher zu reflektieren scheinen als aktiv zu handeln, jedoch wird durch den begleitenden Text deutlich, daß diese Reflexion auf ein inneres oder äußeres Drama hinführt. Jedes Bild erzählt von einer Verletzung, die eine Reaktion von Seiten der Kinder erfordert. Auch in dieser Spannung liegt etwas von der narrativen Kraft der Bilder, da der Betrachter kaum umhin kann, sich den Fortgang des Geschehens vorzustellen. Der beschreibende Text kann dabei nur die Funktion haben, sich an einen imaginären Betrachter zu wenden.

Indem sich Moffatt mit dem Layout der Bilder am Stil des *Life*-Magazins orientiert, übernimmt sie formal eine Art der Aufbereitung, die sie inhaltlich mit ihren eigenen Themen besetzt. So greift sie mit dem Zeitschriftenlayout auf die Printmedien zurück – komplexere Zusammenhänge lassen sich in der Kombination von Bild und Text schneller erfassen –, die wesentlich dazu beigetragen haben, die Fotografie für das Pressewesen zu etablieren. Moffatt stellt eine Verbindung zum Bildjournalismus der sechziger Jahre her, um dann durch das Unspektakuläre der Motive deutlich zu machen, daß es sich bei ihren Bildthemen um eigene Bilderfindungen handelt, die zudem im Ausstellungskontext ohnehin ganz anders wahrgenommen werden. Die Serie verweist zwar formal auf das Zeitungswesen, in den Bildern selbst kommen aber ganz andere Themen zum Ausdruck. Neben dem Aufzeigen jugendlicher Verletzbarkeit sind es existentielle Themen wie Geburt, Kindheit, Sexualität, Arbeitslosigkeit oder mangelnde Integration von Minderheiten, die in diesen wie auch in anderen Bildern Moffatts dargestellt werden. Mit der Thematisierung dieser Konflikte macht sich die Künstlerin zur Fürsprecherin von Minderheiten, deren Verletzlichkeit sie offen darlegt. Auch wenn Moffatt selbst ihre Arbeit nicht in einem sozialen oder ethnischen Kontext sehen will, ist dieses Interesse für sozial unterprivilegierte Gruppen in vielen ihrer Arbeiten evident.[270]

Insgesamt weisen sich Moffatts Arbeiten durch eine Form-, Themen- und Stilvielfalt aus, die sowohl die einzelne Serie wie auch das gesamte Werk betrifft. Moffatt wechselt nicht nur innerhalb einer Gattung mühelos zwischen mehreren stilistischen Ebenen, sondern arbeitet auch mit verschiedenen Medien, denen schon durch ihre unterschiedlichen Funktionen (Werbefilm, Spielfilm etc.) verschiedene Stilebenen zugrunde liegen. Die Künstlerin ist sich der unterschiedlichen Wirkungsweise und Rezeption ihrer Filme und Fotografien auch durchaus bewußt, bzw. setzt sie diese gerade deswegen ein, um den Betrachter mit jeder ihrer Arbeiten aufs Neue zu fordern. Für sie greifen die verschiedenen Medien weniger ineinander über – wie etwa bei Sharon Lockhart –, als daß sie eine eigene inhaltliche Richtung vorgeben, deren Ziel es ist, den Betrachter in die Bilderzählung auf möglichst abwechslungsreiche Weise zu involvieren. Damit knüpft Moffatt an die Grundalgen Postmoderner und Inszenierter Fotografie an, für die die stilistische Vielfalt wiederholt festgestellt wurde. Im Gegensatz zu Arbeiten der siebziger und achtziger Jahre fällt bei ihrem Werk – vergleichbar mit dem Werk Anna Gaskells – auch das schnelle Tempo der Erzählung auf. Moffatt arbeitet nie mit dem einzelnen narrativen Tableau, sondern immer mit der Serie und hier häufig mit dem Fragmentarischen, das eine schnelle Erzählabfolge suggeriert. Rasch wechselnde Bilder, oft absichtlich als Schnappschüsse aufgenommen, erinnern an die Video-Clip-Ästhetik der neunziger Jahre und es liegt nahe, daß Moffatt durch ihre eigene filmische Arbeit hier besonders geprägt ist. Moffatt arbeitet demnach zwar ähnlich wie in der Inszenierten Fotografie der siebziger und achtziger Jahren, nur paßt sie ihr Werk den veränderten »Sehbedingungen« an, vor allem, was die Technik, die schnelleren Schnitte und damit insgesamt die Aufbereitung der Fotografien betrifft.

13. Sam Taylor-Wood: Narrative Strukturen durch die Darstellung von Gleichzeitigkeit

Sam Taylor-Wood ist durch das seit Mitte der neunziger Jahre auftretende Interesse gegenüber den »Young British Artists« in das Blickfeld der Öffentlichkeit geraten. Die in London gebürtige Künstlerin (Jahrgang 1967) nahm an einer Reihe von Ausstellungen teil, die sich mit junger britischer Kunst, insbesondere mit den Künstlern aus dem Umfeld des Goldsmiths' College in London beschäftigten.[271] Sie selbst machte ihren Abschluß dort 1990, nachdem sie ihr Studium zunächst am North East London Polytechnic begonnen hatte. Ihre erste Einzelausstellung erhielt Taylor-Wood 1994 im »Showroom« in London. Ursprünglich von der konzeptuellen Bildhauerei kommend (»with very neurotic formal sculptures«[272]), wechselte Sam Taylor-Wood Anfang der neunziger Jahre zu den Medien Film und Fotografie. Indem sie zunächst eine Reihe provokanter bis amüsant-frecher Selbstporträts fotografierte, löste sie sich von dem bis dahin überwiegend minimalistisch-konzeptuellen Ansatz ihrer Arbeiten. Die Fotografie »Fuck, Suck, Spank, Wank« von 1993 (Abb. 22) zeigt die Künstlerin etwa mit dem aus dem Homosexuellenmilieu bekannten Slogan und heruntergelassenen Hosen. Im Anschluß an diese, durch ihre Direktheit auch als ironischen Kommentar zur Concept Art zu verstehenden Fotografien, entstanden die ersten Panoramafotografien der Reihe »Five Revolutionary Seconds« sowie mehrere Videoinstallationen (u. a. »16-mm«, 1993; »Killing Time«/»Zeit totschlagen«, 1994; »Travesty of a Mockery«/»Karikatur einer Posse«, 1995). Seit Mitte der neunziger Jahre arbeitet Taylor-Wood immer häufiger mit Filmprojektionen in Form von Videos, Laserdisc oder DVD, fotografiert aber nach wie vor auch Einzelbilder, etwa Umsetzungen von Gemälden alter Meister, die sie auf heutige Verhältnisse überträgt (z. B. Caravaggios »Emmaus-Mahl« in »Wrecked«, 1996). 1998 entstand außerdem eine Reihe mit fünf Fotografien, »Soliloquy«, denen jeweils eine kleinformatige Panoramafotografie nach Art einer Predella angefügt ist. Auch in ihren jüngsten Fotoarbeiten setzt sich Taylor-Wood mit Vorbildern aus der Kunstgeschichte auseinander, und übernimmt Anregungen von der Malerei der italienischen Renaissance bis zu japanischen *Shunga*-Stichen.[273]

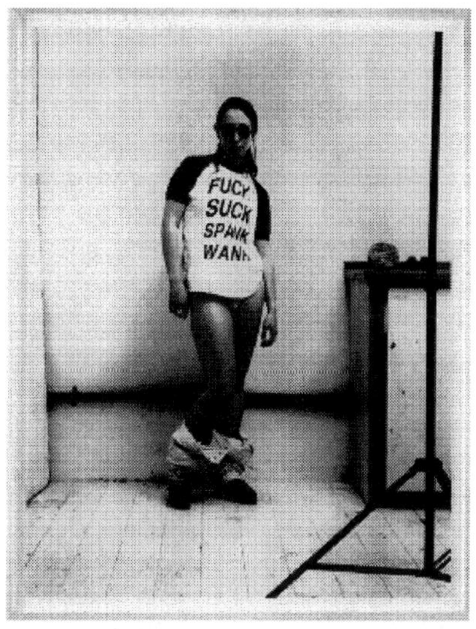

Abb. 22 Sam Taylor-Wood, *Fuck, Suck, Spank, Wank*, 1993

Da das inhaltliche und methodische Vorgehen der Künstlerin in ihren Filmen und Fotografien sehr ähnlich ist, kann ausnahmsweise auch ein filmisches Werk für die Analyse Inszenierter Fotografie berücksichtigt werden. Als Beispiel für Taylor-Woods fotografischen Ansatz stehen hier die zwischen 1995 und 1998 entstandenen Panoramafotografien »Five Revolutionary Seconds«, von ihren Filmen wird die DVD-Installation »Third Party« (1999) vorgestellt.

Ungewöhnlich an den Fotografien ist zunächst das Bildformat, das sich bei einer Höhe von 72 cm über eine Breite von 7,57 m erstreckt. Die Bilder, die jeweils einen einzigen Raum zeigen, sind mit einer Panoramakamera aufgenommen, die sich in fünf Sekunden einmal um die eigene Achse dreht. Diese Aufnahmetechnik erklärt auch den Titel der Arbeit, der sich auf die Umdrehung (engl. revolution) der Kamera im Zeitraum von fünf Sekunden bezieht. Das ungewöhnliche Bildformat erweckt zunächst den Eindruck, als wären mehrere

Raumfragmente in einem Montageverfahren zusammengefügt. Aber obwohl der Raum nahtlos ineinander übergeht, ist er doch zwischen den verschiedenen Personen oder Personengruppen eigentümlich verzerrt. Die Geraden von Fenstern und Türen fluchten an einigen Stellen stark, während sie – im gleichen Bild – an anderer Stelle nahezu bildparallel verlaufen. Alle Bilder der Serie zeigen großzügige, lichtdurchflutete Lofts, die mal nobel- aristokratisch, mal in kühlem Designerchic eingerichtet sind, und in jedem Fall einer gutsituierten, bisweilen dekadent wirkenden Bevölkerungsschicht gehören. »Five Revolutionary Seconds III« (Farbtafel 9) zeigt etwa in der linken Bildhälfte ein nacktes Paar beim Beischlaf und in der an diese Szene rechts anschließenden Kaminecke zwei Männer, die gedankenversunken auf einer Couchgarnitur sitzen bzw. liegen. Weder von dem Pärchen neben sich, noch voneinander nehmen sie Notiz. Weiter rechts im Raum schnupft ein Mann in gebeugter Haltung von einer niedrigen Truhe Kokain, wiederum ohne der anderen Personen gewahr zu sein. In der letzten Szene rechts von der Tür steht eine Frau im Abendkleid, die in einer Geste des Erstaunens ihre Hand vor den Mund hält, während ihre Körperhaltung Gelassenheit ausdrückt. Stellt man sich den Raum dreidimensional vor, könnte ihr erstaunter Ausdruck dem nackten Pärchen in der linken Bildhälfte gelten, das sich neben ihr im Raum vergnügt – durch das Längsformat der Fotografie ist sie von diesem formal aber so weit entfernt (circa 7 m), daß sich die Szenen vom Betrachter kaum miteinander verknüpfen lassen. Ähnlich wie Eileen Cowin im »Family Docudrama« stellt Taylor-Wood mehrere handelnde Personen dar, die, obwohl sie sich in dem selben Raum aufhalten, sich gegenseitig nicht zu bemerken scheinen. Während bei Cowin die dargestellten Personen aber eindeutig einer Familie angehören, verbindet Taylor-Woods Figuren nichts miteinander, außer daß alle Darsteller in ihrem Dasein individualisiert und isoliert wirken. Die Isolation der einzelnen Personen und Personengruppen untereinander wird noch unterstützt durch die Einrichtung des Raumes, der mehrere in sich abgeschlossene Sitz- und Wohnecken aufweist. Insgesamt vier Sofas nehmen dem Raum sein einheitliches Erscheinungsbild und unterteilen ihn in voneinander getrennte Wohneinheiten.

Zu den herausragenden Merkmalen der Fotografie gehören entsprechend die fehlenden sichtbaren Verbindungen zwischen den einzelnen Figuren, die sich doch in einem Raum bewegen. Die Personen nehmen sich gegenseitig kaum wahr bzw. kennen sich vielleicht nicht einmal, was der Intimität des gemeinsamen Wohnraumes widerspricht. Aus dieser Beziehungslosigkeit der Personen untereinander ergeben sich Überlegungen zur narrativen Struktur im Bild. Wird etwas erzählt und wenn ja, was? Handelt es sich um ein zusammenhängendes Geschehen, oder sind mehrere Einzelszenen in einem Bild zusammengefaßt?

Wiederum liegt der Vergleich zu Cowins »Family Docudrama« nahe, um Taylor-Woods Erzählweise deutlich zu machen: Auch Cowin stellte in einem Bild unzusammenhängende Handlungen dar, die sich mit Einschränkung aber miteinander verknüpfen liessen. Dort wo eine (narrative) Verknüpfung nicht auf den ersten Blick möglich war, ergab sich die erzählerische Struktur der Bilder aus ihrer Anlage als Serie. Durch die sich wiederholenden Figuren konnten die Darsteller bei Cowin als Familienmitglieder erkannt werden, woraus sich ein narratives, wenn auch kompliziertes Beziehungsgefüge ergab. Diesbezüglich kann noch einmal die Figur des ballspielenden Jungen in »Untitled« (Der Kuß, Farbtafel 1) angeführt werden. Seine Handlung hat mit denen der anderen Personen im Bild nichts zu tun, dennoch sieht man ihn in die Gesamtszene eingebunden, allein aufgrund seines Status als Familienmitglied. Es wurde die Deutung vorgeschlagen, daß er als Pubertierender entweder bewußt die Isolation von der Familie sucht oder von ihr willentlich ausgeschlossen wird.
Anders verhält es sich bei Sam Taylor-Wood, deren Personen und Personengruppen sich schwer in einen inhaltlichen Zusammenhang setzen lassen. Auch mit der Kenntnis der übrigen Fotografien der Reihe läßt sich keine Erzählung spinnen. Die »Five Revolutionary Seconds«-Bilder teilen zwar das gleiche Bildformat und vermitteln jeweils den gleichen vornehm-kühlen Raumeindruck, darüber hinaus gibt es aber keine weiteren Gemeinsamkeiten. Statt verbindender Details gebraucht Taylor-Wood ein anderes Mittel, das die Fotografien narrativ im Sinne von fortlaufend macht: das ungewöhnliche Querformat. Die Bilder können nicht mit einem Blick erfaßt werden, der Betrachter muß sie sich in der Art einer filmischen Wahrnehmung schrittweise aneignen. Taylor-Wood beschreibt diese Wahrnehmung selbst auch als filmische Betrachtungsweise, die unbedingt von ihr beabsichtigt ist:

> *Der Betrachter schafft im Geiste einen neuen Schnitt, indem er sich umdreht und eine Person betrachtet und anschließend eine Verbindung zu einer anderen Person herstellt.*[274]

Die Panoramafotografien lassen sich mit den »laufenden Bildern« des Films vergleichen, durch das Format, aber auch durch die »filmende« Kamera, die anstatt eines Sekundenbruchteils immerhin fünf Sekunden festhält. Darüber hinaus gebraucht Taylor-Wood ein weiteres filmisches Mittel, das dazu führt, die Fotografie als Abfolge verschiedener Geschehnisse zu erfassen: In Ausstellungen installiert sie Lautsprecher, die die Geräusche der Produktionen wiedergeben, die während der Aufnahmen zu den Panoramafotografien entstanden. Das akustische Material widerspricht dem arretierten Standpunkt der Aufnahme, indem eine fortlaufende Aufnahmesituation suggeriert wird, die auf die Dauer eines Films verweist. Doch trotz dieser formalen Nähe zum Film, die

Taylor-Wood herstellt, fehlt den Fotografien eines seiner wesentlichen Merkmale: die narrative Struktur. Der Betrachter kann zwar versuchen, Verbindungen zwischen den einzelnen Szenen herzustellen, jedoch bekommt er dazu keinerlei Anhaltspunkte, da jede mögliche Erzählstruktur von Taylor-Wood bewußt getilgt wurde:

> *Was ich mache, ist mehr oder weniger eine Szene in ihre Grundbausteine zu zerlegen: Zunächst wird die Erzählstruktur entfernt – das heißt die Struktur jeder einzelnen Einstellung, die eine Erzählung ergibt – und dann wird das Ganze gefiltert und in die gesonderten Einstellungen zerlegt.*[275]

An anderer Stelle konkretisiert die Künstlerin dieses Vorgehen und betont, daß sie es nicht auf eine narrative Struktur anlegt:

> *Aber es geht mir nicht darum, eine Erzählung zu produzieren. Es geht um einen filmischen Moment, der herausgelöst und auf eine Weise durchgearbeitet wird, die irgendwo zwischen Film und Photographie liegt.*[276]

Die DVD-Installation »Third Party« funktioniert nach einem ähnlichen, die Narrativik konstruierenden Prinzip. Die Arbeit ist als Rauminstallation angelegt (Abb. 23) und zeigt zehn Minuten einer Party aus sieben verschiedenen Perspektiven. Sieben verschiedene Filme von jeweils zehnminütiger Dauer werden in unterschiedlichen Projektionsgrößen gleichzeitig auf vier Wände übertragen. Das größte »Bild« der Installation zeigt auf einer Schmalseite des Raumes die Sängerin Marianne Faithfull, die als gelassen rauchender Partygast weitere Gäste beobachtet.[277] Ihr gegenüber ist die Projektion eines jungen Mannes zu sehen, der mit einer Frau flirtet. Deren Figur ist an einer Längsseite des Raumes über Eck projiziert. In der Mitte dieser Längsseite, neben der Frau, ist die kleinste Projektion der Installation positioniert, die Aufnahme eines Aschenbechers, der im Verlauf der Filmdauer von vielen verschiedenen Händen benützt wird. Daneben, und über Eck zur Projektion von Marianne Faithfull, ist eine einsam tanzende Frau zu sehen, die sich ungerührt von den übrigen Partygästen einem ekstatischen Tanz hingibt. Die zweite Längsseite zeigt einen Mann (den Schauspieler Ray Winstone), der das Treiben um sich herum argwöhnisch beobachtet. Neben ihm, aber auf einer von der seinen getrennten Projektion, zeichnet sich auf einem Sofa der unscharfe Torso einer Frau ab, die heftig gestikuliert, ohne daß dabei ihr Gesicht zu erkennen ist.

Die Arbeit ist in vielerlei Hinsicht mit den »Five Revolutionary Seconds« vergleichbar: Zunächst fällt auf, daß Sam Taylor-Wood in beiden Arbeiten Mittel des anderen Mediums – Fotografie oder Film – aufgreift und je nachdem auf das statische oder bewegte Bild anwendet. Die Künstlerin verweist in ihrer Film-

Abb. 23 Sam Taylor-Wood, *Third Party* (Installationansicht), 1999

installation auf Eigenschaften der Fotografie und gebraucht umgekehrt filmische Mittel in ihren Fotografien. Während sie in den Panoramafotografien durch das Längsformat, die Tonbandaufnahmen und die sich drehende Kamera Verbindungen zum Film herstellt, erinnern die sieben Filme von »Third Party« durch ihren statischen Aufbau an Standbilder. Mit Ausnahme kleiner Bewegungen verharrt die Kamera auf dem einmal fixierten Motiv und bleibt damit in einer nahezu unbeweglichen Position. Die Personen der jeweiligen Projektionen wirken dadurch in ihrem Dasein gefangen und isoliert, obwohl sie sich innerhalb ihres ›Standbildes‹ durchaus bewegen. Die Installation ähnelt mehr einer Installation von sieben ›Bildern‹ als der von sieben Filmen, was letztlich auch eine andere Anschauung erfordert. Tatsächlich spricht man bei Taylor-Woods Arbeiten häufig von einer filmischen und einer fotografischen Lesart oder einer filmischen und fotografischen Anschauung.[278] Taylor-Woods Bildsprache bewegt sich zwischen Film und Fotografie, wobei die eine Sprache die andere nicht ausschließt. Die Künstlerin zeigt im Gegenteil die Wirkungsweise beider Medien jeweils im anderen, die Art wie sie sich gegenseitig bedingen, sich eventuell aber auch behindern können. In dem Maße, in dem der Betrachter »Five Revolutionary Seconds« als filmisch wahrnimmt, wird er nach einer fortlaufenden Handlung suchen, die aber nicht gegeben ist. Der Blick auf die Fotografie ist von der filmischen Betrachtung kaum zu trennen, die Bildmittel, die benutzt werden, sind genauso gut auf das andere Medium anwendbar.

In beiden Arbeiten fällt neben dieser Umkehrung der Darstellungsform die fehlende narrative Struktur auf. In der DVD-Installation zeigt Sam Taylor-Wood nicht einen Film siebenmal, sondern sieben Filme auf einmal, so daß zwar jeweils das gleiche Geschehen, die Party, dargestellt ist, dies aber nicht fortlaufend, sondern gleichzeitig. Den normalen Filmverlauf unterbricht die Künstlerin, indem sie das Geschehen auf mehrere Filme verteilt, die der Betrachter kaum gleichzeitig wahrnehmen kann. Auch in der Fotografie arbeitet Taylor-Wood mit mehreren Sequenzen, die, obwohl es sich nur um eine Aufnahme handelt, den Eindruck von mehreren Aufnahmen vermitteln. Die verschiedenen Szenen mit den vielen Akteuren können nur hintereinander erfaßt werden, auch wenn deutlich ist, daß sie sich simultan in fünf Sekunden abspielen. Keines der Bilder aus der Reihe der »Five Revolutionary Seconds« nimmt man als eine erzählerische Einheit wahr, sondern jedes Bild stellt voneinander unabhängige Handlungsabläufe dar. Indem Taylor-Wood den Film oder die Fotografie auf die beschriebene Weise zerlegt, nimmt sie den Darstellungen das Narrative. Nicht das Erzählerische will betrachtet werden, sondern das Gegenteil, das, was der Darstellung ihre erzählerische Struktur nimmt. Nicht eine, sondern **keine** Geschichte findet sich in den »Five Revolutionary Seconds« thematisiert.

Eine weitere Gemeinsamkeit der fotografischen und filmischen Arbeiten liegt im Problem der Zeit, das mit der fehlenden narrativen Struktur zusammenhängt. In den »Five Revolutionary Seconds« fällt auf, daß die Fotografien sich nicht als Darstellungen eines Zeitraumes betrachten lassen, obwohl der Zeitverlauf durch die fünf Sekunden der Kameraumdrehung genau festgelegt ist. Entsprechend widersprüchlich sind die Aussagen verschiedener Autoren, die versuchen, den Faktor Zeit in Taylor-Woods Arbeiten zu beschreiben. Während einige die Fotografien als Darstellung eines festgefrorenen Augenblicks sehen, interpretieren andere sie als die Darstellung von Dauer.[279] In den Fotografien wie auch in der DVD-Installation zeigt Taylor-Wood einen Moment, der voneinander unabhängige Geschehnisse festhält. Damit stellt sie **Gleichzeitigkeit** dar, die der narrativen Darstellungsweise eigentlich widerspricht. In ihren Arbeiten läuft die Handlung nicht fort, sondern sie verläuft simultan, aber anders, als beispielsweise in Cowins »Family Docudrama«. Die Gleichzeitigkeit bei Taylor-Wood führt nicht zu einer größeren erzählerischen Dichte, sondern im Gegenteil wird jeder Versuch, die Handlungen der verschiedenen Personen zusammenzubringen, erschwert – und damit auch der Wirklichkeitserfahrung angenähert. Anders als bei den meisten Fotokünstlern, deren Werk bisher untersucht wurde, geht es Taylor-Wood nicht um das Erzählen von Geschichten oder um das Darstellen eines narrativen Zusammenhangs, sondern darum, Gleichzeitigkeit darzustellen. Diese kann zwar auch Bestandteil des Erzählerischen sein, nimmt ihm im Bild aber seine ›Erzählkraft‹. Die jahrhundertealte Tradition, Geschichten in einem Bild zu erzählen, bricht Sam Taylor-Wood indem sie deutlich macht, daß das Bild nur einen kurzen Moment einfangen kann, der dem Fortlaufenden einer Geschichte eigentlich widerspricht. Sie stellt die Darstellungsform in den Mittelpunkt ihres Werkes, wobei sie den Blick und die Erwartungshaltung des Betrachters irritiert, indem sie das Erwartete, den narrativen Zusammenhang, aus den Fotografien und der Filminstallation tilgt bzw. auf einen Augenblick reduziert, der eben kein »Vorher« und »Nachher« impliziert.

Über die Darstellungsweise hinaus werden in den »Five Revolutionary Seconds« natürlich auch bestimmte Inhalte angesprochen, wie die Einsamkeit des zivilisierten Individuums in einer konsumorientierten Gesellschaft oder zunehmende Langeweile angesichts einer Welt, der es an materiellen Dingen nicht fehlt. Durch die Darstellungsform unterstreicht Taylor-Wood sogar noch ihr inhaltliches Anliegen: in sich gefangene Personen zu zeigen, die trotz eines verbindenden Lebensraumes nicht miteinander agieren können.

Sam Taylor-Woods Arbeiten sind an der äußersten Grenze Inszenierter Fotografie nach der in dieser Untersuchung aufgestellten Definition anzusiedeln, da ihnen das wesentliche Merkmal, die narrative Struktur fehlt. Die Künstlerin tilgt das Narrative jedoch nicht, sondern stellt einen anderen Aspekt des Erzählerischen dar, die Gleichzeitigkeit, die der ›Dauerlosigkeit‹ von Bildern eigentlich viel mehr entspricht als dem Fortlaufenden, um dessen Darstellung etwa Eileen Cowin oder Jeff Wall, aber auch Tracey Moffatt oder Anna Gaskell bemüht sind. Die »Five Revolutionary Seconds« offenbaren eine Darstellungsweise, die nicht im eigentlichen Sinn narrativ ist, die die Möglichkeit zum Narrativen aber genauso enthält wie andere inszenierte Fotografien.

Schlußbetrachtung

Inwieweit haben sich die Vorstellungen von der Erzählung im Bild geändert, wo liegen Unterschiede und wo Gemeinsamkeiten zwischen der aktuellen Fotokunst und der Inszenierten Fotografie der siebziger und achtziger Jahre? Vor dem Hintergrund der bisherigen Untersuchungen soll diesen Fragen abschließend noch einmal nachgegangen werden:

Im allgemeinen Sprachgebrauch wird der Terminus der Inszenierten Fotografie in einem sehr weitläufigen Sinn aufgefaßt, für die Inszenierte Fotografie der siebziger und achtziger Jahre konnte jedoch genauer differenziert werden. Nach gängiger Auffassung ist beinahe jedes Bild, für das der Fotograf das Motiv verändert oder beeinflußt, inszeniert. Auch die eingangs beschriebene Aufnahme des Freundes in der Landschaft läßt sich gemäß dieser Vorstellung als Inszenierte Fotografie bezeichnen. Stellt nicht schon die Anweisung an den Freund, sich an einer bestimmten Stelle zu positionieren und die anschließende Wahl des Bildausschnitts durch den Sucher eine Einflußnahme des Fotografen auf das Motiv dar? Diese sehr allgemeingültige Vorstellung von Inszenierter Fotografie erwies sich für die kunsthistorische Einordnung des Phänomens als unzweckmäßig, da die Merkmale, anhand derer sich eine inszenierte Fotografie bestimmen läßt, beliebig bleiben und das Ziel der fotografischen Inszenierung so nicht greifbar wird. Um zu substantiellen Werkanalysen zu kommen, die den untersuchten Darstellungsformen und Inhalten gerecht werden, mußte für die kunsthistorische Fragestellung der Begriff der Inszenierten Fotografie nicht nur enger gefaßt, sondern sogar erst definiert werden.

Eine Annäherung an eine Definition erfolgte auf der Basis dessen, daß der Terminus der Inszenierten Fotografie dem Inszenierungsbegriff des Theaters entlehnt ist. Dabei bleibt selbstverständlich zu berücksichtigen, daß es sich bei der Inszenierten Fotografie um eine künstlerische Richtung handelt, deren Entwicklung noch nicht abgeschlossen ist. Allein für die siebziger und achtziger Jahre ließen sich aus den Parallelen zum Theater diejenigen Merkmale ableiten, die das Charakteristische inszenierter Fotografien dieser Zeit ausmachen. Die wichtigste Gemeinsamkeit zwischen der Inszenierung im Theater und Inszenierter Fotografie ist die narrative Struktur. (– Für die Genre des Stillebens oder des Porträts wurde der Inszenierungsbegriff noch durch den Begriff des argumentativen Bildes erweitert –). Prinzipiell wird im Theater als auch in der Inszenierten Fotografie ein Erzählzusammenhang mit expliziter Ausrichtung auf den

Betrachter umgesetzt. Der Betrachterbezug stellte sich dabei als wichtiges konstituierendes Merkmal heraus. Die Inszenierte Fotografie der siebziger und achtziger Jahre lotet den Umgang mit Seherfahrungen und Bildlesegewohnheiten aus, indem der Betrachter unmittelbar involviert wird. Weitere Gemeinsamkeiten zwischen Theater und Inszenierter Fotografie sind die Umsetzung einer dem Werk zugrundeliegenden Idee mit Hilfe von Schauspielern, Requisiten und Beleuchtung sowie einem Raum, der als Bühne bespielt wird. Dabei gilt für diese Merkmale, die dem äußeren Bereich zugeordnet wurden, daß es sich hier um Merkmale handelt, deren Etablierung nicht nur in der Fotografie, sondern in der gesamten Bildenden Kunst neu war. Diesbezüglich kann noch einmal Jeff Wall zitiert werden, der die »oberflächliche Verwendung szenographischer Elemente [sogar] als künstlerischen Neubeginn in der Fotografie«[280] bezeichnete. Damit betont er einmal mehr die Verbindung von Theater und Fotografie, die es in der Weise zuvor noch nicht gegeben hat.

An die Definition Inszenierter Fotografie schließt sich schließlich die Frage nach dem in den siebziger und achtziger Jahren neu erwachten Interesse an, in Bildern zu erzählen – um so mehr, wenn man berücksichtigt, daß dieses Anliegen in der zeitgenössischen Kunst ansonsten keine Rolle spielte. Das Frühwerk von Eileen Cowin und Jeff Wall konnte belegen, daß der Wunsch nach der narrativen Bildstruktur vor allem auf die Auseinandersetzung mit dem Medium selbst und auf die Ablehnung vorherrschender Kunstrichtungen zurückgeht. Für beide Künstler stellte die Inszenierung eine neue Ausdrucksform dar, zu der sie über den Weg des Experimentierens mit verschiedenen künstlerischen Techniken, Darstellungsformen und theoretischen Ansätzen fanden.

Anders verhält es sich mit der aktuellen Fotokunst: Die Inszenierung ist hier ein bereits erprobtes Bildmittel, das selbstverständlich und unmittelbar zum Einsatz kommt. Die zeitgenössischen Fotokünstlerinnen Anna Gaskell, Sharon Lockhart, Tracey Moffatt und Sam Taylor-Wood konnten von Anfang an auf das methodische Vorgehen der Inszenierung zugreifen, ohne den inszenatorischen Ansatz selbst länger legitimieren zu müssen. Entsprechend diesem selbstverständlichen Umgang mit der Inszenierung hat sich auch die Motivation zur Inszenierung verändert. Vor allem die Frage nach der Wirklichkeitsdarstellung spielt bei den jüngeren Fotokünstlerinnen keine Rolle mehr. Während Cowin, Wall und Sherman jeweils auf ihr Weise betonen wollten, daß die Fotografie kein Abbild der Wirklichkeit darstellen könne, findet sich diese künstlerische Aussage – die sich vor allem in hervorgehobener Künstlichkeit ausdrückt – in den Arbeiten zeitgenössischer Fotografen gar nicht mehr (Sharon Lockhart) oder sie erklärt sich ausschließlich aus der motivischen Darstellung, wie in der surreal-artifiziellen Welt Anna Gaskells. Aus diesem veränderten Umgang ergibt sich ein differenzierteres Bild zeitgenössischer Inszenierter Fotografie, die aber trotz aller Neuerungen und Veränderungen immer noch Parallelen und Verbindungen zur Inszenierten Fotografie der siebziger und achtziger Jahre aufweist. Wieweit diese Parallelen die – eingrenzbare – Bezeichnung »Inszenierte Fotografie« rechtfertigen, sollte jedoch jedesmal aufs Neue überprüft werden.

Die vier vorgestellten Künstlerinnen verfolgen mit ihren Arbeiten ganz unterschiedliche Ansätze, die trotz vieler Entsprechungen kaum unter einem Nenner zusammengefaßt werden können. Während es Anna Gaskell und Tracey Moffatt vor allem um inhaltliche Anliegen geht, die nach wie vor eng an die Erzählung gebunden sind, sind Sharon Lockhart und Sam Taylor-Wood an der Frage interessiert, wie eine narrative Struktur im Bild funktionieren kann, ohne daß herkömmliche Modelle zitiert werden. Beide Fotografinnen stehen dabei sowohl in der Tradition der postmodernen als auch der Inszenierten Fotografie. Lockhart und Taylor-Wood versuchen in ihren Bildern u. a. den Faktor Zeit darzustellen. Sharon Lockhart zeigt Zeit in Form von »fotografierter«, das heißt, authentischer Zeit, während Sam Taylor-Wood mit der bildlichen Darstellung von fünf Sekunden in den »Five Revolutionary Seconds« über die momenthafte Aufnahme der Fotografie hinausgeht. Mit dieser Darstellung eines – immerhin – fünf Sekunden währenden Momentes macht sie deutlich, daß die Erzählung im Bild trotz aller Bemühungen komplexe Geschehen zu zeigen, immer »eingefroren« bleiben muß, da der Fortgang der Handlung höchstens angedeutet werden kann. Lockharts und Taylor-Woods Arbeiten sind nicht im eigentlichen Sinne als narrativ zu bezeichnen, so daß das wesentliche Merkmal der Inszenierten Fotografie der siebziger und achtziger auf ihre Bilder nur bedingt zutrifft bzw. weiter gefaßt werden sollte: Sie thematisieren die Frage, *wie* in Bildern erzählt werden kann, mehr noch als *was* erzählt wird. Da ihre Arbeiten aber weiterführen, was Fotokünstler wie Eileen Cowin und Jeff Wall begonnen haben – von der narrativen Darstellung selbst zur Überlegung wie diese funktioniert –, ist ihr Werk durchaus im Rahmen einer Entwicklung Inszenierter Fotografie zu betrachten.

Auch Tracey Moffatt erprobt neue narrative Modelle, allerdings unter deutlicherem Rückgriff auf die Inszenierte Fotografie der siebziger und achtziger Jahre. Das gilt vor allem für die serielle Präsentation, die Moffatt ebenso konsequent verwendet wie Anna Gaskell. Hinzu kommt, daß Moffatt ihre Fotografien mit Text kombiniert, um so eine Erweiterung der narrativen Struktur zu bewirken. Unter Hinzunahme eines erläuternden Textes wird die im Bild gezeigte Handlung weitergeführt, und die Beschränkung der Fotografie, nur einen Augenblick darzustellen, umgangen. Auch Cowin hat in späteren Arbeiten zur Konzentration der narrativen Darstellung Text eingesetzt, etwa in den Fotografien, die sie gemeinsam mit der Schriftstellerin Louise Erdrich konzipierte. Doch während bei Cowin das Hinzufügen von Text eine Konsequenz aus ihrer permanenten Beschäftigung mit narrativen Bildkonzepten ist, konnte Moffatt die bereits vorhandene Bildsprache übernehmen, um sie dann mit ihren eigenen Themen auszubauen. In diesem Zusammenhang ist auch interessant, daß die Bild-Text-Arbeiten beider Künstlerinnen trotz der knapp fünfzehn Jahre, die zwischen ihren künstlerischen Werdegängen liegen, in die gleiche Zeit fallen (1994/95). Auch daran läßt sich eine Entwicklung Inszenierter Fotografie ablesen, die ähnlich wie einst bei Garry Winogrand und Jeff Wall zwei unterschiedliche Künstlergenerationen zur gleichen Zeit zu einem ganz ähnlichen Ergebnis kommen läßt.

Ein ähnlicher Entwicklungszusammenhang wie bei den Bild-Text-Darstellungen von Eileen Cowin und Tracey Moffatt besteht zwischen den Arbeiten von Cowin und der jüngeren Anna Gaskell. Beide Künstlerinnen beschäftigten sich in jüngster Zeit mit der Umsetzung und Darstellung von Märchenerzählungen. Sowohl Gaskell als auch Cowin haben in einer Reihe von Arbeiten die stereotype und grausame Schilderung vom Glück und Unglück einzelner Märchenfiguren aufgenommen, um sie als Folie eigener Geschichten zu nutzen.[281] Wiederum ist es Cowins intensive Beschäftigung mit den Mechanismen der Bilderzählung, die sie zum Märchen als Inbegriff der Erzählung kommen läßt. Anna Gaskell kann wie Tracey Moffatt von Anfang an auf die verschiedenen narrativen Möglichkeiten zugreifen, weshalb in ihrem Werk schließlich auch die Inhalte der Erzählung vor ihrer äußeren Form stehen. Die Beispiele zeigen, daß die wesentlichen Merkmale Inszenierter Fotografie in der zeitgenössischen Fotokunst – soweit sie bis jetzt zu beurteilen ist – nicht aufgegeben werden, sondern sich in modifizierter Form wiederfinden.

Tatsächlich übernehmen Moffatt, Anna Gaskell und ihre Zeitgenossinnen von der älteren Generation nicht nur die Methode der Inszenierung, sondern auch viele Bildmittel und Inhalte: angefangen von der von Auslassungen geprägten Erzähltechnik, wie bereits Cowin und Sherman sie praktizierten, bis zum Bildzitat und der Frage nach filmischer und fotografischer Wirklichkeit. Das Spektrum Inszenierter Fotografie umfaßt im wesentlichen die Bereiche der Selbstreferentialität und der Auseinandersetzung mit der fotografischen Wirklichkeit. Nicht zuletzt aufgrund dieser beiden Aspekte kommt der Inszenierten Fotografie eine zentrale Stellung innerhalb der Kunst des 20. Jahrhunderts zu. Auch die Selbstdarstellung und die Umsetzung eines Malerei- oder Fotografieklassikers sind in diesem Zusammenhang zu nennen, da sich beides bei fast allen vorgestellten Künstlern findet – nicht selten sogar in einem Bild zusammen.[282]

Zwar ist die werkimmanente Reflexion über das eigene Medium in der Auseinandersetzung mit Bildtraditionen und -motiven sowie die Thematisierung der Rolle des Künstlers in der Bildenden Kunst von jeher anzutreffen, doch ist die Kombination von beidem in der Inszenierten Fotografie – und die Häufigkeit, mit der diese Kombination auftritt – für das 20. Jahrhundert neu. »Picture for Women« von Jeff Wall kann diese These eindrucksvoll belegen. Mit dem Remake von Edouard Manets »Un Bar aux Folies-Bergère« stellt Jeff Wall nicht nur die darstellerischen Möglichkeiten von Fotografie und Malerei einander gegenüber, sondern reflektiert in seiner Person auch die Rolle des Künstlers und Fotografen. Daß der Künstler selbst als Darsteller auftritt, zwingt den Betrachter, sich mit dem Herstellungsprozeß der Fotografie, das heißt mit ihrer Inszenierung auseinanderzusetzen, da er den Künstler zugleich als Autor und Intendant der Darstellung betrachtet, sowie als Akteur. Der Künstler wird zum »Erzähler« **und** zur »Figur« dieses Erzählers. Dieses System von Verweisen, dem in der Inszenierten Fotografie eine so große Bedeutung zukommt – hier sei vor allem an die Bezüge zu Film, Fotografie etc. erinnert – konnte erst in dem Augenblick entwickelt werden, in dem die Bildproduktion der Bildenden Kunst nur noch aus sich selbst zu schöpfen glaubte. Nachdem in den sechziger Jahren die Malerei als traditionelles Bildmedium für tot erklärt wurde, fanden die Fotokünstler in den folgenden Jahrzehnten mit der Inszenierten Fotografie eine Ausdrucksform, die das narrative Bild in den Kunstdiskurs zurückholte und, durch die Bezüge zu zeitgenössischen Themen, aktualisierte. Neben diesem intertextuellen Ansatz stellt die Inszenierte Fotografie einen wichtigen Beitrag zur Beibehaltung des »klassischen Bildes« dar.

Welche innovative Rolle der Inszenierten Fotografie auch in jüngster Zeit zukommt, zeigt eine Reihe von Ausstellungen, die sich mit dem Verhältnis von Theater und Bildender Kunst und der Vernetzung der verschiedenen Medien untereinander beschäftigen.[283] Wie sehr der theatrale Inszenierungsbegriff mittlerweile auch auf andere Gattungen Anwendung findet, davon kündete 1997 der 23. Deutsche Kunsthistorikertag (München) mit dem Titel »Die Inszenierung des Kunstwerks«. Daß sich der Terminus der Inszenierung für die Bildende Kunst mit so großem Durchsetzungsvermögen behaupten kann, ist dabei nicht zuletzt der Inszenierten Fotografie der siebziger und achtziger Jahre zu verdanken.

Bibliographie

Alphabetisch nach Verfassername bzw. nach Titeln bei Ausstellungskatalogen

Monographien

Amelunxen, Hubertus von: Theorie der Fotografie IV. 1980-1995, München 2000

Baudrillard, Jean: Agonie des Realen, Berlin 1978

Belting, Hans/Sauerländer, Willibald u.a.: Kunstgeschichte. Eine Einführung, Berlin [5]1996

ders.: Bild-Anthropologie. Entwürfe zu einer Bildwissenschaft, München 2000

Benson, Thomas W./Anderson, Carolyn: Reality Fictions. The Films of Frederick Wiseman, Illinois 1989

Brugger, Walter (Hrsg.): Philosophisches Wörterbuch, Freiburg 1976

Coleman, A. D.: The Grotesque in Photography, Verona 1977

Crimp, Douglas: Über die Ruinen des Museums, Dresden/Basel 1996

Davis, Keith F.: An American Century of Photography. From Dry-Plate to Digital, Kansas City (Missouri) 1995

Drück, Patricia: Die Porträts von Thomas Ruff im Kontext ausgewählter Beispiele. Das Bild des Menschen in der Fotografie des ausgehenden 20. Jahrhunderts (Diss.), voraussichtlich 2002

Frizot, Michel: Neue Geschichte der Fotografie, Köln 1998

Hofmann, Frank: »Postmodernes« Erzählen? – Postmodernes Erzählen! Untersuchungen zur Entwicklung »postmoderner« Erzählformen und zu ihrer Rezeption in der deutschen Literatur, Rüsselsheim 1994

Hofmann, Werner: Grundlagen der modernen Kunst (2. Auflage), Stuttgart 1978

Hoy, Anne H.: Fabrications. Staged, Altered, and Appropriated Photographs, New York 1987

Kemp, Wolfgang (Hrsg.): Der Betrachter ist im Bild. Kunstwissenschaft und Rezeptionsästhetik, Köln 1985/Berlin 1992

ders.: Theorie der Fotografie I. 1839-1912, München 1980 und Theorie der Fotografie III. 1945-1980, München 1983

ders.: Der Text des Bildes, München 1989

ders. (Hrsg.): Zeitgenössische Kunst und ihre Betrachter. Positionen und Positionszuschreibungen, *Jahresring 43*. Jahrbuch für moderne Kunst, Köln 1996

Kosch, Wilhelm: Deutsches Theaterlexikon (Bd. II), Klagenfurt 1960

Krauss, Rosalind: Das Photographische. Eine Theorie der Abstände, München 1998

Lazarowicz, Klaus/Balme, Christopher (Hrsg.): Texte zur Theorie des Theaters, Stuttgart 1991

Mitchell, W. J. T.: Picture Theory. Essays on verbal and visual representation, Chicago/London 1994

Morgan, Williard D. (Hrsg.): The Encyclopedia of Photography, New York 1963

Mulvey, Laura: Visual and Other Pleasures, Indiana 1989

Neumaier, Diane (Hrsg.): Reframings. New American Feminist Photographies, Philadelphia 1995

Newhall, Beaumont (Hrsg.): Essays + Images, New York 1980

Oppenheim, Adolf/Gettke, Ernst: Deutsches Theaterlexikon. Eine Encyklopädie alles Wissenswerthen der Schauspielkunst und Bühnentechnik, Leipzig 1889

Owens, Craig: Beyond Recognition, Representation, Power and Culture, Berkely 1992

Robinson, Henry Peach: Pictorial Photography. Being Hints on Composition and Chiariscuro for Photographers, London 1868/Pawlet 1971

Rosenblum, Naomi: A World History of Photography, New York 1984

Saban, Luminata (Hrsg.): Das Versprechen der Fotografie. Die Sammlung der DG-Bank, München/London/New York 1998

Schiwy, Günther: Der französische Strukturalismus. Mode – Methode – Ideologie, Reinbeck b. Hamburg 1969

Spencer, Stefanie: O. G. Rejlander. Photography as Art, Ann Arbor (Michigan) 1985

Squiers, Carol: The Critical Image. Essays on Contemporary Photography, Seattle 1990

Steinbeck, Dietrich: Einleitung in die Theorie und Systematik der Theaterwissenschaft, Berlin 1970

Tausk, Petr: Geschichte der Fotografie, Köln 1977

Trilse, Christoph/Hammer, Klaus/Kabel, Klaus: Theaterlexikon, Berlin (Ost) 1977

Veinstein, André: La Mise en Scène théâtrale et sa Condition esthéthique, Paris 1955

Wilderuth, Armin/Klein, Ulrike (Hrsg.): Postmoderne. Ende in Sicht, Heiden 1990

Wallis, Brian (Hrsg.): Art after Modernism. Rethinking Representation, New York 1984

o. Hrsg.: cream. contemporary art in culture, mit Texten von Dan Cameron, Asa Nacking u.a. (Beiträge zu Anna Gaskell, Tracey Moffatt, Sam Taylor-Wood u.a.), London 1998

Ausstellungskataloge

After The Photo-Secession: American Pictorial Photography 1910-1955, mit einem Text von Christian A. Peterson, The Minneapolis Institute of Arts, Minneapolis 1997

Altered Truths. Contemporary Photographs from the Michael Myers/Russell Albright Collection, New Orleans Museum of Art, New Orleans 1990

Anxious Interiors. An Exhibition of Tableau Photography and Sculpture, Laguna Art Museum, Laguna Beach 1984

Arranged Image Photography, Gallery of Art, Boise 1983

California Photography: Remaking Make – Believe, The Museum of Modern Art, New York 1989

Das Capriccio als Kunstprinzip, hrsg. von Mai, Ekkehard, Wallraf-Richartz-Museum Köln (Mailand), 1996

Das Konstruierte Bild. Zur Fotokunst der 80er Jahre, hrsg. v. Köhler, Michael, Kunstverein München 1989/1995

Erweiterte Fotografie, mit Texten von Peter Weibel und Anna Auer, Wiener Secession, Wien 1981

documenta 5. Befragung der Realität. Bildwelten heute, Kassel 1972

Duane Michals. Photographien, Museum für Kunst und Gewerbe, Hamburg 1989

Fabricated to be Photographed, mit einem Text von Van Deren Coke, San Francisco Museum of Modern Art, San Francisco 1979

Fantasies, Fables and Fabrications – Photoworks from the Eighties, Herter Art Gallery, University of Massachusetts, Amherst 1989

Fotografia Buffa. Staged Photography in the Netherlands, mit Texten von Antje von Graevenitz, Klaus Honnef, Paul Donker Duyvis u.a., Groninger Museum, Groningen 1986

Fotografie nach der Fotografie, hrsg. v. Amelunxen von, Hubertus/Igelhaut, Stefan/ Rötzer, Florian, Aktionsforum Praterinsel, München 1996

Het stilleven in de fotografie (Still Life in Photography), mit einem Text von Mariëtte Haveman, Rotterdamse Kunststichting, Rotterdam 1984

Ils se disent peintres – Ils se disent photographers, Musée d'art moderne, Paris 1980

Image Scavengers: Photography, mit einem Text von Paula Marincola, Institute of Contemporary Art, University of Pennsylvania 1982

Images Fabriquées, Musée national d'art modern, Centre Georges Pompidou, Paris 1983 (Zusatzbroschüre aus dem Provinciaal Museum, Hasselt 1984)

Inge Morath. Das Leben als Photographin, Kunsthalle Wien 1995

Inszenierte Wirklichkeit, mit einem Text von Manfred Schmalriede, Museum für Kunst und Kulturgeschichte (anläßlich Focus '89, 7. Internationaler Workshop für Fotografie), Dortmund 1989

Inszenierungen: zeitgenössische Fotografie aus der Bundesrepublik Deutschland, hrsg. von Andreas Müller-Pohle, Göttingen, 1988

1. Internationale Foto-Triennale, mit Texten von Els Barents, Manfred Schmalriede u.a., Villa Merkel/Bahnwärterhaus Esslingen 1989

2. Internationale Foto-Triennale Esslingen 1992. Erfundene Wirklichkeiten, mit Texten von Manfred Schmalriede und Renate Damsch-Wiehager, Galerie der Stadt Esslingen/ Villa Merkel, Stuttgart 1992

Invented Images, mit Texten von Phyllis Plous und Steven Cortright, UCSB Art Museum, University of California, Santa Barbara 1980

Mistaken Identities, mit einem Text von Abigail Solomon-Godeau, University Art Museum, Santa Barbara /Museum Folkwang, Essen 1993

Object / Illusion / Reality, Art Gallery of the California State University, Fullerton, 1979/81

Persona, mit Texten von Diana Thater, Hamza Walker u.a., The Renaissance Society at The University of Chicago/Kunsthalle Basel 1996

Photographic Directions, Los Angeles Center for Photographic Studies, Los Angeles 1979

Photographic Fictions, Whitney Museum of American Art, New York 1986

Photography and Art. Interactions since 1946, mit Texten von Andy Grundberg u.a., Los Angeles County Museum of Art, Los Angeles 1987

Photography as Performance. Message through Object and Picture, mit einem Text von Maureen O'Paley, The Photographers Gallery, London 1986

Photography in California 1945-1980, mit einem Text von Louise Katzman, San Francisco Museum of Modern Art, San Francisco 1984

Pictorialismus in der Photographie, mit einem Text von Urs Tillmanns, Galerie für Kunstphotographie, Zürich 1984

Proof: Los Angeles Art and the Photograph 1960-1980, Laguna Art Museum, Laguna Beach 1992

Prospect 96. Photographie in der Gegenwartskunst, Frankfurter Kunstverein/Schirn Kunsthalle, Frankfurt 1996

Reconsidering the Object of Art: 1965-1975, hrsg. v. Goldstein, Ann/Rorimer, Anne, The Museum of Contemporary Art, Los Angeles 1995

Snapshots. The Photography of Everyday Life. 1888 to the Present, mit einem Text von Douglas R. Nickel, San Francisco Museum of Modern Art, San Francisco 1998

Theâtre des Realités, Metz pour la Photographie, Metz 1986

The Photography of Invention. American Pictures of the 1980s, mit einem Text von Joshua P. Smith, National Museum of American Art/Smithsonian Institution, Washington D.C. 1989

Zeitschriftenartikel

Allert, Tilman: Sebnitz und die Legende von der rückständigen Familie. Diesseits der inszenierten Nachbarschaften: Die Verteidigung einer Institution, in: *Frankfurter Allgemeine Zeitung*, Nr. 303, 30.12.2000, S. 44

Albright, Thomas: Fabricated to be Photographed at the Modern Art (Rez.), in: *San Francisco Chronicle*, 25. Nov. 1979, S. 43-44

Armstrong, Richard: Fabricated to be Photographed (Rez.), in: *Artforum International*, No. 6, Vol. 18, Feb. 1980, S. 106-107

Badger, Gerry: Singular Realities. Some thoughts on staged photography, in: *Creative Camera*, No. 6, 1987, S. 25-29

Bunnell, Peter C.: Photography into Sculpture, in: *Arts in Virginia*. A magazine published by the Virginia Museum, No. 3, Vol. 2, 1971, S. 19ff. (Begleittext zur Ausstellung im Museum of Modern Art, New York 1970)

Coleman, A. D.: The Directorial Mode. Notes toward a definition, in: *Artforum International*, No. 1, Vol. 15, Sept. 1976, S. 55-61

Crimp, Douglas: Pictures, in: *October*, No. 8, Spring 1979, S. 75-88 (wiederabgedruckt in: Wallis, Brian (Hrsg.): Art after Modernism. Rethinking Representation, New York 1984, S. 175-187)

Fisher, Hal: Curatorial Constructions (Rez.), in: *Afterimage*, No. 8, Vol. 7, March 1980, S. 7-9

Haveman, Mariëtte: Staged Photo Events – The frontiers of meaning, in: *Zien Magazine*, No. 4, Vol. 1, Fall 1982, S. 4-7

Herrera Navarro, Javier: Los Origenes des Fotomontaje y del Fotografie pictorica. Henry P. Robinson y Oscar G. Rejlander, in: *Goya, Revista de Arte*, Nr. 164/165, 1981, S. 106-113

Honnef, Klaus: Simulierte Wirklichkeit – Inszenierte Fotografie. Bemerkungen zur Paradoxie der fotografischen Bilder in der modernen Konsumgesellschaft, in: *Kunstforum International*, Band 83, März/April/Mai 1986, S. 88-92

Johnstone, Mark: More camera constructions (Rez.), in: *Artweek*, No. 41, Vol. 10, Dec. 1979, S. 12

Leighten, Patricia D.: Critical Attitudes toward Overtly Manipulated Photography, in: *Art Journal*, No. 2, Vol. 37, Winter 1977/78, S. 133-138 und No. 4, Vol. 37, Summer 1978, S. 313-321

Lewald, August: In die Szene setzen, in: *Allgemeine Theaterrevue*, 3. Jahrgang für 1838, Stuttgart/Tübingen 1837, S. 24-308

Müller-Pohle, Andreas: Inszenierende Fotografie, in: *European Photography*, Nr. 34, Vol. 9, Issue 2, April/Mai/Juni 1988, S. 14 (wiederabgedruckt in: Ausst. Kat. Inszenierungen: zeitgenössische Fotografie aus der Bundesrepublik Deutschland, Göttingen 1988)

Murray, Joan: Fabricated for the camera, in: *Artweek*, No. 41, Vol. 10, Dec. 1979, S. 1 und S. 11/12

Olander, William: 6 Photographers: Concept/Theater/Fiction, in: *Bulletin Allen Memorial Art Museum Oberlin College*, 39. Supplement 1981/82

Römer, Stefan: Wem gehört die Appropriation art?, in: *Texte zur Kunst*, Nr. 26, 7. Jg., Juni 1997, S. 128-137

Schulze, Martin: Spur des Lebens und Anblick des Todes. Die Photographie als Medium des abwesenden Körpers. in: Zeitschrift für Kunstgeschichte, Nr. 64. Bd. 2001, S. 381-396

Thijsen, Mirelle: From »Zien« to »Blind«. Interview mit Gerald van der Kaap, in: *European Photography*, Nr. 41, Vol. 11, Jan./Feb./März 1990, S. 15-16

Visser, Hripsimé: Konstruierte Wirklichkeiten, Inszenierte Fotografie in den Niederlanden der 80er Jahre, in: *European Photography*, Nr. 31, Vol. 8, Juli/Aug./Sept. 1987, S. 15-17

ders.: Rotterdamse School?, in: *Perspektief*, No. 33, Aug. 1988, S. 31-42

Weiermair, Peter: Zum Problem der inszenierten Fotografie im 19. und 20. Jahrhundert, in: *Alte und moderne Kunst*, Nr. 198/199, 30. Jg. 1985, S. 29-37

ohne Autor: 10 best living artists, in: *ARTnews*, Nr. 11, Vol. 98, Dec. 1999, S. 137-14

ohne Autor: Internet-Site www.arts.usf.edu/~marcus/hop/pomo.html

Weitere Quellen

- Brief von Robert Fichter an die Verfasserin vom 27. Mai 1998

Zu den Künstlern [284]

Eileen Cowin

Ausstellungskataloge

Contemporary Photography as Phantasy. A Visualization of a Theory of Life, Santa Barbara Museum of Art, Santa Barbara 1982

Defining Eye. Women Photographers of the 20th Century, mit Texten von Olivia Lahs-Gonzalez und Lucy Lippard, The Saint Louis Art Museum 1997

Double vie, double vue, Fondacion Cartier pour l'art contemporain, Paris 1996

Eileen Cowin, mit einem Text von Mark Johnstone, Gallery Min, Tokio 1987

Eileen Cowin, John Divola: Recent Work. No Fancy Titles, La Jolla Museum of Contemporary Art, La Jolla, 1985

Eileen Cowin and Darryl Curran. The Photographic: Two Points of View, mit einem Text von Judi Freeman, Visual Art Center California State University, Fullerton 1989

Frames of Time and Context: The Development of Photographic Ideas, Los Angeles Gallery at the plaza, Los Angeles 1987

New American Photography, hrsg. v. McCarthy Gauss, Kathleen, Los Angeles County Museum of Art, Los Angeles 1985

Object / Illusion / Reality, Art Gallery of the California State University, Fullerton, 1979/81

Pleasures and Terrors of Domestic Comfort, Museum of Modern Art, New York 1991

Scene of the Crime, hrsg. v. Rugoff, Ralph, Armand Hammer Museum of Art and Culture, Los Angeles 1997

Self as Subject. Visual Diaries by 14 Photographers, University Art Museum, New Mexico 1984

Sofort-Bild-Geschichten. Eileen Cowin, David Levinthal, William Wegman, mit Texten von Ralph Rugoff und Monika Faber, Museum moderner Kunst, Wien 1992

The 90s: A Family of Man? Images of Mankind in Contemporary Art, Casino Luxembourg/Forum d'art contemporain, Luxemburg 1997

the camera i. Photographic Self-Portraits from the Audrey and Sydney Irmas Collection, Los Angeles County Museum of Art, Los Angeles 1994

Third Western States Exhibition, hrsg. v. Kotik, Charlotta, Brooklyn Museum, New York 1986

Untitled 11. Emerging Los Angeles Photographers, Friends of Photography, Carmel 1976

Zeitschriftenartikel

Beller, Miles: Preview: Eileen Cowin and Louise Erdrich at domestic-setting, in: *Artweek*, No. 5, Vol. 26, May 1995, S. 29

Bergen, Phillip: The Style of the Story, in: *Artweek*, No. 17, Vol. 22, Nov. 1991, S. 17

Choon, Angela: o. T., in: *Art + Antiques*, No. 8, Vol. 15, Oct. 1993, S. 24

Fudge, Jane: Dark Passages, in: *Artweek*, No. 22, Vol. 20, April 1989, o. S.

Gottlieb, Shirlie: Eileen Cowin, in: http://www.artscenecal.com/ArticlesFile.../Articles1998/Articles 0998/ECowinA.html

Hagen, Charles: Eileen Cowin at Jayne H. Baum Gallery, in: *Artforum International*, No. 3, Vol. 30, Nov. 1991, S. 136f.

Heartney, Eleanor: Eileen Cowin, in: *Art in America*, Nr. 4, Vol. 77, April 1989, S. 260

dies.: Eileen Cowin, in: *Artnews*, No. 7, Vol. 90, Sept. 1991, S. 133

Jenkins, Steven: Eileen Cowin, in: *Artweek*, July/Aug. 1998, S. 6 und S. 19

Johnstone, Mark: California brain surgery. LA/Ways of Working at the Los Angeles Center for photographic studies, in: *Afterimage*, No. 8, Vol. 9, March 1982, S. 17/18

Kandel, Susan: L. A. in Review, in: *Arts Magazine*, No. 5, Vol. 66, Jan. 1992, S. 90

Katz, Vincent: Wild Rises: A Nash Edition Portfolio, in: *Aperture*, Metamorphoses: Photography in the Electronic Age, No. 136, Summer 1994

Kozloff, Max: Through the Narrative Portal, in: *Artforum International*, No. 8, Vol. 24, April 1986, S. 86-97

Larson, Kay: All American Energy, in: *New York Magazine*, 11. April 1983, o. S.

Lippard, Lucy: Cool Wave, in: *Village Voice* (New York), No. 28, Vol. 29, July 10th 1984, S. 69

Menzies, Neal: Sensous Setups and Dramatic Tableaux, in: *Artweek*, No. 14, Vol. 12, April 1981, S. 11

Nicholson, Chuck: How Photographers work, in: *Artweek*, Vol. 13, Feb. 1982, S. 11

Taylor, Melissa: A Postmodern Look at the World, in: *Artweek*, Vol. 14, April 1984

Wride, Tim W.: Eileen Cowin's Based on an true story, in: *at the museum.* The member's magazine of the Los – Angeles County Museum of Art, No. 10, Vol. 34, Oct. 1996, S. 8

Zellen, Jody: Eileen Cowin, in: *art press*, Nr. 256, Avril 2000, S. 69

Weitere Quellen

- Interview der Verfasserin mit Eileen Cowin am 22. und am 28. Juni 1999 in S. Monica/ Kalifornien
- unveröffentlichte Manuskripte von Eileen Cowin über ihre Arbeit

Jeff Wall

Monographien

o. Hrsg.: Jeff Wall. Transparencies, (mit einem Interview geführt von Els Barents), München 1986

Duve, Thierry de/Pelenc, Arielle/Groys, Boris (Hrsg.): Jeff Wall, London 1996

Joly, Jean-Baptiste (Hrsg.): Symposium. Die Photographie in der zeitgenössischen Kunst, mit Texten von Scott Watson, Jeff Wall, Catherine David u.a., Eine Veranstaltung der Akademie Schloß Solitude, Stuttgart 1990

Lippard, Lucy: Six years: The Dematerialized of the Art Object from 1966 to 1972, New York 1973

Stemmrich, Gregor (Hrsg.): Jeff Wall. Szenarien im Bildraum der Wirklichkeit. Essays und Interviews, Dresden 1997

Ausstellungskataloge

Directions 1981, mit einem Text von Miranda McClintic, Hirshorn Museum and Sculpture Garden, Washington 1981

documenta 8, Bd. 2, Kassel 1987

Ein anderes Klima. Aspekte der Schönheit in der zeitgenössischen Kunst, Städtische Kunsthalle, Düsseldorf 1984

Information, Museum of Modern Art, New York 1970

Jeff Wall, Westfälischer Kunstverein, Münster 1988

Jeff Wall, Louisiana Museum of Modern Art, Humblebæk 1991

Jeff Wall, De Pont stichting voor hedendaagse kunst, Tilburg 1994

Jeff Wall, Museo Nacional Centro de Arte Reina Sofia, Madrid 1994

Jeff Wall, The Museum of Contemporary Art, Chicago 1995

Jeff Wall, mit einem Text von Kerry Brougher, Museum of Contemporary Art Los Angeles, Zürich/Berlin/New York 1997

Jeff Wall. ›1990‹, Vancouver Art Gallery, Vancouver 1990

Jeff Wall – Bilder von Landschaften, Die Photographische Sammlung /Sk Stiftung Kultur, Köln 1999

Jeff Wall. Dead Troops Talk, Kunstmuseum Luzern 1993

Jeff Wall: Landscapes and Other Pictures, Kunstmuseum Wolfsburg 1996

Jeff Wall. Œuvre 1990-1998, mit Texten von Réal Lussier und Nicole Gingras, Musée d'art Contemporain de Montréal, Montréal 1999

Jeff Wall. Restoration, Kunstmuseum Luzern 1994

Jeff Wall. Space and Vision, hrsg. v. Friedel, Helmut, Lenbachhaus München 1996

Jeff Wall. Transparencies, mit einem Text von Ian Wallace, Institute of Contemporary Arts, London 1984

Une autre objectivité, Centre National des Arts Plastiques, Paris 1989

Vancouver: Art and artist. 1931-1983, mit einem Text von Claudia Beck, The Vancouver Art Gallery, Vancouver 1983

Widerstand. Denkbilder für die Zukunft, mit einem Text von Helmut Kronthaler, Haus der Kunst, München 1993

Zeitschriftenartikel

Ammann, Jean-Christophe: Jeff Wall. Odradek, Taboritskà 8, Prag, in: *Giessener Beiträge zur Kunstgeschichte*, Bd. 10, Dettelbach 1997, S. 332-342

Bonnet, Anne-Marie/Metzger, Rainer: Eine demokratische Kunst, eine bourgeoise Tradition der Kunst. Ein Gespräch mit Jeff Wall von Anne-Marie Bonnet und Rainer Metzger, in: *Artis. Zeitschrift für neue Kunst*, Nr. 2, Jg. 47, Feb./März 1995, S. 46-51

Bryson, Norman: Jeff Wall, enlightement boxes, in: *art/text*, No. 56, Feb./April 1997, S. 56-63

Gardner, Belinda: Lakonie der Landschaft, Gespräch zwischen Belinda Gardner und Jeff Wall, in: *neue bildende kunst, Zeitschrift für Kunst und Kritik*, Nr. 4, 6. Jg., Aug.-Sept. 1996, S. 34-41

Kuspit, Donald B.: Looking Up at Jeff Wall's Modern ›Appasionamento', in: *Artforum International*, Nr. 7, Vol. 20, March 1982, S. 52-56

Marzo, Jorge Louis: Memory and Reality, in: *Lapiz. International Art Magazine*, No. 65, 8. Jg., Feb. 1990, S. 66-75

Müller, Jürgen: Progressive Universalpoesie des Medienzeitalters, in: *Texte zur Kunst*, Nr. 14, 4. Jg., Juni 1994, S. 164-170

Rollmann, Barbara: Kunst hat viel mit Würde zu tun. Interview zwischen Jeff Wall und Barbara Rollmann, in: *Süddeutsche Zeitung*, Nr. 130, 10. Juni 1997, S. 16

Seamon, Roger: The Uneasy Sublime, in: *Parachute*, No. 66, Avril/Mai/June 1992, S. 11-19

Watson, Scott: Canada Dry. Zweimal Sechs Künstler aus Vancouver, in: *Wolkenkratzer Art Journal*, Nr. 2, 5. Jg., März/April 1988, S. 28-33

Weitere Quellen

- Brief des Künstlers an die Verfasserin vom 7. Mai 2000
- Interview mit Jeff Wall im Rahmen der Fernsehreihe »contacts/Kontaktabzüge. Wall / Bustamente«. ausgestrahlt in Arte (D), 2000
- *Parkett Kunstzeitschrift:* Collaborations Jeff Wall, Christian Boltanski, Nr. 22, 1989, S. 52-89
- *Parkett Kunstzeitschrift:* Douglas Gordon, Jeff Wall, Laurie Anderson, Nr. 49, 1997, S. 84-123

Cindy Sherman

Monographien/Ausstellungskataloge/Zeitschriftenartikel

Krauss, Rosalind: Cindy Sherman 1975-1993, New York 1993

dies.: Bachelors, Massachusetts 1999

Neven Du Mont, Gisela/Dickhoff, Wilfried (**Hrsg.**): Cindy Sherman (im Gespräch mit Wilfried Dickhoff), in: *Kunst heute*, Nr. 14, Köln 1995

Rice, Shelley (**Hrsg.**): Inverted Odysseus. Claude Cahun, May Deren, Cindy Sherman, Massachusetts 1999

Rhodes, Richard: Cindy Sherman's Untitled Film Stills, in: *Parachute* No. 26, Sept./Oct./Nov. 1982, S. 5-7

Schneider, Christa: Cindy Sherman – History Portraits. Die Wiedergeburt des Gemäldes nach dem Ende der Malerei, München 1995

Zdenik, Felix/Schwander, Martin (**Hrsg.**): Cindy Sherman. Photoarbeiten 1975-1995, München 1995

o. Hrsg.: Cindy Sherman. History Portraits, mit einem Text von Arthur C. Danto, München 1991

o. Hrsg.: Cindy Sherman (3. Auflage), mit Texten von Els Barents und Peter Schjeldahl, München 1987

Anna Gaskell

Ausstellungskataloge

Anna Gaskell – Visit to Remarkable Places, Kölnischer Kunstverein, Köln 2002 (noch nicht erschienen)

I love New York. Crossover der aktuellen Kunst, Museum Ludwig, Köln 1998

James Casebere, Anna Gaskell, Jitka Hanzlová, Tim Macmillan, Tracey Moffatt, The Citibank Private Bank Photography Prize 2000, The Photographers Gallery, London 2000

Stills: Emerging Photography in the 1990s, Walker Art Center Gallery, Los Angeles 1997

»Unheimlich«/»Uncanny«, mit einem Text von Urs Stahel, Fotomuseum Winterthur 1999

Zeitschriftenartikel

Avgikos, Jan: Anna Gaskell, in: *Artforum International,* No. 6, Vol. 36, Feb. 1998, S. 93

Blase, Christoph: Abenteuerreisen mit Mutter und Kind, in: *Blitz Review,* http://blitzreview.thing.at/blitzreview/b-565.html

Cohen, Michael: Anna Gaskell, in: *Flash Art International,* No. 198, Vol. 31, Jan./Feb. 1998, S. 101

Fogle, Douglas: Stills, in: *Camera Austria International,* Nr. 62/63, 1998, S. 26-34

Frankel, David: The name of the place, in: *Artforum International,* No. 9, Vol. 36, May 1997, S. 104

Koegle, Alice: Anna Gaskell – Sally Salt Says, in: *Eikon. Internationale Zeitschrift für Photographie und Medienkunst,* Heft 31, April 2000, S. 40

Luz, Kathrin: Gaskells Girls. Vorboten des Bösen oder kleine Unschuldsengel?, in: *Frame. The state of the Art,* Nr. 4, Sept./Okt. 2000, S. 106/107

Mahoney, Robert: anna gaskell's ›wonder‹, in: http://www.artnet.com/magazine/reviews/mahoney/mahoney12-16-97.html.

Richard, Frances: Anna Gaskell, in: *Artforum International,* No. 7, Vol. 38, March 2000, S. 130/131

Romano, Gianni: Anna Gaskell, in: *Zoom,* Nr. 161, July 1999, S. 24

Weitere Quellen

- Brief der Künstlerin an die Verfasserin vom 26. September 2000

Sharon Lockhart

Ausstellungskataloge

1997 Biennial Exhibition, Whitney Museum of American Art, New York 1997

2000 Biennial Exhibition, Whitney Museum of American Art, New York 2000

Cinéma, Cinéma. Contemporary Art and the cinematic experience, mit einem Text von Jaap Guldemond, Stedelijk Van Abbemuseum, Eindhoven, 1999

Hall of Mirrors: Art and Film since 1945, Museum of Contemporary Art, Los Angeles 1996

Moving Images. Film und Reflexion in der Kunst,Galerie für zeitgenössische Kunst, Leipzig 1999

Quotidiana. The Continuity of the Everyday in the 20th Century, Castello Di Rivoli, Museo D'arte Contemporanea, Mailand 2000

Sharon Lockhart, Museum of Contemporary Art, Chicago 2001

Sharon Lockhart. Goshogaoka Girls Basketball Team, mit einem Text von Bérénice Reynaud, Wako Works of Art, Tokyo 1998

Sharon Lockhart. Teatro Amazonas, mit Texten von Timothy Martin und Ivone Margulies, Museum Boijmans Van Beuningen, Rotterdam 1999

Zeitschriftenartikel

Altstadt, Rosanne: Sharon Lockhart im Gespräch mit Rosanne Altstatt, in: *neue bildende Kunst,* No. 4, Juni/Juli 1999, S. 37-41

Aukeman, Anastasia: Sharon Lockhart at Friedrich Petzel, in: *Art in America,* No. 4, Vol. 84, April 1995, S. 112/113

DeBord, Matthew: The recurrent American rhetoric of contradiction, in: *siksi: The Nordic Art Review,* No. 3, Vol. 12, Autumn 1997, S. 76-79

Diederichsen, Diedrich: Oostende, in: *Texte zur Kunst,* Nr. 14, 4. Jg., Juni 1994, S. 214-216

Dziewior, Yilmaz: Sharon Lockhart talks about teatro amazonas in: *Artforum International,* No. 6, Vol. 38, Feb. 2000, S. 104/105

Farmer, John Alan: Sharon Lockhart. Interview Locations/Family Photographs, in: *art journal,* No. 1, Vol. 59, Spring 2000, S. 64-73

Greenstein, M. A.: Sharon Lockhart, in: *Art Issues,* No. 43, Summer 1996, S. 37

Hainley, Bruce: Shooting Hoops, in: *Artforum International,* No. 9, Vol. 36, May 1998, S. 19

Intra, Giovanni: Sharon Lockhart, Laura Owens, Frances Stark, in: *Flash Art International,* Nr. 197, Vol. 30, Nov./Dec. 1997, S. 76

Pokorny, Sidney: Sharon Lockhart, in: *Artforum International,* No. 8, Vol. 36, April 1997, S. 92

Relyea, Lane: Sharon Lockhart, in: *Artforum International,* No. 3, Vol. 33, Nov. 1994, S. 80/81

Self, Dana: Sharon Lockhart, in: http://www.kemperart.org/large_images/s_lockhart_essay.html

Stjernstedt, Mats: Retakes. Sharon Lockhart's Work in Film, in: *Paletten,* Nr. 224, Jan. 1996, S. 31-36

Troncy, Eric: Beauty and the Beast, in: *art press,* No. 208, Dec. 1995, S.72/73

Tracey Moffatt

Ausstellungskataloge

4. Internationale Fototriennale. Fotografie als Handlung, hrsg. v. Wiehager, Renate, Galerie der Stadt Esslingen, Ostfildern 1998

James Casebere, Anna Gaskell, Jitka Hanzlová, Tim Macmillan, Tracey Moffatt, The Citibank Private Bank Photography Prize 2000, The Photographers Gallery, London 2000

Quotidiana. The Continuity of the Everyday in the 20th Century, Castello Di Rivoli, Museo D'arte Contemporanea, Mailand 2000

Tracey Moffatt, mit Texten von John Yoau, Gerald Matt, Martin Hentschel, Bert Rebhandl, hrsg. v. Matt, Gerald/Hentschel, Martin, Kunsthalle Wien 1998

Tracey Moffatt, mit Texten von Régis Durand und Marta Gili, Centre National de la photographie, Paris/Fundació »la Caixa«, Barcelona 1999

Tracey Moffatt. Laudanum, hrsg. v. Reinhardt, Brigitte, Ulmer Museum, Ostfildern 1999

Zeitschriftenartikel

Durand, Régis: Tracey Moffatt. Un théâtre pour personne, in: *Art Press*, Nr. 250, Oct. 1999, S. 37-41

Hofleitner, Johanna: Tracey Moffatt – A view from Australia, in: *Eikon. Internationale Zeitschrift für Photographie und Medienkunst,* Heft Nr. 24, 1998, S. 40/41

Hübl, Michael: Blues'N'Balls. Tracey Moffatt und Tony Brown, in: *Kunstforum International,* Bd. 141, Juli-Sept. 1998, S. 396-399

Kempkes, Anke: Das Tracey Moffatt-Fieber, in: *Springerin. Hefte für Gegenwartskunst,* Nr. 1, Bd. 4, März-Mai 1998, S. 22-25

Lajer-Burcharth, Ewa: Eine Fremde im Innern, in: *Parkett,* Nr. 53, Sept. 1998, S. 47-54

Luz, Kathrin: Das Melodram in der zeitgenössischen Kunst, in: *Noëma artjournal,* Nr. 49, Okt./Nov. 1998, S. 38-45

Martin, Adrian: Tracey Moffatts Australien. (Eine Annäherung), in: *Parkett,* Nr. 53, Sept. 1998, S. 28-35

Metzger, Rainer: Plot und Pleasure: Die Australische Film- und Fotokünstlerin Tracey Moffatt, in: *Noëma artjournal,* Nr. 47, April/Mai/Juni 1998, S. 30-37

Pesch, Martin: Tracey Moffatt, in: *Kunstforum International,* Nr. 140, April-Juni 1997, S. 395

Schenk-Sarge, Jutta: Tracey Moffatt. Laudanum, in: *Kunstforum International,* Nr. 148, Dezember 1999, S. 308/309

Sirmans, Franklin: Tracey Moffatt. So Many Stories to Tell, in: *Flash Art International,* No. 195, Vol. 30, Summer 1997, S. 118-121

Sam Taylor-Wood

Ausstellungskataloge

Art & and Video in Europe, hrsg. v. Movin, Lars/Christensen, Torben, Statens Museum for Kunst, Det kongelige danske Kunstakademie, Kopenhagen 1996

Art from the UK, mit einem Text von Carl Freedman, hrsg. v. Goetz, Ingvild/Meyer-Stoll, Christiane, Sammlung Goetz, München 1997

Dimensions variable. New Works for the British Council Collection, mit Texten von Ann Gallagher, The British Council, London 1997

Eine barocke Party. Augenblicke des Welttheaters in der zeitgenössischen Kunst, Kunsthalle, Wien 2001

Life/Live, Musée d'Art Moderne de la Ville de Paris, Paris 1996

Moving Images. Film und Reflexion in der Kunst, Galerie für zeitgenössische Kunst, Leipzig 1999

Quotidiana. The Continuity of the Everyday in the 20th Century, Castello Di Rivoli, Museo D'arte Contemporanea, Mailand 2000

Sam Taylor-Wood. Third Party, hrsg. v. Hentschel, Martin, Württembergischer Kunstverein, Stuttgart 2000

Sensation. Young British Artists from the Saatchi Collection, Nationalgalerie im Hamburger Bahnhof, Berlin 1998

Sincerely yours, mit Texten von Øystein Ustvedt, Astrup Fernley Museum of Modern Art, Oslo 2000

Talk. Show. Die Kunst der Kommunikation in den 90er Jahren, hrsg. v. Meyer-Büser, Susanne/Schwenk, Bernhart, Von der Heydt-Museum, Wuppertal 1999

Zeitschriftenartikel

Birnbaum, Daniel: Sam Taylor-Wood, in: *Artforum International*, No. 3, Vol. 35, Nov. 1996, S. 88/89

Bonami, Francesco: Sam Taylor-Wood. Brainspotting, in: *Flash Art International*, Nr. 193, Vol. 30, March-April 1997, S. 96-100

ders.: Gleitende Übergänge. Sam Taylor-Woods Erfindung des Dialogs, in: *Parkett*, Nr. 55, Juni 1999, S. 135-137

Bronfen, Elisabeth: Den Antagonismus aushalten. Sam Taylor-Woods ›Fünf revolutionäre Sekunden‹, in: *Parkett*, Nr. 55, Juni 1999, S. 121-129

Hilty, Greg: L'experience de la séparation. Interview avec Sam Taylor-Wood, in: *art press*, Nr. 237, Juli/Augs. 1998, S. 42-46

Huck, Brigitte: Sam Taylor-Wood. Der Konflikt als Syndrom, in: *Frame. The State of the Art*, Nr. 1, Jan./Feb. 2000, S. 48-55

Lajer-Burcharth, Ewa: Die monologische Vision, in: *Parkett*, Nr. 55, Juni 1999, S. 146-151

Roberts, James: Making a Drama out of a Crisis, in: *frieze*, Nr. 44, Jan./Feb. 1999, S. 50-55

Anmerkungen

1 Zum Bildbegriff bzw. zur Kunstgeschichte als Bildwissenschaft vgl. unter vielen anderen, Mitchell, W. J. T.: Picture Theory. Essays on verbal and visual representation, Chicago/London 1994; Belting, Hans: Bild-Anthropologie. Entwürfe zu einer Bildwissenschaft, München 2000 und speziell zum Bildbegriff in der Fotografie Drück, Patricia: Die Porträts von Thomas Ruff im Kontext ausgewählter Beispiele. Das Bild des Menschen in der Fotografie des ausgehenden 20. Jahrhunderts (Diss.), 2002.

2 Als allgemeine bibliographische Angabe zur Fotografie soll hier der Hinweis auf die von Michel Frizot herausgegebene »Neue Geschichte der Fotografie« (Köln 1998) genügen, die ein umfassendes Literaturverzeichnis zu generellen Fragen der Fotografie, sowie zu speziellen Themen und Künstlern enthält.

3 Vgl. etwa Thater, Diana/Walker, Hamza: Gay..., Black..., Female..., Whatever, in: Ausst. Kat. Persona, The Renaissance Society at The University of Chicago/ Kunsthalle Basel 1996; Owens, Craig: The Discourse of Others: Feminists and Postmodernism, in: Owens, Craig: Beyond Recognition, Representation, Power and Culture, Berkely 1992 oder Neumaier, Diane (Hrsg.): Reframings. New American Feminist Photographies, Philadelphia 1995.

4 Ich denke hier etwa an Publikationen amerikanischer Fototheoretiker, die ins Deutsche übersetzt wurden (u. a. von Abigail Solomon-Godeau, Rosalind Krauss und Douglas Crimp) oder an Ausstellungen, die aus den USA übernommen wurden (z. B. »Persona«, 1996 von der Kunsthalle Basel »unverfälscht« von der Renaissance Society der University of Chicago übernommen oder »Mistaken Identities«, in S. Barbara von Abigail Solomon-Godeau und Constance Lewallen konzipiert und u. a. im Museum Folkwang in Essen und im Neuen Museum Weserburg in Bremen gezeigt).

5 Hofmann, Werner: Grundlagen der Modernen Kunst (2. Auflage), Stuttgart 1978, S. 43.

6 Vgl. dazu auch die tabellarische Auflistung im Anhang, die belegt, wie viele Fotokünstler in Kalifornien leben und arbeiten.

7 U. a. »Object/Illusion/Reality«, Art Gallery of the California State University, Fullerton 1979/81, »Fabricated to be photographed«, San Francisco Museum of Modern Art, San Francisco 1979, »Invented Images«, UCSB Art Museum, University of California, S. Barbara 1980 oder »Anxious Interieurs. An Exhibition of Tableau-Photography and Sculpture«, Laguna Art Museum, Laguna Beach 1984, jeweils mit Katalog.

8 »Dokumentarisch« bedeutet zunächst einmal nur, daß ein Sachverhalt mit der Kamera festgehalten wird, wobei in der Regel größtmögliche Objektivität des Fotografen vorausgesetzt wird. Künstlerische Gedanken treten in den Hintergrund, da der Wunsch nach sachlich-neutraler Dokumentation ein Hauptanliegen ist. Kennzeichnend für die Dokumentarfotografie ist in der Regel eine Aufnahmetechnik, die nach maximaler Objektivität strebt – kein Kunstlicht, wenig scharfe Kontraste, eine dem Auge angemessene variierende Tiefenschärfe –, wobei auch diese Kriterien dokumentarischen Fotografien zuwider laufen können. Einziges überprüfbares

Charakteristikum ist daher das Motiv, das Aufzeigen sozialen Lebens und sozialer Umstände. Dieses Motiv kann aber ebenso gut mit den Mitteln der Inszenierung dargestellt werden.

9 Will man den Begriff genauer definieren, muß natürlich unterschieden werden zwischen dem Schnappschuß des Amateurfotografen (Familienbilder, Urlaubsfotos etc.) und der Schnappschußaufnahme des Künstlerfotografen. Douglas R. Nickel spricht sich allerdings in einer der wenigen wissenschaftlichen Publikationen zum Thema entschieden gegen eine solche Trennung aus, da der Schnappschuß für ihn ohnehin ein auf Amateurfotografie beschränkter Begriff ist. Ich stimme dieser Trennung nicht zu, da »Schnappschußfotografie« durchaus mit *Street Photography* identisch sein kann. In erster Linie handelt es sich um eine Aufnahmetechnik, die es in der Fotografie gegeben hat, seitdem die Kameratechniken entsprechend entwickelt waren, verstärkt aber in der 2. Hälfte des 20. Jahrhunderts. Für Nickel gibt es keine Schnappschußästhetik, u. a. da der tatsächliche Schnappschuß (des Amateurs) mit einem Objektiv aufgenommen ist, das seiner Meinung nach mit der Aufnahmetechnik sog. »Hoher Kunst« nur peripher zu tun hat. Vgl. Nickel, Douglas R.: The Snapshot – Some Notes, in: Ausst. Kat. Snapshots. The Photography of Everyday Life, 1888 to the Present, San Francisco Museum of Modern Art, 1998, S. 12ff.

10 Der Begriff geht auf eine sehr freie Übersetzung von »à la sauvette« zurück, was soviel wie »vom Schwarzmarkt« oder »heimlich/illegal«, aber auch »auf offener Straße« bedeutet. Henri Cartier-Bresson meinte damit, daß er die Bilder im entscheidenden Moment der Realität entwendet, ohne daß es jemand merkt. Vgl. Ausst. Kat. Inge Morath. Das Leben als Photographin, Kunsthalle Wien 1999, S. 12f.

11 Rosenblum, Naomi: A World History of Photography, New York 1984, S. 483.

12 Vgl. dazu auch Katzman, Louise: The California Photography Boom and Decline: 1970-1980, in: Ausst. Kat. Photography in California 1945-1980, San Francisco Museum of Modern Art, 1984, S. 81-94 oder Ausst. Kat. Proof: Los Angeles Art and the Photograph 1960-1980, Laguna Art Museum, Laguna Beach 1992, S. 11-34. In beiden Publikationen wird besonders die kalifornische Fotografie berücksichtigt.

13 Vgl. zu den Veränderungen der Fotografie unter vielen anderen Davis, Keith F.: An American Century of Photography. From dry-plate to digital, Kansas City (Missouri) 1995, S. 292ff. oder Wall, Jeff: ›Marks of Indifference‹: Aspects of Photography in, or as, Conceptual Art, in: Ausst. Kat. Reconsidering the Object of Art: 1965-1975, hrsg. v. Goldstein, Ann/Rorimer, Anne, The Museum of Contemporary Art, Los Angeles 1995 (wiederabgedruckt in: Stemmrich, Gregor (Hrsg.): Jeff Wall, Szenarien im Bildraum der Wirklichkeit, Dresden 1997, S. 375-434).

14 Neben der Fotografie wird der Inszenierungsbegriff mittlerweile auch für der Kunst und dem Theater ganz fremden Bereichen verwendet, vgl. z. B. Tilman Allert, Sebnitz und die Legende von der rückständigen Familie. Diesseits der inszenierten Nachbarschaften: Die Verteidigung einer Institution, in: *Frankfurter Allgemeinen Zeitung*, Nr. 303 vom 30. Dezember 2000, S. 44.

15 Brock, Bazon: Ein neuer Bilderkrieg, in: Ausst. Kat. documenta 5. Befragung der Realität. Bildwelten heute, Kassel 1972, S. 2·3 ff., insbesondere S. 2·7-2·8.

16 Coleman, A. D.: The Directorial Mode. Notes toward a definition, in: *Artforum International*, No. 1, Vol. 15, Sept. 1976, S. 55-61 (in dt. Übersetzung in: Kemp, Wolfgang: Theorie der Fotografie III. 1945-1980, München 1983, S. 239-243, und Coleman, A. D.: Constructed Realities, in: Coleman, A.D.: The Grotesque in Photography, Verona 1977, S. 72-75.

17 Zur Theaterfotografie vgl. Morgan, Williard (Hrsg.): The Encyclopedia of Photography, Vol.19, New York 1963, S. 3517ff. Der *Stage Photography* ist hier ein eigenes Kapitel gewidmet, in dem beschrieben wird, welches Equipment und welche Bedingungen ein Fotograf braucht, um »am Set« fotografieren zu können. Der Autor beschreibt die Theaterfotografie als »a carefully planned, well-lighted, completely thought-out series of many pictures that clearly and graphically tell the story of the show« (S. 3521).

18 Leighten, Patricia D.: Critical Attitudes toward Overtly Manipulated Photography in the 20th Century, in: *Art Journal*, No. 2, Vol. 37, Winter 1977/78, S. 133-138 und *Art Journal*, No. 4, Vol. 37, Summer 1978, S. 313-321.

19 Invented Images, 1980; Staged Photo Events, Arts Council, Rotterdam 1982; Arranged Image Photography, Boise Gallery of Art, Boise 1983; Image Fabriquées, Musée national d'Art modern, Paris 1983; Photographic Fictions, Whitney Museum of American Art, New York 1986, jeweils mit Katalog.

20 Olander, William: 6 Photographers: Concept/Theater/Fiction, in: *Bulletin Allen Memorial Art Museum*, 39. Supplement 1981/82, S. 14 (begleitend zur Ausstellung »New Voices 2:6 Concept, Theater, Fiction«); Visser, Hripsimé: Konstruierte Wirklichkeiten. Inszenierte Fotografie in den Niederlanden der 80er Jahre, in: *European Photography*, Nr. 31. Vol. 8, Issue 3, Juli/Aug./Sept. 1987, S. 15-17; Badger, Gerry: Singular Realities. Some thoughts on staged photographs, in: *Creative Camera*, No. 6, 1987, S. 25-29; Wall, Jeff in: Ausst. Kat. Prospect. Photographie in der Gegenwartskunst, Frankfurter Kunstverein/Schirn Kunsthalle, Frankfurt 1996, S. 328 und Gardner, Belinda, Lakonie der Landschaft. Gespräch zwischen Belinda Gardner und Jeff Wall, in: *neue bildende kunst*, Nr. 4, 6. Jg., Aug.-Sept. 1996, S. 41.

21 Weibel, Peter: Inszenierte Wahrnehmung, in: Ausst. Kat. Erweiterte Fotografie, 5. Internationale Biennale, Wiener Secession, Wien 1981, S 33-34.

22 Weiermair, Peter: Zum Problem der inszenierten Fotografie im 19. und 20. Jahrhundert, in: *alte und moderne Kunst*, Heft 198/199, 30 Jg. 1985, S. 29-37.

23 Müller-Pohle, Andreas: Inszenierende Fotografie, in: *European Photography*, Nr. 34, Vol. 9, Issue 2, April/Mai/Juni 1988, S. 14. Wiederabgedruckt in: Ausst. Kat. Inszenierungen: zeitgenössische Fotografie aus der Bundesrepublik Deutschland, Göttingen 1988, S. 10 und Scully, Julia in: Ausst. Kat. Duane Michals. Photographien, Museum für Kunst und Gewerbe, Hamburg 1989, S. 13.

24 Vgl. Weiermair, Peter, 1985, S. 29 und zur piktorialistischen Fotografie Kapitel 5 dieser Publikation.

25 Z. B. Hoy, Anne H.: Fabrications – Staged, Altered, and Appropriated Photographs, New York 1987 oder Olander, William, 1981/82.

26 Zur Diskussion digitaler Fotografie vgl. Ausst. Kat. Fotografie nach der Fotografie, hrsg. v. Amelunxen von, Hubertus/Igelhaut, Stefan/Rötzer, Florian, Aktionsforum Praterinsel, München 1996 oder zusammenfassend Schulz, Martin: Spur des Lebens und Anblick des Todes. Die Photographie als Medium des abwesenden Körpers, in: *Zeitschrift für Kunstgeschichte*, Nr. 3, 64. Bd. 2001, S. 396. Grundsätzlich gehe ich in dieser Untersuchung – wenn überhaupt – höchstens von digitalisierten Fotografien aus, wobei der digitale Eingriff an der vorhandenen Bildvorlage dem Status des Inszenierten oder Konstruierten/Arrangierten Bildes nichts nimmt. Die Diskussion um die Postfotografie klammere ich hingegen für den hier untersuchten Bereich der Inszenierten Fotografie aus.

27 Vgl. etwa die Ausstellungen Inszenierte Wirklichkeit, Museum für Kunst und Kulturgeschichte, Dortmund 1989 oder 2. Internationale Foto-Triennale. Erfundene Wirklichkeiten, Galerie der Stadt Esslingen, Stuttgart 1992 oder auch Coleman, A. D., 1977, S. 72-75.

28 Ich beziehe mich hier auf einen Wirklichkeitsbegriff wie er etwa bei Brugger, Walter (Hrsg.): Philosophisches Wörterbuch, Freiburg 1976, S. 470f. zu finden ist. Auch die Bezeichnung empirische oder faktische Wirklichkeit kann in diesem Sinn verwendet werden.

29 Baudrillard, Jean: Agonie des Realen, Berlin 1978.

30 U. a. verwendet Klaus Honnef die Bezeichnung »Simulated Realities« für das Phänomen der Inszenierten Fotografie. Vgl. Honnef, Klaus: Simulated Realities, in: Ausst. Kat. Fotografia Buffa. Staged Photography in the Netherlands, Groninger Museum, Groningen 1986, S. 29ff.

31 Das Defizit an Beschreibungen für die Fotografie wird durchaus auch von Fotografen selbst festgestellt. So beklagte etwa der Fotograf Wolfgang Tillmans in einem Vortrag (Februar 2000, München) über seine Arbeit den Mangel an Begriffen, mit dem Kritiker seine Fotografien beschreiben, kam bezeichnenderweise bei der Beschreibung seiner Bilder aber selbst nicht über Umschreibungen wie »Schnappschuß« oder »Inszenierung« hinaus.

32 Coleman, A. D., 1976, S. 55-61.

33 Ebd. S. 55. Dieses und alle folgenden, ursprünglich englischsprachigen Zitate sind – soweit sie nicht als ganze Sätze übernommen werden – von mir übersetzt.

34 Ebd. S. 56.

35 Ebd. S. 57.

36 U. a. Armstrong, Richard in: *Artforum International*, No. 6, Vol. 18, Feb. 1980, S. 106f., Fisher, Hal: Curatorial Constructions, in: *Afterimage*, No. 8, Vol. 7, März 1980, S. 7-9 und Murray, Joan in: *Artweek*, No. 41, Vol. 10, Dez. 1979, S. 1 und 12.

37 Coke, Van Deren in: Ausst. Kat. Fabricated to be photographed, 1979, S. 2.

38 Vgl. Coke, Van Deren in: Ausst. Kat. Fabricated to be photographed, 1979, S. 3.

39 Vgl. dazu auch Fisher, Hal, 1980, S. 7.

40 Albright, Thomas: Fabricated to be Photographed at the Modern Art, in: *San Francisco Chronicle*, 25. Nov. 1979, S. 43-44. (»If so, why lump them all together and encourage their work to be seen in terms of a common theme«, S. 43)

41 »Invented Images«, 1980.

42 Vgl. Plous, Phyllis: Invented Images, in: Ausst. Kat. Invented Images, 1980, S. 8.

43 Ebd. S. 8.

44 Ebd. S. 8.

45 Olander, William, 1981/82 (Ausstellungsdauer von Sept. 1981 bis Nov. 1981), S. 1-4. Die Ausstellung fand im Allen Memorial Art Museum in Oberlin (Kansas) statt.

46 Vgl. z. B. Rosalind Krauss, deren Essay »A note on photography and the simulacral« erstmals im Winter 1981 veröffentlicht wurde, in: *October* No. 31, Winter 1981, bzw. in einer größeren Auflage 1990 in: Squiers, Carol: The Critical Image. Essays on Contemporary Photography, Seattle 1990, S. 15-27. In deutsch u.a. in Amelunxen, Hubertus von: Theorie der Fotografie IV. 1980-1995, München 2000, S. 260-176.

47 Olander, William, 1981/82, S. 1.

48 Vgl. Olander, William, 1981/82, S. 1.

49 Vgl. Olander, William, 1981/82, S. 2.

50 Image Scavengers: Photography, Institute of Contemporary Art, University of Pennsylvania 1982/83.

51 Marincola, Paula in: Ausst. Kat. Image Scavengers: Photography, 1982/83, S. 5. Mit Ausnahme von René Santos, der nicht ausgestellt wurde, wurden alle Künstler die schon in Oberlin zu sehen waren, auch in Pennsylvania gezeigt und vier weitere kamen noch hinzu: Cindy Sherman, Sherrie Levine, Laurie Simmons und Barbara Kruger.

52 Am gleichen Ort und zeitgleich zur Ausstellung »Image Scavengers: Photography« fand die Ausstellung »Image Scavengers: Painting« statt, die die entsprechenden Quellen für die Malerei untersuchte.

53 Zur *appropriation art* s. auch S. 49.

54 Zur Ausbildung vgl. auch jeweils die biographische Zeile in der dritten Spalte des Anhangs, die deutlich macht, daß 1.) sehr viele Fotokünstler in Kalifornien studiert haben, 2.) die meisten von der Bildhauerei, der Malerei oder dem Theater kommen, und 3.) die wenigsten eine klassische Fotografenausbildung haben.

55 Haveman, Mariëtte: Staged Photo Events – The frontiers of meaning, in: *Zien Magazine*, No. 4, Fall 1982, Vol. 1, S. 4-7.

56 Vgl. Haveman, Mariëtte, 1982, S. 4.

57 Vgl. Haveman, Mariëtte, 1982, S. 4.

58 *Kunstforum International.* Dokumentation: Inszenierte Fotografie I und II, Heft 83-84, März/April/Mai 1986-Juni/Juli/August 1986 (mit einem Text von Klaus Honnef).

59 Honnef, Klaus: Simulierte Wirklichkeit – Inszenierte Fotografie. Bemerkungen zur Paradoxie der fotografischen Bilder in der modernen Konsumgesellschaft, in: *Kunstforum International,* Heft 83, 1986, S. 89.

60 Als wahllos erweisen sich in den beiden Themenheften etwa die aufgestellten Kategorien und die ihnen zugeordneten Fotokünstler. Warum etwa **Nan Goldin** unter der Kategorie »Die Welt als Fiktion« zu finden ist, erklärt sich aus ihrer Arbeit nur über große gedankliche Umwege.

61 »Image Fabriquées«, 1983; »Arranged Image Photography«, 1983. In Boise wurden Arbeiten von 40 (!) Künstlern gezeigt. »Photographic Fictions«, 1986; »Fotografia Buffa. Staged Photography in the Netherlands«, 1986.

62 Hoy, Anne H., 1987, S. 7.

63 Hier verkürzt Hoy die Idee Postmoderner Fotografie etwas mißverständlich, da die »postmodern artists« nicht behaupten, daß die individuelle Bild-Erfindung an sich überflüssig ist, sondern daß sie angesichts der bereits vorhandenen Bilderfülle überflüssig ist. Vgl. zur postmodernen Fotografie auch die Ausführungen in Kapitel 3.

64 Vgl. Hoy, Anne H., 1987, S. 9.

65 Hoy, Anne H., 1987, S. 9.

66 Ebd. S. 94.

67 Ebd. S. 94. Mit welchen Schwierigkeiten eine solch detaillierte Unterteilung verbunden ist, werden noch die Einteilungen zeigen, die Michael Köhler hinsichtlich des »konstruierten Bildes« vornimmt, da Köhler zum Teil mit den gleichen Künstlern weitere Themengruppen einführt. Damit die Kategorien nicht zu unübersichtlich werden, ist es grundsätzlich sinnvoller, mit weniger Kategorien zu agieren.

68 Ausst. Kat. Das konstruierte Bild. Zur Fotokunst der 80er Jahre, hrsg. v. Köhler, Michael, Kunstverein München, München/Zürich 1989/1995. Köhler setzt die achtziger Jahre bereits 1979 an, »dem Jahr der ersten Ausstellung [Fabricated to be photographed, 1979], die auf das Konstruierte Bild als neuer Strategie der Fotokunst aufmerksam machte«, S. 35.

69 Vgl. Köhler, Michael: Arrangiert, konstruiert und inszeniert – vom Bilder-Finden zum Bild-Erfinden, in: Ausst. Kat. Das konstruierte Bild, 1989/1995, S. 15.

70 Vgl. zu Köhlers Ausführungen bzgl. postmoderner Fotografie auch S. 44 ff. Ansonsten bezieht sich Köhler hier u. a. auf Jean Baudrillard und dessen »Agonie des Realen« (Berlin 1978), vgl. Köhler, Michael in: Ausst. Kat. Das konstruierte Bild, 1989/1995, S. 22ff.

71 Köhler, Michael in: Ausst. Kat. Das konstruierte Bild, 1989/1995, S. 34.

72 Vgl. Köhler, Michael in: Ausst. Kat. Das konstruierte Bild, 1989/1995, S. 38.

73 Köhler, Michael in: Ausst. Kat. Das konstruierte Bild, 1989/1995, S. 34. Wie schnell eine Kategorienfindung beliebig werden kann, demonstriert die Einteilung, die im Vorwort des Katalogs zur 2. Internationalen Fototriennale in Esslingen zum Thema der Inszenierten Fotografie vorgenommen wurde: Renate Damsch-Wiehager nennt hier die »Selbstinszenierung wie die Inszenierung des Bildgegenstandes bzw. des Subjekts, die Manipulation mittels des fotografischen Apparates, Inszenierungen mit Hilfe einer raffinierten Lichtregie, koloristische Verfremdungen oder die Anordnung der Bilder in Sequenzen, Reihungen, raumbezogene Arrangements.«, vgl. Damsch-Wiehager, Renate, in: Ausst. Kat. 2. Internationale Foto-Triennale Esslingen. 1992, S. 11.

74 Z. B. »Fabrications: Staged, Altered and Appropriated Photographs«, New York 1987; »Fantasies, Fables and Fabrication: Photoworks from the 80ies«, Herter Art Gallery, Amherst 1989; »The Photography of Invention«, National Museum of American Art/Smithsonian Institution, Washington 1989; »Das Konstruierte Bild«, München 1989; »Inszenierte Wirklichkeit«, Dortmund 1989 oder »Altered Truth. Contemporary Photography from the Michael Myers/Russell Albright Collection«, Museum of Art, New Orleans 1990.

75 Vgl. zu Fotografieeinrichtungen und zur Entwicklung der Fotografie in Kalifornien etwa Ausst. Kat. California Photography: Remaking Make-Believe, The Museum of Modern Art, New York 1989 sowie Anmerkung 12.

76 Zu den Ausstellungen gehören etwa »Fotografia Buffa. Staged Photography in the Netherlands«, 1986 oder »Staged Photo Events – The frontiers of meaning« im Arts Council in Rotterdam, 1982. Zu weiteren Diskussionsbeiträgen vgl. u. a. Visser, Hripsimé: Rotterdamse School?, in: *Perspektief*, No. 33, August 1988, S. 31-42, Visser, Hripsimé, 1987, S 15-17 oder Thijsen, Mirelle: From »Zien« to »Blind«. Interview mit Gerald van der Kaap, in: *European Photography*, Nr. 41, Vol. 11, Jan./Feb./März 1990, S. 15-16. Visser weist im übrigen auch auf die Bedeutung der Künstlergruppe »hard werken« hin, von der viele Künstler bereits relativ früh mit Inszenierter Fotografie arbeiteten.

77 Vgl. z. B. Douglas Crimp, der sich seinen eigenen Äußerungen nach aktiv in der Bewegung zur Beendigung der Aids-Krise betätigte, Crimp, Douglas: Über die Ruinen des Museums, Dresden/Basel 1996, S. 44.

78 Vgl. Köhler, Michael in: Ausst. Kat. Das konstruierte Bild, 1989/1995, S. 16/17.

79 Köhler, Michael, in: Ausst. Kat. Das konstruierte Bild 1989/1995, S. 18.

80 Ebd. S. 19.

81 Ebd. S. 19.

82 Welsch, Wolfgang: Rückblickend auf einen Streit, der ein Widerstreit bleibt. Ein letztes Mal: Moderne versus Postmoderne, in: Wilderuth, Armin/Klein, Ulrike (Hrsg.): Postmoderne. Ende in Sicht, Heiden 1990, S. 7.

83 Baudrillard, Jean: Die Präzession der Simulakra, in: Die Agonie des Realen, 1978.

84 Köhler, Michael in: Ausst. Kat. Das konstruierte Bild, 1989/1995, hier S. 24, ansonsten S. 22ff.

85 *October* erschien erstmals im Frühjahr 1976 in New York. Zum Gründungszeitpunkt waren Jeremy Gilbert-Rolfe, Rosalind Krauss und Anette Michelson Herausgeber, Douglas Crimp war von Herbst 1977 bis Frühjahr 1983 *managing editor*, bis Frühjahr 1986 *executive editor* und 1986 bis 1989 ordentlicher Mitherausgeber.

86 »Pictures« ist die überarbeitete Fassung eines Katalogtextes zur gleichnamigen Ausstellung im Artists Space, New York 1977. Das Essay wurde erstmals abgedruckt in: *October*, No. 8, Frühling 1979, S. 75-88 und ein weiteres Mal in: Wallis, Brian (Hrsg.): Art after Modernism. Rethinking Representation, New York 1984, S. 175-187.

87 Crimp, Douglas in: Wallis, Brian, 1984, S. 185.

88 Diese Auffassung widerspricht selbstverständlich dem Erstellen einer Liste mit postmodernen Merkmalen wie Köhler es getan hat, da sich das Postmoderne – zumindest nach Crimp – eben nicht in bestimmten stilistischen Merkmalen zeigt. Dabei will ich an dieser Stelle auch auf die Kuriosität einer Internet-Site, www.arts.usf.edu/~marcus/hop/pomo.html, verweisen, auf der – ohne weitere Erklärungen – Merkmale moderner und postmoderner Fotografie einander gegenübergestellt werden. Aber trotz dem mit Schwierigkeiten verbundenen Aufstellen solcher Listen – gibt es spezifisch postmoderne Merkmale, gibt es sie nicht? –, sollte bedacht werden, daß es sich bei manchen Merkmalen zumindest um ein hilfreiches Werkzeug der Analyse handelt, wenn auch nicht um ausschlaggebende Kennzeichen zur Charakterisierung Postmoderner Fotografie.

89 Zu den folgenden Ausführungen vgl. Crimp, Douglas, 1996, S. 34 sowie Crimp, Douglas: Die fotografische Aktivität der Postmoderne, in: Amelunxen, Hubertus von, 2000, S. 239-249. Häufig werden in deutschen, ursprünglich aber englischsprachigen Texten die Begriffe Postmodernismus/Modernismus verwendet. Da die Begriffe dem Begriffspaar Postmoderne/Moderne entsprechen, hat sich hier offenbar ein Übersetzungsfehler eingeschlichen: Postmodernismus/ Modernismus ist in deutschen Wörterbüchern nicht existent!

90 Vgl. Crimp, Douglas, 1996, S. 34ff. Ergänzend zu dieser Auffassung s. auch R. Krauss, die bemerkt, daß »ironischerweise die Kunstinstitutionen – Museen, Sammler, Historiker, Kritiker – ihre Aufmerksamkeit dem spezifisch fotografischen Medium just in jenem Augenblick zuwenden, in dem die Fotografie als theoretisches Objekt in die künstlerische Praxis eingeht, d.h. als ein Instrument zur Dekonstruktion eben jener Praxis«, in: Krauss, Rosalind: Die Neuerfindung der Fotografie, in: Saban, Luminata (Hrsg.): Das Versprechen der Fotografie. Die Sammlung der DG-Bank, München/London/New York 1998, S. 36.

91 Crimp, Douglas, 1996, S. 35.

92 Ebd. S. 36.

93 Köhler, Michael in: Ausst. Kat. Das konstruierte Bild, 1989/1995, S. 21.

94 Im übrigen lassen sich Levines Bilder natürlich auch anders deuten, gerade die Fotografien »Ohne Titel (nach Edward Weston)« können auch als Wertschätzung von Westons Fotografie verstanden werden oder sogar als Anknüpfen Levines an die vermeintlich tote Moderne. Beide Deutungen spielen aber in diesem Zusammenhang keine Rolle.

95 Zu einem ähnlichen Ergebnis kommt Stefan Römer bezüglich der Arbeiten von Richard Prince: »Interessant an der Rezeptionsgeschichte von Richard Princes Re-Fotografien und Witzreproduktionen ist, daß mit der Präsentation in amerikanischen Museen seine bis dahin kanonisch behauptete Kritik fraglich wird«, vgl. Römer, Stefan: Wem gehört die Appropriation art?, in: *Texte zur Kunst*, Nr. 26, 7. Jg., Juni 1997, S. 134.

96 Z. B. Grundberg, Andy: Camera Culture in a Postmodern Age, in: Ausst. Kat. Photography and Art. Interactions since 1946, Los Angeles County Museum of Art, Los Angeles 1987, S. 212.

97 Ohne Autor: 10 best living artists, in: *ARTnews*, Nr. 11, Vol. 98, Dez. 1999, S. 137-147, ausgewählt von einer Jury von Museumsdirektoren, Kuratoren und Kunstkritikern, also genau denjenigen, die die Gesetze des Kunstmarktes wesentlich mitbestimmen!

98 Hofmann, Frank: »Postmodernes« Erzählen? – Postmodernes Erzählen! Untersuchungen zur Entwicklung »postmoderner Erzählformen und zu ihrer Rezeption in der deutschen Literatur, Rüsselsheim 1994, S. 90ff.

99 Vgl. speziell zu Jorge Luis Borges, ebd. S. 77-92.

100 Zu den wenigen Ausnahmen gehören zwei Essays von Els Barents und Antje von Graevenitz, in denen jeweils die Verbindung von Inszenierter Fotografie und Theater angesprochen wird: Barents, Els: Intime Räume der Kunst. Szenische Darstellung, in: Ausst. Kat. 1. Foto-Triennale, Esslingen 1989 und Graevenitz, Antje von: The Congealed Theatre, in: Ausst. Kat. Fotografia Buffa 1986. Barents spricht von der »Inszenierten Fotografie als eine stark verkürzte und abgeleitete Form des Theatermachens« (S. 46), während von Graevenitz den Vergleich zum Drama und zur Oper zieht, indem sie die Begriffe »fotografia buffa« und »fotografia seria« einführt (S. 11).

101 Veinstein, André: La Mise en Scène théâtrale et sa condition esthéthique, Paris 1955, S. 11.

102 Lewald, August: In die Szene setzen, in: *Allgemeine Theaterrevue*, 3. Jahrgang für 1838, Stuttgart/Tübingen 1837, S. 249-308, hier S. 251. Wenn der Begriff dem Theaterpublikum auch schon seit längerer Zeit bekannt gewesen ist, fand er doch in dem umfangreichen, 1889 herausgegebenen »Deutschem Theaterlexikon« noch keinen Eingang, vgl. Oppenheim, Adolf/Gettke, Ernst: Deutsches Theaterlexikon. Eine Encyklopädie alles Wissenswerthen der Schauspielkunst und Bühnentechnik, Leipzig 1889. Im übrigen ist es natürlich sonderbar, daß Lewald sich noch zwanzig Jahre später an den Zeitpunkt erinnert, an dem er den Inszenierungsbegriff das erste Mal hörte.

103 Das französische *scène* wie auch das deutsche ›Szene‹ leitet sich aus dem griechischen *skene* ab, welches ›Bühne‹ oder ›Hütte‹ bedeutet.

104 Lewald, August, 1837, S. 252.

105 Vgl. dazu Lazarowicz, Klaus/Balme, Christopher (Hrsg.): Texte zur Theorie des Theaters, Stuttgart 1991, S. 303.

106 Lazarowicz, Klaus/Balme, Christopher, 1991, S. 304. Lazarowicz/Balme zitieren hier nach Steinbeck, Dietrich: Einleitung in die Theorie und Systematik der

Theaterwissenschaft, Berlin 1970. Steinbeck beschreibt den Inszenierungsbegriff folgendermaßen: »Er bezeichnet den schematischen Entwurf eines Theaterkunstwerks, gleich ob er [...] der schöpferischen Leistung eines Einzelnen oder aber einer Übereinkunft zwischen den beteiligten Schauspielern seine Entstehung verdankt.« S. 146.

107 Vgl. Veinstein, André, 1955, S. 9.

108 Damit erklärt sich auch A. D. Colemans Ausdruck »directorial mode«, der dem englischen »direction« als Äquivalent zur deutschen »Inszenierung« entspricht.

109 Vgl. Kosch, Wilhelm: Deutsches Theaterlexikon, Bd. II, Klagenfurt, 1960, S. 880 und Trilse, Christoph/Hammer, Klaus/Kabel, Rolf (Hrsg.): Theaterlexikon, Berlin (Ost) 1977, S. 260.

110 Vgl. Trilse, Christoph/Hammer, Klaus/Kabel, Rolf, 1977, S. 260.

111 Der Begriff der Sequenz wird hier in Abgrenzung zur »Szene« als Untereinheit des Aktes verwendet. Gemeint ist mit Sequenz die Szene im Sinne von Vorgang.

112 Vgl. zur Unterteilung von imitativem, narrativem und argumentativem Bildtyp Büttner, Frank: Tiepolo und die subversive Kraft des Capriccio, in: Ausst. Kat. Das Capriccio als Kunstprinzip, hrsg. von Mai, Ekkehard, Wallraf-Richartz-Museum, Köln (Mailand) 1996, S. 161ff.

113 In der Verbindung zum Theater mag auch der Grund liegen, warum sich in der Fotokunst der siebziger und achtziger Jahre so viele Fotografien finden, die anstelle von Personen Puppen oder Tiere zeigen – u. a. etwa Arbeiten von **Ellen Brooks**, **Bernard Faucon**, **David Levinthal**, **Sandy Skoglund** oder **William Wegman**.

114 Vgl. etwa Coleman, A. D., 1976, S. 57 oder **Robert Fichter** in einem Brief vom 27. Mai 1998 an die Verfasserin.

115 Grundsätzlich sind die meisten der hier genannten Merkmale auch im Film anzutreffen. Daß der Film für die Definition Inszenierter Fotografie dennoch weitgehend unberücksichtigt bleibt, liegt daran, daß das meiste, was sein Wesen ausmacht, auch im Theater zu finden ist bzw. daß beim Film ebenso wie bei der Inszenierten Fotografie der Einfluß des Theaters geltend gemacht werden kann.

116 Darin liegt gleichermaßen ein Vorteil wie auch ein Nachteil der Fotografie: Im Gegensatz zum Theater kann die Beschränkung auf einen Szenenausschnitt einschränkend sein, da sich eben nicht alles – erst recht nicht das Unsichtbare – abbilden läßt. Andererseits gibt es mehr Möglichkeiten, eine einzelne Szene (Sequenz) interpretatorisch zu gewichten und zu verdichten, beispielsweise durch die Auswahl des Bildausschnitts oder die Verwendung bestimmter symbolträchtiger Details.

117 Für die Fotografie ließe sich das Merkmal der »Idee« etwa dort überprüfen, wo Bilder als Serie angelegt sind und die zufällige Aufnahme durch die Wiederholung bestimmter Motive von vornherein ausgeschlossen ist.

118 Zur offenen Rezeptionssituation bzw. zum rezeptionsästhetischen Ansatz in der zeitgenössischen Kunst vgl. auch Kemp, Wolfgang: Zeitgenössische Kunst und ihre Betrachter. Positionen und Positionszuschreibungen (*Jahresring* 43), Köln 1996.

119 Kemp, Wolfgang: Kunstwerk und Betrachter: Der rezeptionsästhetische Ansatz, in: Belting, Hans/Sauerländer, Willibald u.a. (Hrsg.): Kunstgeschichte. Eine Einführung, Berlin [5]1996, S. 244.

120 Rosenblum, Naomi, 1984, S. 403.

121 Daß sich bisher noch nicht viele Autoren mit dem Piktorialismus beschäftigt haben, zeigt auch die unterschiedlich gebräuchliche Schreibweise des Terminus. Der Duden der dt. Rechtschreibung führt den Begriff gar nicht, die Brockhaus Enzyklopädie führt ihn unter »Piktoralismus«, manche Autoren sprechen vom »Piktorialismus«, während wieder andere »Pictorialismus« schreiben. Da sich der Begriff aus dem engl. »pictorial« ableitet, scheint mir die eingedeutschte Schreibweise »Piktorialismus« die passendste.

122 Vgl. etwa Wolfgang Kemp, der *Pictorial Photography* mit Kunstfotografie übersetzt, in: Kemp, Wolfgang: Theorie der Fotografie I. 1839-1912, München 1980, S. 219.

123 Robinson, Henry Peach: Pictorial Effect in Photography. Being Hints on Composition and Chiariscuro for Photographers, London 1868/Pawlet 1971 und Alfred Stieglitz: »Pictorial Photography« (1899), (wieder abgedruckt in: Newhall, Beaumont (Hrsg.): Essays + Images, New York 1980).

124 Zur Genrefotografie in England siehe auch Spencer, Stephanie: O. G. Rejlander. Photography as Art, Ann Arbor (Michigan) 1985, S. 66ff.

125 Ein Schema der 30 verschiedenen Negative sowie eine umfassende Bildanalyse findet sich bei Herrera Navarro, Javier: Los Origenes del Fotomontaje y del Fotografie pictorica. Henry P. Robinson y Oscar G. Rejlander, in: *Goya, Revista de Arte*, Nr. 164/165, 1981, S. 106-113.

126 »Report of the Jurors« in: *Photo Journal* 9 (June 15, 1864), S. 65 bzw. hier zitiert nach Spencer, Stephanie, 1985, S. 76.

127 U. a. Tillmanns, Urs in: Ausst. Kat. Pictorialismus in der Photographie, Galerie für Kunstphotographie, Zürich 1984, S. 8.

128 In der Literatur finden sich zum Piktorialismus hinsichtlich Datierung und stilistischer Bestimmung große Abweichungen. Urs Tillmanns etwa datiert den Piktorialismus in die Zeit von 1890 bis 1914 (in: Ausst. Kat. Pictorialismus in der Photographie, 1984), während Christian Peterson die Auffassung vertritt, daß der Stil auch in den fünfziger Jahren des 20. Jahrhunderts noch sehr verbreitet war. In: Ausst. Kat. After the photo-secession: American pictorial photography 1910-1955, The Minneapolis Institute of Arts 1997.

129 Vgl. zu den verschiedenen drucktechnischen Methoden etwa Tausk, Petr: Geschichte der Fotografie, Köln 1977, S. 15ff.

130 Z. B. Ausst. Kat. Arranged Image Photography, 1983, S. 4.

131 Erziehung (education) entspricht in diesem Fall nicht dem deutschen Pädagogikstudium, sondern meint ein Pädagogikstudium mit Schwerpunkt auf Bildender Kunst.

132 Zu dieser Ausstellung s. auch Johnstone, Mark: More Camera Constructions, in: *Artweek*, No. 41, Vol. 10, 1979, S. 12.

133 Cowins Vorgehensweise wurde in der Ausstellung »California brain surgery. LA/ Ways of Working at the Los Angeles Center for photographic studies« (1982) dokumentiert, s. dazu Johnstone, Mark in: *Afterimage*, No. 8, Vol. 9, März 1982, S. 17f. oder Nicholson, Chuck in: *Artweek*, Vol. 13, Feb. 1982, S. 11.

134 Interview zwischen der Verfasserin und Eileen Cowin am 22.6.1999 in S. Monica/ Los Angeles. Die Künstlerin erwähnte Rauschenberg hier als einen ihrer »Helden« am Kunsthimmel und betonte wiederholt den Einfluß seiner *combine paintings* auf ihr Werk. Callahan experimentierte seit den siebziger Jahren mit Spiegelungen und Bildhalbierungen und auch er überlagerte Bilder.

135 Der Name bezieht sich auf den Namen der Firma (mit Sitz in Brooklyn, New York), die das fotodrucktechnische Verfahren wie auch andere Nicht-Silber-Verfahren entwickelte. Der *Kwik-Proof* war in den siebziger Jahren ein häufig angewendetes Druckverfahren, das von einer Reihe von Fotokünstlern genutzt wurde, u. a. von **Robert Fichter** und **Darryl Curran**. Zu diesem Verfahren s. auch Ausst. Kat. Photographic Directions, Los Angeles Center for Photographic Studies, Los Angeles 1979, o. S.

136 Interview vom 22.6.1999. Vgl. zur Ausstellung Bunnell, Peter C.: Photography into Sculpture, in: *Arts in Virginia*. (Magazin des Virginia Museums für seine Mitglieder), No. 3, Vol. 2, 1971, S. 19ff. Zur Ausstellung, die 1970 im Museum of Modern Art in New York stattfand, erschien kein Katalog, sondern nur das Essay Bunnels in der Museumszeitschrift.

137 Inhaltlich sind diesbezüglich etwa Darstellungen von sexueller Thematik zu nennen, wie sie spätestens in Cowins Serie der »Lady Killers« vorkommen. Sexualität als Thema findet sich bei Heinecken in den meisten seiner in den siebziger Jahren entstandenen Arbeiten. Vgl. Ausst. Kat. Proof, 1992, S. 21f. In Bezug auf technische Verfahren nennt Cowin Heineckens *combining images* als einflußreich für ihr Werk.

138 Fast alle Bilder dieser Serie gingen im Anschluß an eine Ausstellung verloren.

139 Unveröffentlichtes Manuskript der Künstlerin, ohne Datum.

140 Das große Format ist fast durchgehend ein typisches Kennzeichen der Fotokunst der achtziger Jahre, den schwarzen Hintergrund verwendeten u.a. auch **William Wegman**, **James Casebere**, **Joel-Peter Witkin** und **Henk Tas**.

141 In diesem Zusammenhang ist auch interessant, daß Cowin schon seit vielen Jahren Darstellungen von Verkündigungsszenen sammelt, denen sie in Bezug auf Mimik und Geste großen Einfluß auf ihr Werk einräumt.

142 Die meisten dieser Fotografien sind zwischen 1987 und 1988 entstanden, vereinzelt nimmt Cowin das Thema aber auch noch in den neunziger Jahren auf, z. B. in einer Fotografie von 1997, in der sie das Gemälde »Tod des Marat« von Jacques Louis Davids neu umzusetzen versucht.

143 Die Bilder sind zwar als Serie konzipiert, können aber auch als Einzelbilder betrachtet werden. Sie sind sämtlich mit »Untitled« bezeichnet, und dort wo es andere Titel gibt, gehen sie nicht auf Cowin zurück. Die farbigen Abbildungen haben eine Größe von 20 x 24 in (ca. 50 x 60 cm). Die wenigen Schwarzweißfotografien variieren in ihren Ausmaßen, in der Regel sind sie zwischen 20 x 40 in (ca. 50 x 100 cm) und

48 x 60 in (120 x 150 cm) groß. Bei den farbigen Bildern handelt es sich um Ektacolor-, bei den Schwarzweißfotografien um Silber-Gelatine-Abzüge, aufgenommen mit einer Sinar 4 x 5 in-Kamera oder einer *Crown Graphic*-Kamera.

144 Zitiert von Rugoff, Ralph: Rätsel, in: Ausst. Kat. Sofort-Bild-Geschichten. Eileen Cowin, David Levinthal, William Wegman, Museum moderner Kunst, Wien, 1992, S. 12f.

145 Interview vom 22.6.1999. Cowin betonte aber zugleich, daß auch die Deutung des Gegenstandes als Regieanweisung nicht die einzig mögliche Deutung sei.

146 Zitiert nach Rugoff, Ralph in: Ausst. Kat. Sofort-Bild-Geschichten, 1992, S. 9.

147 Für diese Deutung muß allerdings außer acht gelassen werden, daß die Frau, die als eine Person wahrgenommen wird, tatsächlich von zwei Frauen, Cowin und ihrer Schwester, dargestellt ist.

148 Vgl. Asbury, Dana in: Ausst. Kat. Self as Subject. Visual diaries by 14 photographers, University Art Museum, New Mexico 1984.

149 Kozloff, Max: Through the Narrative Portal, in: *Artforum International*, No. 8, Vol. 24, April 1986, S. 94f.

150 Hofmann, Frank: »Postmodernes« Erzählen?, 1994, S. 77.

151 Zu den Figuren im Bild, die als Rezeptionsvorgaben dienen, vgl. auch Kemp, Wolfgang: Kunstwerk und Betrachter: Der rezeptionsästhetische Ansatz, in: Belting, Hans u. a. (Hrsg.), 1996^{5}, S. 251. Ähnlich wie die Szene vor dem Vorhang funktioniert auch die Schwarzweißfotografie, die in der »Double Departure Scene« gezeigt wird. Die Frau richtet ihren Blick direkt auf den Betrachter, was allerdings durch die Bild im Bild-Darstellung hier weniger auffällig ist.

152 Der gleiche Raum taucht z. B. in »Untitled« (Double Departure Scene) wieder auf.

153 Interview zwischen Eileen Cowin und der Verfasserin am 28.6.1999 in S. Monica/ Los Angeles.

154 Cowin, Eileen: Reality or Abraham Lincoln is alive and well and living in a photograph, in: Ausst. Kat. Object / Illusion / Reality, 1979/81, S. 71.

155 Die Leerstelle erfüllt die Funktion, »den Betrachter an der innerbildlichen Kommunikation zu beteiligen, die Kommunikation mit dem Bild mit der Kommunikation im Bild zu verschränken«, vgl. Kemp, Wolfgang: Verständlichkeit und Spannung. Über Leerstellen in der Malerei des 19. Jahrhunderts, in: Kemp, Wolfgang (Hrsg.): Der Betrachter ist im Bild. Kunstwissenschaft und Rezeptionsästhetik, Berlin 1992 (erweiterte Neuauflage), S. 315.

156 Vgl. zum Subtext auch Kozloff, Max, 1986, S. 95.

157 Cowin, Eileen in: Ausst. Kat. Object / Illusion / Reality 1979/81, S. 69.

158 Interview vom 22.6.1999.

159 Wie Anmerkung 158.

160 Vgl. zu dieser Thematik auch den Film »La Jetée« (1962, 28 min.) von Chris Marker, der nur aus Standbildern besteht.

161 Frederick Wiseman hat zwischen 1964 und 1990 über zwanzig Dokumentarfilme gedreht, oft in Spielfilmlänge, die von der amerikanischen Filmwissenschaft viel beachtet sind. Cowin spricht wiederholt von dem Einfluß, den Wiseman auf ihr Werk hatte und konstatiert, daß nicht nur Wisemans Filme, sondern auch die Literatur über ihn wichtig für ihr Werk war. Interview vom 28.6.1999. Unter der Fülle an Literatur über Wiseman soll hier der Hinweis auf eine Publikation, Benson, Thomas W./Anderson, Carolyn: Reality Fictions. The Films of Frederick Wiseman, Illinois 1989, genügen.

162 Fotografie wird direkt durch die ins Bild gestellten Fotografien zitiert, andere Einflüsse der Fotografiegeschichte räumt Cowin etwa für ihre frühen Fotografien ein, von denen sie behauptet, daß die englische Fotografin **Julia Margaret Cameron** ein großes Vorbild war.

163 Krauss, Rosalind: Eine Bemerkung über die Photographie und das Simulakrale, in: Krauss, Rosalind: Das Photographische. Eine Theorie der Abstände, München, 1998, S. 210-223. Vgl. auch Anmerkung 46. Im übrigen wäre es interessant und steht bisher noch aus, einmal zu untersuchen, warum es immer Cindy Sherman ist, die in der fototheoretischen Literatur genannt und als Exempel herangezogen wird, wo es doch eine Reihe von Künstlerinnen gibt, die schon lange vor Sherman ganz ähnlich wie sie gearbeitet haben. Hier kann u.a. auf **Judith Golden**, **Judy Dater** und **JoAnn Callis** verwiesen werden, die sich wie Sherman bereits in den siebziger, und zum Teil schon in den sechziger Jahren mit Kostümierungen, Inszenierungen und ihrer eigenen Person als Modell beschäftigt haben. Die Kuratorin Maureen O. Paley hat auch festgestellt, daß **Eleanor Antin** Cindy Sherman hinsichtlich der Konfusion von Geschlechterrollen und der Erwartung, was dargestellt sein könnte und was nicht, in vielem voraus ging. Vgl. Ausst. Kat. Photography as Performance. Message through Object and Picture, The Photographers Gallery, London 1986, S. 9.

164 Z. B. Haveman, Mariëtte: Over postmoderne Stillevens wat Theorie/Postmodern Still Lifes: Some Theory, in: Ausst. Kat. Het Stilleven in de fotografie (Still Life in Photography), Rotterdamse Kunststichting, Rotterdam 1984, S. 21f.

165 Krauss, Rosalind, 1998, S. 221.

166 R. Barthes benutzt den Begriff des Simulakrums u. a. in Zusammenhang zu seinen Erläuterungen vom Strukturalismus (in: Barthes, Roland: Die strukturalistische Tätigkeit, in: Schiwy, Günther: Der französische Strukturalismus. Mode – Methode – Ideologie, Hamburg 1984, S. 157-162). Er erläutert die Ziele strukturalistischer Tätigkeit derart, daß ein Objekt rekonstruiert wird, um seine Funktionen herauszuarbeiten. Das heißt, daß die Struktur (als konstituierendes Element des Strukturalismus) »nur ein *simulacrum* des Objekts, aber ein gezieltes, ›interessiertes Simulacrum [ist], da das imitierte Objekt etwas zum Vorschein bringt, was im natürlichen Objekt unsichtbar [...] blieb.« (S. 158) Barthes betrachtet das Simulakrum demnach als Abbild, das dem Objekt »ähnelt, es aber nicht kopieren, sondern verständlich machen« will – es ist Ausgangspunkt aller Studien zum Objekt. Zu Baudrillards Simulakrums-Begriff, der nicht weiter von einer unmittelbaren Ähnlichkeit zum Objekt ausgeht, vgl. auch S. 46 bzw. Anmerkung 83.

167 U.a. »Arranged Image Photography«, 1983, »Photographic Fictions«, 1986 oder »Photography of Invention. American Pictures of the 1980s«, 1989. Vgl. zur Ausstellungsbeteiligung beider Künstlerinnen auch die letzte Spalte im Anhang.

168 Hinsichtlich des »gegenüber« bezieht Larson sich auf die Hängung der Bilder. Larson, Kay: All-American Energy (Review from the Whitney Biennale), in: *New York Magazine*, 11. April 1983, o. S.

169 Vgl. Krauss, Rosalind, 1998, S. 218.

170 Vgl. Krauss, Rosalind, 1998, S. 210-217. (Krauss nimmt auf die Publikation Bourdieu, Pierre: Un Art moyen, Paris 1964 [dt. Eine illegitime Kunst, Frankfurt a. M. 1983] Bezug.)

171 Vgl. Krauss, Rosalind, 1998, S. 214-217.

172 Den Begriff Erinnerungsbild führe ich hier für solche Bilder ein, die beim Betrachter eine vermeintliche Erinnerung auslösen, ohne, daß diese Erinnerung auf tatsächlich Vorhandenem basiert.

173 Krauss, Rosalind, 1998, S. 218. Der Begriff der Reproduktion ist dabei an dieser Stelle mißverständlich gewählt bzw. wird er von Krauss nicht ganz einheitlich verwendet. Zum einen bezieht sie Reproduktion auf den technischen Vorgang der Vervielfältigung, zum anderen meint sie mit Reproduktion das durch die Massenmedien verbreitete und bekannte Bild, das einem so oder ähnlich vertraut ist.

174 Krauss, Rosalind, 1998, S. 219 f. Vgl. dazu auch Anmerkung 166.

175 Ebd. S. 220.

176 Vgl. dazu auch die Ausführungen in dieser Untersuchung zu Douglas Crimp, S. 46ff.

177 Baudrillard, Jean, in: Die Agonie des Realen, 1978, S. 7.

178 Bei manchen von Shermans »History-Portraits« ist der Bezug zu einem Vorbild so deutlich, daß man um den Begriff des Remakes nicht umhin kommt, vgl. etwa die Fotografie »Untitled # 224« (1990), die ganz offensichtlich auf Caravaggios »Bacchus« (um 1593) Bezug nimmt. Auch Cowin hat mitunter Vorbilder so umgesetzt, daß der Gedanke an ein Remake naheliegt, etwa in der Fotografie »Untitled« (1997), die ohne Jacques-Louis Davids »Tod des Marat« nicht denkbar wäre. Bei näherer Betrachtung geht es jedoch weniger um die Person des Marat als um die *Art* der Darstellung, was sich u. a. darin zeigt, daß die Figur des Marat in Cowins Bild nicht auftaucht.

179 Mit dem Begriff *myth-consumer* bezieht sich Krauss auf Roland Barthes Mythologies (New York 1972, S. 109-159), vgl. Krauss, Rosalind: Cindy Sherman: Untitled, in: Krauss, Rosalind: Bachelors, Massachusetts 1999, S. 104ff.

180 Krauss, Rosalind, in: Krauss, Rosalind, 1999, S. 107.

181 Ebd. S. 106.

182 Vgl. Rhodes, Richard: Cindy Sherman's Untitled Film Stills, in: *Parachute* No. 26, Sept./Okt./Nov. 1982, S. 5.

183 Nach eigenen Angaben war Cowin vom Genre des *Film Noir* sehr beeinflußt. Im einem Interview (1999, S. Monica/Los Angeles) sprach sie davon, daß sie nicht nur mit den Kriminalromanen vertraut sei, die die literarische Vorlage zum *Film Noir* bilden (u. a. von Raymond Chandler und Raymond Carver), sondern auch mit der Sekundärliteratur zu diesem Genre.

184 Unveröffentlichtes Manuskript der Künstlerin, ohne Datum.

185 Weiermair, Peter, 1985, S. 29-37.

186 Zu den Gruppenausstellungen gehören u. a. »Focus '69« Bau-Xi Gallery, Vancouver 1969; »557.087«, Seattle Art Museum, Seattle 1969; »Information«, The Museum of Modern Art, New York 1969 und »Art in the Mind«, Oberlin College, Oberlin (Ohio), 1970.

187 Jeff Wall. Selected Works, The Renaissance Society at the University of Chicago 1983 und Jeff Wall. Transparencies, Institute of Contemporary Arts, London 1984, zur Ausstellung in der Galerie Rüdiger Schöttle erschien kein Katalog. In den letzten Jahren fanden große und vergleichsweise viele Einzelausstellungen u. a. in folgenden Museen und Institutionen statt (jeweils mit Katalog): Jeff Wall, Westfälischer Kunstverein, Münster 1988, Jeff Wall. ›1990', Art Gallery, Vancouver 1990, Jeff Wall, Louisiana Museum of Modern Art, Humblebæk 1991, Jeff Wall. Dead Troops Talk und Jeff Wall. Restoration, Kunstmuseum Luzern 1993 und 1994, Jeff Wall, De Pont stichting voor hedendaagse kunst, Tilburg 1994, Jeff Wall, Museo Nacional Centro de Arte Reina Sofia, Madrid 1994, Jeff Wall, The Museum of Contemporary Art, Chicago 1995, Jeff Wall: Landscapes and Other Pictures, Kunstmuseum Wolfsburg 1996, Jeff Wall. Space and Vision, hrsg. v. Helmut Friedel, Lenbachhaus München 1996, Jeff Wall, Museum of Contemporary Art, Los Angeles, Zürich/Berlin/New York 1997 (mit ausführlicher Bibliographie) und Jeff Wall. Œuvre 1990-1998, Musée d'art Contemporain de Montréal 1999 (mit Texten von Réal Lussier und Nicole Gingras). Die Ausstellung in Los Angeles (1997) war die erste retrospektiv angelegte Ausstellung in den USA.

188 Jeff Wall. Transparencies (mit einem Interview zwischen Jeff Wall und Els Barents), München 1986; *Parkett Kunstzeitschrift*, Collaborations Jeff Wall, Christian Boltanski, Nr. 22, 1989; *Parkett Kunstzeitschrift*, Douglas Gordon, Jeff Wall, Laurie Anderson, Nr. 49, 1997, S. 84-123, Duve, Thierry de/Pelenc, Arielle/Groys, Boris (Hrsg.): Jeff Wall, London 1996; Stemmrich, Gregor (Hrsg.): Jeff Wall. Szenarien im Bildraum der Wirklichkeit, 1997.

189 Wall, Jeff: Meine photographische Produktion, in: Joly, Jean-Baptiste (Hrsg.): Symposium. Die Photographie in der zeitgenössischen Kunst, Eine Veranstaltung der Akademie Schloß Solitude, Stuttgart 1990, S. 69.

190 Zu Walls Frühwerk vgl. Ausst. Kat. Jeff Wall, 1997, mit einem Text von Kerry Brougher, S. 16ff und ergänzend ein Brief an die Verfasserin vom 7.5.2000.

191 In einem Brief an die Verfasserin vom 7.5.2000.

192 Vgl. Wallace, Ian: Jeff Walls Diapositive, in: Ausst. Kat. Jeff Wall. Transparencies, 1984, S. 5.

193 Vgl. Wall, Jeff: Zeichen der Indifferenz: Aspekte der Photographie in der, oder als, Konzeptkunst, in: Stemmrich, Gregor, 1997, S. 375-434, hier: S. 375ff. Interessant ist an dieser Stelle ein Vergleich zwischen Wall und Douglas Crimp. Crimp läßt die Kunstfotografie gleich außen vor, kommt dann aber im Grunde zu dem gleichen Ergebnis wie Wall: seiner Meinung nach enthronisiert die Fotografie nicht nur sich selbst, sondern ist durch ihre Heterogenität besonders gut dazu geeignet, die gesamte Bildende Kunst zu »enthronisieren« bzw. wie Crimp es nennt, ihre Autonomie zu zerstören, vgl. Crimp, Douglas, 1996, S. 48ff. bzw. Kapitel 3 in dieser Untersuchung.

194 Jeff Wall in: Clark, T. J./Gintz, Claude/ Guilbaut, Serge und Wagner, Anne in: Stemmrich, Gregor, 1997, S. 192.

195 Jeff Wall in einem Brief an die Verfasserin vom 20.5.2000 und Wallace, Ian in: Ausst. Kat. Jeff Wall. Transparencies, 1984, S. 6.

196 Watson, Scott, Zur Situation der Photographie und der zeitgenössischen Kunst in Kanada und im Besonderen in Vancouver, in: Joly, Jean-Baptiste, 1990, S. 41.

197 Den Begriff »pictorial art« verwendet Wall selbst für seine Leuchtkastenbilder. Brief an die Verfasserin vom 7.5.2000.

198 Ein direkter Bezug zur Literatur findet sich bei Wall viele Jahre später, etwa in dem Bild »Odradek, Taboritskà 8, Prag« (1994), das sich auf eine Erzählung Kafkas bezieht, vgl. dazu auch Ammann, Jean-Christophe: Jeff Wall. Odradek, Taboritskà 8, Prag, in: *Giessener Beiträge zur Kunstgeschichte*, Bd. 10, Dettelbach 1997, S. 332-342.

199 Vgl. Wall, Jeff in: Joly, Jean-Baptiste, 1990, S. 70.

200 Vgl. Rollmann, Barbara: Kunst hat viel mit Würde zu tun, in: *Süddeutsche Zeitung*, Nr. 130, 10. Juni 1997 (Interview zwischen Jeff Wall und Barbara Rollmann), S. 16.

201 Brief an die Verfasserin vom 20.5.2000.

202 Clark, T. J./Gintz, Claude/Guilbaut, Serge und Wagner, Anne in: Stemmrich, Gregor, 1997, S. 193.

203 Vgl. ebd. S. 192f.

204 Vgl. Wall, Jeff in: Gardner, Belinda, 1996, S. 40.

205 Der Ausdruck »Maler des Modernen Lebens« geht auf Charles Baudelaires »Le Peintre de la vie moderne« (erschienen 1863 im *Figaro*) zurück.

206 Wall, Jeff: Cine Text, in: Lippard, Lucy: Six years: The dematerialized of the art object from 1966 to 1972, New York 1973. Leider fehlen Angaben darüber, in welcher Form der Text ursprünglich erschienen ist und welchen Gesamtumfang er hatte.

207 Bonnet, Anne-Marie/ Metzger, Rainer: Eine demokratische Kunst, eine bourgeoise Tradition der Kunst. Ein Gespräch mit Jeff Wall von Anne-Marie Bonnet und Rainer Metzger, in: *Artis. Zeitschrift für neue Kunst*, Nr. 2, Jg. 47, Feb./März 1995, S. 46.

208 Vgl. dazu Wallace, Ian in: Ausst. Kat. Jeff Wall. Transparencies, 1984, S. 6.

209 Brief an die Verfasserin vom 20.5.2000.

210 Wall will diese Arbeit nicht länger reproduziert oder ausgestellt sehen, weshalb es nur eine einzige Abbildung von »Faking Death« gibt (Katalog der Art Gallery of Greater Victoria, erschienen anläßlich einer von Williard Holmes kuratierten Ausstellung 1979), die der Verfasserin aber nicht zugänglich war. Vgl. Beck, Claudia: Through the Looking Glass. Vancouver Photography in the Seventies, in: Ausst. Kat. Vancouver: Art and Artist. 1931-1983, The Vancouver Art Gallery 1983, S. 285. Wall selbst bezeichnet die Arbeit als ersten Versuch in der Art zu arbeiten, die er später vertiefte, betrachtet die Arbeit insgesamt aber als einen Fehlschlag, Brief an die Verfasserin vom 20.5.2000.

211 Wallace, Ian in: Ausst. Kat. Jeff Wall. Transparencies, 1984, S. 7.

212 Wall trug den Text 1984 anläßlich einer Tagung unter dem Titel »Judging Modernity: Manet Revisited« erstmals als mündlichen Beitrag vor.

213 »I wanted to create a structure based simultaneously on unification and division across the web of signification established by the mechanisms used to make the picture [...]. I thougth of the picture as a kind of classroom lesson on the mechanisms of the erotic.«, Wall, Jeff in: Ausst. Kat. Directions 1981, Hirshorn Museum and Sculpture Garden, Washington 1981, S. 30. Wie häufiger sind Walls Äußerungen nicht nur schwer zu übersetzen, sondern verlieren in ihrer Übersetzung auch an inhaltlichem Gewicht; vgl. z. B. die Texte Gestus, in: Ausst. Kat. Ein anderes Klima. Aspekte der Schönheit in der zeitgenössischen Kunst, Städtische Kunsthalle Düsseldorf, 1984; The Storyteller, in: Ausst. Kat. documenta 8, Bd. 2, Kassel 1987 oder Photography and Liquid Intelligence, in: Ausst. Kat. Une autre objectivité, Centre National des Arts Plastiques, Paris 1989, die für den deutschen Leser geradezu unverständlich sind.

214 Duve, Thierry de: The Mainstream and the Crooked Path, in: Duve, Thierry de/ Pelenc, Arielle/Groys, Boris (Hrsg.), 1996, S. 31.

215 Wallace, Ian in: Ausst. Kat. Jeff Wall. Transparencies, 1984, S. 9.

216 Vgl. Mulvey, Laura: Visual Pleasure and Narrative Cinema, in: Mulvey, Laura: Visual and Other Pleasures, Indiana 1989 (mit Essays, die zwischen 1971 und 1986 verfaßt wurden).

217 Clark, T. J./Gintz, Claude/Guilbaut, Serge und Wagner, Anne in: Stemmrich, Gregor 1997, S. 210. Vgl. zum Betrachterbezug in Walls Werk auch Dickel, Hans: Im Licht der Bilder. Der Platz des Betrachters im Werk von Jeff Wall, in: Kemp, Wolfgang (Hrsg.), 1996, S. 69-83.

218 In englischer Sprache erstmals veröffentlicht in: *Parachute*, No. 35, Sommer 1984, S. 5-7 (»Unity and Fragmentation in Manet«), in deutscher Sprache in: Ausst. Kat. Jeff Wall, 1988, S. 53-62.

219 Die Bedeutung, die Manets Bild für Wall hat, zeigt sich u. a. darin, daß der Künstler bei Ausstellungen seiner Fotografie die Reproduktion von Manets Bild im entsprechenden Ausstellungskatalog fordert. Vgl. McClintic, Miranda in: Ausst. Kat. Directions 1981, 1981, S. 31.

220 Zu den formalen Ähnlichkeiten vgl. auch Müller, Jürgen: Progressive Universalpoesie des Medienzeitalters, in: *Texte zur Kunst* (Köln), Nr. 14, 4. Jg., Juni 1994, S. 167.

221 Wall, Jeff, in: Ausst. Kat. Jeff Wall, 1988, S. 56.

222 Vgl. dazu und zu den nachfolgenden Zitaten, Wall, Jeff, in: Ausst. Kat. Jeff Wall, 1988, S. 57.

223 Anderer Auffassung hinsichtlich eines westlichen Bildkonzepts ist Boris Groys, der in einem Gemälde zwar auch die »Spuren körperlicher Arbeit« sieht, dann aber zu dem Schluß kommt, daß trotz oder gerade wegen der Entfremdung des Individuums im Kapitalismus sich der Maler in einer privilegierten Position befindet: »allein die Kunst ist imstande, diese Entfremdung zu überwinden und die Individualität des Produzenten in seinem Werk gelten zu lassen.« Groys, Boris: Das Versprechen der Fotografie, in: Saban, Luminita (Hrsg.), 1998, S. 29.

224 Vgl. Wall, in: Ausst. Kat. Jeff Wall, 1988, S. 60f.

225 Ebd. S. 61.

226 Brief an die Verfasserin vom 20.5.2000.

227 Vgl. zur Leuchtkastentechnik als Ausdruck »öffentlichen und institutionalisierten Sehens« auch Kuspit, Donald B.: Looking Up at Jeff Wall's Modern ›Appasionamento', in: *Artforum International*, Nr. 7, Vol. 20. März 1982, S. 52-56 und zur Leuchtkastentechnik speziell im urbanen Raum, Marzo, Jorge Louis: Memory and Reality, in: *Lapiz. International Art Magazine*, No. 65, Feb. 1990, S. 66-75.

228 Jeff Wall in: Clark, T. J./Gintz, Claude/Guilbaut, Serge und Wagner in: Stemmrich, Gregor 1997, S. 190/191.

229 Die Bedeutung von Vancouver für Walls Werk, der Stellenwert der sozialen und landschaftlichen Bedingungen der Stadt sowie ihr Standort als abgelegenes Kunstzentrum im Vergleich zu New York oder Los Angeles wurde bereits von verschiedenen Autoren hervorgehoben, vgl. z. B. Watson, Scott: Zweimal Canada Dry. Sechs Künstler aus Vancouver, in: *Wolkenkratzer Art Journal*, Nr. 2, 5. Jg., März/April 1988, S. 28-33 bzw. Watson, Scott in: Joly, Jean-Baptiste 1990, S. 38-51.

230 Vgl. zu Walls Landschaftsdarstellungen Gardner, Belinda, 1996, S. 34-41 und, Ein Gespräch über die Landschaft im Werk von Jeff Wall, geführt von Anne Gantefũhrer, Susanne Lange und Michael Wiesehöfer, in: Ausst. Kat. Jeff Wall – Bilder von Landschaften, Die Photographische Sammlung /Sk Stiftung Kultur, Köln 1999.

231 Walls Werk als explizit im Bild formulierte Sozialkritik beschreibt etwa Helmut Kronthaler, während Roger Seamon Walls Bilder in den Kontext der Dokumentarfotografie stellt. Kronthaler, Helmut: Jeff Wall, in: Ausst. Kat. Widerstand. Denkbilder für die Zukunft, Haus der Kunst, München 1993, S. 89-96; Seamon, Roger: The Uneasy Sublime, in: *Parachute*, No. 66, Avril/Mai/June 1992, S. 11-19. Auch Norman Bryson vergleicht Walls Arbeit mit der Dokumentarfotografie, Bryson, Norman: Jeff Wall, enlightenment boxes, in: *art/text*, No. 56, Febr./April 1997, S. 56-63.

232 Daß die Inszenierung für Wall jedoch keineswegs ein durchgängiges Bildkonzept ist, das befolgt werden muß, belegen etwa Bilder, die ganz »ungestellt« entstanden sind, z. B. »Pleading« von 1988.

233 Schjeldahl, Peter. Das Orakel der Bilder, in: o. Hrsg.: Cindy Sherman, München 1987, S. 16.

234 Vgl. Neven Du Mont, Gisela/Dickhoff, Wilfried (Hrsg.): Cindy Sherman (im Gespräch mit Wilfried Dickhoff) in: *Kunst heute*, Nr. 14, Köln 1995, S. 12.

235 Vgl. zu Cindy Sherman u.v.a. Krauss, Rosalind: Cindy Sherman 1975-1993, New York 1993 (mit umfassenden bibliographischen Angaben bis 1993) und Zdenik, Felix/ Schwander, Martin (Hrsg.): Cindy Sherman. Photoarbeiten 1975-1995, München 1995 und Rice, Shelley (Hrsg.): Inverted Odysseus. Claude Cahun, May Deren, Cindy Sherman, Massachusetts 1999, S. 163.

236 Neven Du Mont, Gisela/Dickhoff, Wilfried (Hrsg.), 1995, S. 22.

237 Vgl. zum äußeren Bereich in Shermans »Untitled Film Stills« auch S. 57f.

238 Vgl. zu diesen ›Erinnerungsbildern‹ auch S. 98, hier Anmerkung 172 und Arthur Danto, der in Hinsicht auf Shermans »History Portraits« von »Erinnerungen an Kunstgeschichte« spricht. In: o. Hrsg.: Cindy Sherman. History Portraits, mit einem Text von Arthur Danto, München 1991, S. 11.

239 Vgl. zu den verschiedenen Vorbildern der »History Portraits« Schneider, Christa: Cindy Sherman • History Portraits. Die Wiedergeburt des Gemäldes nach dem Ende der Malerei, München 1995, S. 15.

240 Vgl. dazu u.a. Danto, Arthur: Alte Meister und Postmoderne. Cindy Shermans History Portraits, in: Cindy Sherman. History Portraits, 1991, S. 5-14.

241 Vgl. Schneider, Christa, 1995, S. 17.

242 Cindy Sherman in: Neven Du Mont, Gisela/ Dickhoff, Wilfried (Hrsg.), 1995, S. 33. »Die Resonanz war unerwartet groß, was mich motiviert hat, daran [an der Serie] weiterzuarbeiten. [...] Es war die Entscheidung mit etwas zu experimentieren, was die Leute mögen.« Wie sehr die Bilder gemocht wurden, belegt die erste Ausstellung der History Portraits in der New Yorker Galerie Metro Pictures, bei der noch am Eröffnungsabend alle Bilder verkauft wurden.

243 Daß die Grenzen beim Stilleben auch fließend sein können, zeigen etwa die kleinen Puppenhausszenarien der kalifornischen Fotografin **Ellen Brooks**. Diese Fotografien können sowohl als Stilleben als auch als Inszenierte Fotografie im Sinne eines narrativen Tableaus bezeichnet werden, da sie nicht nur die Merkmale beider Genres erfüllen, sondern auch eine Vielzahl narrativer Mittel aufweisen, die über die Personendarstellung weit hinausgeht. Im übrigen kann für diese Stilleben als auch für Shermans »History Portraits« noch einmal der Begriff der argumentativen Struktur herangezogen werden, da für beide Genre gilt, daß die szenische Ausstattung in einem übertragenen Sinn zu verstehen ist, für den die »Argumentation« von größerer Bedeutung ist als der Verweis auf narrative Elemente.

244 Daß es viele bildjournalistisch arbeitende Fotografen gab, darunter etwa **Arthur Tress** oder **Ralph Gibson**, die begannen, ihre Bilder zu inszenieren, wird häufig

nicht berücksichtigt, spielt aber für die Entwicklung der Inszenierten Fotografie durchaus eine Rolle, vgl. dazu auch Davis, Keith F.: An American Century of Photography, 1995, S. 296f.

245 Mulvey, Laura, 1989. Eine vergleichbare Auseinandersetzung für die Kunst hat in Deutschland erst in den achtziger Jahren eingesetzt, u. a. Kemp, Wolfgang: Der Text des Bildes, München 1989.

246 Jeff Wall nutzt von Anfang an das Großformat, Eileen Cowin vergrößert ihr Bildformat ab Mitte der achtziger Jahre und Cindy Sherman arbeitet nach den »Untitled Film Stills« ausschließlich mit großformatigen Bildern.

247 Die Künstlerliste im Anhang zeigt, daß es zwar sehr viele Künstler gab, deren Werk im Kontext der Inszenierten Fotografie ausgestellt wurde; die meisten dieser Künstler arbeiten heute aber wieder mit anderen Bildstrategien, u. a. **JoAnn Callis, Ellen Brooks, Jürgen Klauke, Urs Lüthi** oder **Boyd Webb**.

248 Die wenigen Male, bei denen Bilder von Cowin in europäischen Ausstellungen zu sehen waren (z. B. »Sofort-Bild-Geschichten. Eileen Cowin, David Levinthal, William Wegman«, 1992), zeigen eher eine zufällige Auswahl ihrer Bilder als eine wirkliche Anerkennung ihres Werkes.

249 Vgl. Wall, Jeff in: Jeff Wall. Transparencies, 1986, S. 105. Nur am Rande soll hier die Tatsache erwähnt werden, daß auch der Zufall für die Akzeptanz von Walls Werk eine Rolle gespielt haben mag, etwa durch die Entdeckung des Künstlers durch die Galerie Johnen und Schöttle (Köln/München). Dafür, daß Walls Bekanntheitsgrad ein anderer hätte sein können, wenn er nicht von dieser, für den Sektor Fotografie marktführenden Galerie entdeckt worden wäre, spricht beispielsweise, daß er in den USA, zumindest in den achtziger Jahren, vergleichsweise wenig beachtet wurde. Daß er in Europa frühzeitiger bekannt und intensiver rezipiert wurde, belegen seine Einzelausstellungen, von denen es im Vergleich zu den USA viel mehr gab, vgl. dazu Anmerkung 187.

250 Mittlerweile ist allgemein bekannt, daß Walls Fotografien inszeniert sind, jedoch kann eine Anekdote, die mir ein Besucher der Retrospektive »Jeff Wall. Space and Vision« (Lenbachhaus München, 1996) erzählte, den Eindruck vom Festhalten des Betrachters an der vermeintlichen Authentizität von Fotografie eindrucksvoll belegen: Ein Ausstellungsbesucher empörte sich im Gästebuch des Museums darüber, daß Walls Fotografien gestellt seien, wie er – als Segler und Fachmann des Windes – an einer Fotografie erkennen könne, in der die Darstellung des Windes den natürlichen Gesetzen widerspräche!

251 Der Annahme, daß Fotografie stärker rezipiert und akzeptiert würde, wenn sie ungestellt wirke, widerspricht zwar das Werk von Cindy Sherman, das sich durch pointierte Künstlichkeit auszeichnet. Allerdings ist Shermans Werk diesbezüglich auch ein Einzelfall (bzw. findet es erst in jüngster Zeit große Nachfolge), im Gegensatz zu Walls Werk, das mit den Arbeiten einer Reihe von Fotokünstlern vergleichbar ist, deren Werk ähnliche formale Merkmale aufweist, wie Walls Fotografien, u. a. etwa Arbeiten aus der sog. Becher-Schule (Thomas Struth, Andreas Gursky etc.).

252 In einem Brief an die Verfasserin vom 26. 09. 2000.

253 Gaskell behauptet, daß die Klassiker unter den Horrorfilmen wie »The Exorcist« oder »Rosemary's Baby« prägend für ihr Werk waren. Brief an die Verfasserin vom 26. September 2000.

254 Vgl. zu dieser Deutung Grant, Simon: Anna Gaskell, in: Ausst. Kat. James Casebere, Anna Gaskell, Jitka Hanzlová, Tim Macmillan, Tracey Moffatt, The Citibank Private Bank Photography Prize 2000, The Photographers Gallery, London 2000, S. 14.

255 Brief an die Verfasserin vom 26.09.2000.

256 Brief an die Verfasserin vom 26.09.2000. Interessant ist diesbezüglich, daß Gaskell eigenen Angaben zufolge nicht einmal die »Realität« darstellen will, die den Schriftsteller Lewis Carroll und Alice Liddle betrifft, das Mädchen, das Vorbild für Carrolls Alice war. Zwar weiß Gaskell von dem ambivalent erotischen Verhältnis der beiden, ist aber an dieser Thematik nicht interessiert – obwohl sich andererseits das Motiv der lolitahaften, verführten und verführerischen Mädchen doch häufig in ihren Arbeiten findet.

257 Befragt nach den Vorbildern, die für ihre inszenierten Fotografien einflußreich waren, erklärt Gaskell: »Caravaggio, Balthus, Bellmer, Bastien-Lepage, Rossetti and other Pre-Raphaelites. Looking at the way they could be completely responsible for everything that sat within the frame – from that influence I was pushed to stage my work«. Vgl. Anmerkung 255.

258 Guldemond, Jaap: Cinéma, Cinéma. Contemporary Art and the cinematic experience, in: Ausst. Kat. Cinéma, Cinéma. Contemporary Art and the cinematic experience, Stedelijk Van Abbemuseum, Eindhoven 1999, S. 16.

259 Vgl. zu »Goshogaoka« Ausst. Kat. Sharon Lockhart. Goshogaoka Girls Basketball Team, Wako Works of Art, Tokyo 1998.

260 »Teatro Amazonas« besteht aus mehreren Arbeiten, die 1999 im Amazonasgebiet entstanden: Zum einen machte Lockhart einen Film, der das Porträt eines Publikums, genauer, Repräsentanten der Stadt Manaus in ihrem Opernhaus zeigt, zum anderen machte sie dokumentarische Fotografien von Familien und ihren Behausungen entlang des Amazonas sowie »Re-Fotografien« von Schnappschüssen aus den Familienalben dieser Bewohner. Schließlich gibt es noch eine Reihe Porträts einzelner Frauen, die Früchte ihres Landes präsentieren.

261 An dieser Stelle spielt auch die Überlegung eine Rolle, wieweit das Verstreichen von Zeit nicht ohnehin narrativ ist. Hinsichtlich dieser Fragestellung müssen mehrere Faktoren berücksichtigt werden: Wird die Zeit einer bestimmten Person dargestellt oder allgemein Zeit, die vergeht? Ist der dargestellte Zeitraum lang oder kurz? Gibt es Figuren, die das Vergehen der Zeit dokumentieren? etc. Aufschlußreich für eine solche Untersuchung könnte das Werk von **Hiroshi Sugimoto** und **Michael Wesely** sein, die auf ganz unterschiedliche Weise, aber jeweils mit Hilfe von Langzeitbelichtungen genau diesen Aspekt, das Verstreichen von Zeit, thematisieren.

262 Altstatt, Rosanne: Sharon Lockart im Gespräch mit Rosanne Altstatt, in: *neue bildende kunst*, Nr. 4, Juni/Juli 1999, S. 39.

263 Vgl. z. B. Altstatt, Rosanne, 1999: »Es ist etwas geschehen, als ich Sharon Lockharts Fotos [...] begegnete. Zuerst habe ich sie schnell durchgesehen, aber dann konnte ich den Blick kaum wieder abwenden« (S. 37), oder Stjernstedt, Mats: Retakes. Sharon Lockhart's Work in Film, in: *Paletten*, Nr. 224, Januar 1996: »Thereby, the motif and the event might leave the viewer with mixed feelings, of voyeuristic delight at a charming motiv or of indignation...« (S. 31).

264 Moffatt, Tracey in: Matt, Gerald: Ein Interview mit Tracey Moffatt, in: Ausst. Kat. Tracey Moffatt, hrsg. v. Hentschel, Martin/Matt, Gerald, Kunsthalle Wien, Ostfildern 1998, S. 16.

265 Moffatts erste große Einzelausstellung, die der Künstlerin internationale Beachtung brachte, fand 1997 im Dia Center for the Arts in New York statt. Der New Yorker Ausstellung schlossen sich in rascher Folge weitere Einzelausstellungen an, u. a. in Wien (1998), Stuttgart (1998), Chicago (1998), Barcelona (1999) und Paris (1999).

266 Moffatt Tracey in: Ausst. Kat. Tracey Moffatt, 1998, S. 19/20.

267 Zur Auseinandersetzung Tracey Moffatts mit ihren australischen Wurzeln vgl. auch Kempkes, Anne: Das Tracey Moffatt-Fieber, in: *Springerin*. Hefte für Gegenwartskunst, Nr. 1, Bd. 4, März-Mai 1998, S. 22-25.

268 In: Ausst. Kat. Tracey Moffatt, 1998, S. 22. Bezeichnenderweise spricht Moffatt im selben Interview davon, daß sie große Bewunderung für Jean Cocteau und seine Virtuosität innerhalb der verschiedenen Medien hegt, und zitiert ihn mit dem Satz »Wenn das Kissen warm geworden ist, sollte man es umdrehen«, S. 18.

269 Moffatt, Tracey in: Ausst. Kat. Tracey Moffatt, 1998, S. 22.

270 Deutlicher Ausdruck dafür, daß die Künstlerin sich nicht in einem sozialen oder ethnischen Kontext sehen will, ist ein Statement Moffatts zur Auswahl ihrer Filme auf Filmfestivals: »I would ring up the organisers of National and International »Women's Film Festivals« and scream at them to take my films out of the »Black films« section and screen them in with the »mainstream« work«. Gili, Marta: An Interview with Tracey Moffatt, in: Ausst. Kat. Tracey Moffatt, Centre national de la photographie, Paris/Fundació ›la Caixa‹, Barcelona 1999, S. 105.

271 U. a. »Sensation« (Royal Academy of Art, London 1997 und Hamburger Bahnhof, Museum für Gegenwart, Berlin 1998), »Art from the UK« in der Sammlung Goetz, München 1998, »Emotion. Young British and American Art from the Goetz Collection in den Hamburger Deichtorhallen 1998 oder »Sincerely Yours« im Astrup Fearnley Museum of Modern Art in Oslo 2000.

272 Sam Taylor-Wood in: L'experience de la séparation. Interview avec Greg Hilty, in: *art press*, Nr. 237, Juli/Aug. 1998, S. 44.

273 Vgl. zu Taylor-Woods jüngsten und zukünftigen Fotoprojekten, Sam Taylor-Wood und Michael O'Pray im Gespräch, in: Ausst. Kat. Sam Taylor-Wood. Third Party, hrsg. v. Hentschel, Martin, Württembergischer Kunstverein, Stuttgart 2000, S. 115.

274 Ebd. S. 103.

275 Ebd. S. 103.

276 Taylor-Wood, Sam in: Freedman, Carl: Ein Gleichgewicht zwischen Neurose und Psychose. Interview mit Sam Taylor-Wood, in: Ausst. Kat. Art from the UK, hrsg. v. Goetz, Ingvild/Meyer Stoll, Christiane, Sammlung Goetz, München 1997, S. 140.

277 Der Grund, warum Taylor-Wood Marianne Faithfull für ihre Filmprojektion gewählt hat, ist, daß Faithfull »eine ganze Menge im Gepäck mit sich trug, so daß [dem Betrachter] sogleich das Leben vor Augen steht, das sie bekanntlich geführt hat.« Auf Taylor-Woods Party sitzt sie als »Zeugin einer anderen Generation, die sie schweigend beobachtet.« Taylor-Wood, Sam in: Ausst. Kat. Sam Taylor-Wood. Third Party, 2000, S. 107.

278 U. a. Hentschel, Martin: Fotografie, Malerei, Film: Sam Taylor-Woods Deklination der Gattungen, in: Ausst. Kat. Sam Taylor-Wood. Third Party, 2000, S. 7 oder Bronfen, Elisabeth: Den Antagonismus aushalten. Sam Taylor-Woods ›Fünf revolutionäre Sekunden‹, in: *Parkett* Nr. 55, Juni 1999, S. 127.

279 Vgl. z. B. Birnbaum, Daniel: Sam Taylor-Wood, in: *Artforum International,* No. 3, Vol. 35, Nov. 1996, S. 89 oder Huck, Brigitte: Sam Taylor-Wood. Der Konflikt als Syndrom, in: *frame*, Nr. 1, Jan./Feb. 2000, S. 50.

280 Interview mit Jeff Wall im Rahmen der Fernsehreihe »contacts/Kontaktabzüge. Wall / Bustamente« ausgestrahlt in Arte (D), 2000.

281 Vgl. u.a. die zwölfteilige Fotoarbeit »I'll give you something to cry about«, 1998 von Eileen Cowin oder »Hide«, 1999 von Anna Gaskell. Auch Cindy Sherman kann im Zusammenhang mit Märchendarstellungen genannt werden, vgl. z. B den Werkkomplex »Fairy Tales« aus der zweiten Hälfte der achtziger Jahre.

282 Selbstdarstellung und Bildzitat in einem finden sich u. a. bei Jeff Wall in »Picture for Women« (1979), bei Eileen Cowin in »Untitled« ([Der Kuß] nach Edgar Degas) oder bei Cindy Sherman in der gesamten Reihe der »History Portraits«. Die Selbstdarstellung in der aktuellen Fotokunst ist etwa bei Tracey Moffatt in »Scarred for Life« (1994/99) und »Something More« (1989) gegeben und bei Sam Taylor-Wood in »Fuck, Suck, Spank, Wank« (1993). Das Malerei- (oder Fotografie-) Zitat ist wiederum bei Anna Gaskell (Porträts nach Julia Margaret Cameron) oder bei Sam Taylor-Wood in »Soliloquy« und »Wrecked« anzutreffen. Sowohl für die ältere als auch die jüngere Generation lassen sich zahlreiche weitere Beispiele von Selbstdarstellungen und Bildzitaten finden. Als eines der eindrücklichsten Beispiele an der Schnittstelle zwischen älterer und jünger Generation, soll abschließend noch das Werk des japanischen Fotokünstlers **Morimuras** genannt werden, der sich ausschließlich in Posen sog. Malerei- und Fotografieklassiker darstellt.

283 U. a. »Das szenische Auge. Bildende Kunst und Theater«, Institut für Auslandsbeziehungen e. V. (IFA), Stuttgart 1996, »Der körpererfüllte Raum fort und fort. Ausstellung in 2 Akten«, O, K. Centrum für Gegenwartskunst, Linz 2000/01 oder »Szenarien oder der Hang zum Theater«, Bonner Kunstverein, Bonn 2001

284 Da es sich um die erste umfassende Bibliographie Cowins handelt, sind hier sämtliche Titel aufgenommen, die der Verfasserin zugänglich waren. Bei Jeff Wall und Cindy Sherman sind nur die Titel aufgenommen, die in dieser Publikation zitiert wurden, wobei im Text jeweils ein Verweis auf weitere bibliographische Angaben vorhanden ist. Für Anna Gaskell, Sharon Lockhart, Tracey Moffatt und Sam Taylor-Wood wurde wieder jeweils die gesamte, der Verfasserin zugängliche Literatur aufgenommen.

Anhang

Name, Vorname	Geb. Datum +Ort	Biographische Angaben und Kurzcharakterisierung insbesondere von Werkkomplexen der 70er und 80er Jahre	Literatur
Adams, Yura			I
Adams, Dennis	1948, Iowa, lebt in N.Y.	Bis 1971 Drake University, Iowa und Tyler School of Art, Philadelphia – Fotografie im öffentlichen Raum (z. B. in Bushäuschen, Kiosken, Pavillons), unter Verwendung bereits vorhandener Bilder	T
Akin, Gwen	1950, N.Y., lebt ebd.		T
Alexander, Vikky	1959, Victoria	1976-79 Nova Scotia College of Art and Design, Halifax – Refotografien von Magazinbildern (Mode- oder Naturfotografien), stark vergrößert und als Diptychen o.ä. zusammengesetzt	S
Antin, Eleanor	1935, N.Y., lebt in Del Mar bei S. Diego	Bis 1956 City College, New York/School for Stage, New York – Fotografie als Dokumentation konzeptueller Performances, häufig humorvoll (»100 Boots«, 1971-73) – seit 1971 Fotoserien von Performances in der Rolle als Ballerina, Krankenschwester und Königin	S, U
Appelt, Dieter	1935, Niemegk b. Potsdam, lebt in Berlin	1959-60 Hochschule der Künste, Berlin (Fotografie) – in den 60er Jahren dreidimensionale Fotogramme, später Performances mit z. T. waghalsigen Selbstdarstellungen meist als Serien angelegt – Thematisierung existentieller Fragen, wie z. B. Erinnerung, Leben und Tod) – Anwendung alter fotografischer Verfahren (z. B. Kalotypie in »Ezra Pound«, 1981-86)	O, X, Z
Arnatt, Keith	1930, Oxford, lebt in Llandogo (Wales)	1951-58 Oxford School of Art und Royal College of Art, London – kritische Dokumentarfotografie (»Picture from a Rabbish Trip«, 1989)	Z
Auberger, Pidder	1946, Lohberg, lebt in Düsseldorf	1970-75 Staatliche Kunstakademie, Düsseldorf – Stilleben, Fotogramme, allegorische Porträts	Z
Auffischer, Max	1953, Graz	1972-81 Akademie der Bildenden Künste, Wien (Kunst- und Werkerziehung, Malerei) – ungestellte Aufnahmen, die durch technische Eingriffe (Blitzlicht) extrem artifiziell wirken	M 84
Augeri, Lynne	1956, N.Y., lebt ebd.	– Selbstporträts, die die Rolle der Frau und geschlechterbestimmte Strukturen hinterfragen	T, V
Baden, Karl	1952, Andover	University of Illinois – verschiedene Serien von Selbstporträts (»Everyday«, 1987-heute, Selbstporträts, die bei gleichbleibendem Format täglich um ein Bild ergänzt werden)	P
Baldessari, John	1931, National City (USA), lebt in S. Monica (CA)	1949-53 San Diego State College (Malerei) – seit den 60er Jahren Beschäftigung mit Fotografie und Sprache – Bildcollagen und Fotografien von vorgefundenem Bildmaterial (Fernsehen, Presse etc.)	M 84, O, P, Q, V, W
Barcik, Slawomir	1966, Polen, lebt in Piaseczno (Polen)	Akademie der Schönen Künste, Warschau	Z

Bark, Jared	1944, Southern California, lebt in N.Y.	– von der Performance kommend – Fotografie in Kombination mit einem geometrischen System von Gitternetzlinien, das die Fotografien in der Art einer Sequenz miteinander verbindet	D
Barney, Tina	1945, N.Y., lebt in Watch Hill (Rhode Island)	– Inszenierte Fotografien alltäglicher Begebenheiten mit Personen aus der sozialen Mittel- u. Oberschicht	T
Barrow, Thomas	1938, Kansas City, lebt in Albuquerque	1963-67 Kansas City Art Institute (Grafikdesign) und Institute of Design, Illinois, Chicago (Fotografie) – in den 60er Jahren Dokumentation über das Auto in der amerikanischen Kultur – seit 1965 Fotografien, Fotogramme (»Spray Photograms«) und Fotokopien, oft mit Bildern der Massenmedien – 1973 »Cancellation Series« (manipulierte Landschaftsfotografien) – 1977-78 »Libraries«	Q, S
Barta, Zsolt-Péter	1962, Eger (Ungarn), lebt in Budapest	– Bilder von organischen, biologischen Objekten (90er Jahre)	Z
Barton, Nancy	lebt in L.A.	Bis 1984 California Institute of the Arts – Fotocollagen, -sequenzen und fragmentierte Fotografien, auch Beschäftigung mit Performance	W
Bayer, Herbert	1900, Haag, † 1985, Montecito (CA)	1921-25 Studium am Bauhaus, Weimar – Fotocollagen in surrealistischem Stil, auch tätig als Typograf, Werbegrafiker u. Maler	J
Becher, Bernd und Hilla	1931, Siegen / 1934, Potsdam, leben in Düsseldorf	1953-61 Staatliche Akademie der Bildenden Künste, Stuttgart/ 1958-61 Kunstakademie Düsseldorf. Seit 1959 Zusammenarbeit – typologische Aufnahmen von Industriearchitekturen in mehrteiligen Bildfolgen	F
Beckley, Bill	1946, Hamburg (PA), lebt in N.Y.	Kutztown State University und Tyler School of Art, Temple – in den 70er Jahren Fotografien nach Vorlagen literarischer Texte (»Roses Are, Violets Are, Sugare Are...«, 1974)	F
Berger, Paul	1948, Dallas (OR), lebt in Seattle	1970-73 University of California, Los Angeles und State University of New York, Buffalo	Q
Berman, Zeke	1951, N.Y., lebt ebd.	Bis 1973 Philadelphia College of Art (Bildhauerei) – Verbindung von Fotografie und Skulptur (meist in Stilleben) zur Untersuchung des Wesens von Dreidimensionalität	L, P, S, T
Bernard, Cindy	1959, S. Pedro (CA), lebt ebd.	– Auseinandersetzung mit Fragen der Wahrnehmung, und wieweit Wahrnehmung von Kultur codiert ist	T
Bishop, Michael	1946, Palo Alto (CA.), lebt in Rochester	1966-68 California College of Arts and Craft, Oakland und bis 1978 San Jose State University – Landschaftsfotografien, in denen formale Elemente dominieren, häufig in der Art surrealistischer Fotografie – in den 90er Jahren auch konzeptuelle Stillebenfotografien	D
Blell, Diane	1943 (1946), L.A., lebt in N.Y.	– anfangs Stilleben, später Fotografien aufwendiger Studiokonstruktionen, oft in Bezug auf Malerei	L, T
Bloom, Suzanne	1943, Philadelphia, lebt in Houston	Seit 1974 Zusammenarbeit mit Edward Hill unter dem Namen »Manual«	Q

Blume, Bernhard Johannes und Anna	1937, Dortmund / 1937 Bork, leben in Köln und Hamburg	1960-65 Staatliche Kunstakademie Düsseldorf. B. Blume zusätzlich Universität zu Köln (1967-71). Seit 1980 Zusammenarbeit als Künstlerduo, das meist auch Darsteller der Fotografien ist – Performances (Foto-Aktions-Serien) ausschließlich für die Kamera von narrativem, oft humorvollen Charakter – buntfarbige Collagen aus Polaroids	M 84, U, Z, X
Boekhout, Henze	1947 Haarlem, lebt ebd.		N
Bogaers, Paul C.	1961, Tilburg, lebt ebd.	Akademie für Bildende Formung, Tilburg – Kombination von zwei oder mehr Fotografien (eigene Aufnahmen und/oder Pressefotos) auf einer Bildfläche	Z
Boltanski, Christian	1944, Paris, lebt ebd.	Autodidakt – 1968 Beginn der Arbeit mit Film und Fotografie – fiktive Rekonstruktionen von Biographien mittels Fotografie – 1974 Inszenierte Fotografien – seit 1989 Fotografien und Objekte als Rauminstallationen	F, J, M 84, S
Bonfert, Gerd	1953, Blaj (Rumänien), lebt in Köln	– Darstellung des Immateriellen (z. B. Licht) in Fotografien, u. a. durch Aufzeigen von Lichtreflexen oder Lichtspuren	Z
Bonnemaison, Joachim	1943, Frankreich, lebt in Paris	– Fotografien, die mit einer selbsterfundenen panoptischen Kamera aufgenommen sind (häufig in Kreisform)	Z
Bonvie, Rudolf	1947, Hoffnungsthal, lebt in Köln	1968-78 Kölner Werkkunstschule und Universität zu Köln – serielle Arbeiten, die um das Thema männlicher Rollenklischees kreisen (Kombination von Text und Bild) – Beschäftigung mit der Authentizität von Fotografie (Porträtieren als »Sich-ein-Bild-Machen«) – Verwenden bereits vorhandener Bilder – seit Ende der 80er Jahre Horizontalformate, die bestimmte Materialstrukturen untersuchen	M 84, X, Z
Boonstra, Marjoleine	1959, Groningen, lebt in Amsterdam	1979-89 Akademie der Bildenden Künste (Monumentale Gestaltung); Amsterdamer Kunsthochschule und Niederländische Akademie für Film und Fernsehen	Z
Boonstra, Rommert	1942, Groningen, lebt in Rotterdam	1968-80 Kritiker und Theatermacher – seit 1980 inszenierte Fotografien von Miniaturlandschaften und fantastischer, selbstkonstruierter Theaterbühnen	G, J, N, R, S, U, Z
Boskovich, John	1956, L.A., lebt ebd.	– Fotografie in Kombination mit Sprache	V
Bowers, Harry	1938, L.A., lebt in Berkely (CA)	1964-74 University of California, Berkely (Physik) und S. Francisco Institute – Fotografien als Metaphern (»Summer Icons«, 1976), häufig manipuliert und inszeniert – seit Ende der 70er Jahre Auseinandersetzung mit der Beziehung von Mann und Frau und Meisterwerken der Malerei – Experimente mit digital manipulierten Fotografien	I, Q
Bratrstvo/ Brotherhood	gegr. 1989 in Prag	Künstlergruppe, gegründet 1989	Z
Broekmans, Marlo	1953, Hoorn, lebt in Amsterdam	1979-81 Zusammenarbeit mit Diana Blok – Serie von Selbstdarstellungen, intensive Beschäftigung mit Licht (Doppelbelichtung, Lichtbrechung) in der Fotografie	O

Brooks, Ellen	1946, L.A., lebt in N.Y.	1964-71 University of Wisconsin (Bildende Kunst) und University of California, Los Angeles – 1978-84 Inszenierte Fotografien von Miniaturbühnen mit Puppendarstellern – Refotografien von schwarzweißen Magazinbildern, mit Acrylfarbe nachkoloriert – Portraits von Jugendlichen	B, E, G, H, J, K, L, S, T, U
Brown, Lawrie	1937, S. Jose (CA), lebt in Kalifornien	– Landschaftsfotografien (immer als Serien), die das Verhältnis des Menschen zum Universum thematisieren	I
Bryant, Elisabeth	1951, Portland, lebt in L.A.	– Fotogramme, in denen Zeichen und Symbole miteinander kombiniert werden	T
Budgett, Graham	1954, Manchester (GB), lebt in London	1977-82 St. Martin's School, London und Stanford University, Kalifornien – Versuche einer fotografischen Darstellung dessen, daß alle Bilder »Fragmente« sind (»Verlorener Zauber« und »Sichtbare Städte«)	Z
Bunn, David	1950, Greensboro, lebt in L.A.		T
Burchfield, Jerry	1947, Chicago, lebt in Meade Irvine (CA)	Bis 1977 California State University, Fullerton	G
Burgin, Victor	1941, Sheffield (GB), lebt in S. Francisco	1962-67 Royal College of Art, London und Yale University, New Haven – Kunst- u. Fotografietheoretiker – seit 1971 Arbeit mit Foto-Text-Serien in Bezug auf die Semantisierbarkeit von Fotos – Anwendung computergestützter Bildverarbeitung	F, S, Z
Burns, Marsha	1945, Seattle, lebt ebd.	1963-69 University of Washington und University of Massachusetts – Selbstporträts, die um die Erkundung des eigenen Wesens kreisen	I
Burson, Nancy	1948, St. Louis (Missouri), lebt in N.Y.	1966-77 Colorado Women's College und New York State Council of the Arts – Porträtstudien mittels digital übereinandergelegter Porträts (Mehrfachporträts)	T, S, Y
Butler, Jack	1947, Oswego (N.Y.), lebt in Pasadena (CA)	Bis 1979 Pasadena City College, California State College, Los Angeles und University of California, Los Angeles – Collagen mit Bildern aus den Massenmedien (»Sex 70s«) und Aneignung vorhandener Bilder (»Excitable pages«, 1978-81)	Q
Callahan, Harry	1912, Detroit, † 1999	1931-33 Michigan State College, East Lansing – Bildcollagen und Bildkombinationen	
Callis, JoAnn	1940, Cincinnati, lebt in Culver City (CA)	1962-77 California State University, Long Beach und University of California, Los Angeles (Bildhauerei und Malerei) – seit Mitte der 70er Jahre Beschäftigung mit Fotografie (z. B. »Morphe«, 1975) – Stilleben von alltäglichen Gegenständen in ungewohnten Zusammenhängen – Fotoperformances und narrative Szenen – in den 90er Jahren Hinwendung zur Malerei	I, J, L, Q, S, T, V, W, Y

Cameron, Julia Margaret	1815 Kalkutta, † 1879 Kalutara/ Sri Lanka	– Porträts, häufig beeinflußt von der präraffaelitischen Malerei, u. a. inszenierte Fotografien zu allegorischen, religiösen und literarischen Szenen – Vertreterin des Piktorialismus (1. Phase)	
Carey, Ellen	1952, N.Y., lebt ebd.	– seit 1984 Beschäftigung mit Fotografie – Ausloten des »metaphysischen inneren Selbst« in Verbindung zu Geometrie und Wissenschaft unter Gebrauch verschiedenster Techniken und Materialien	T
Carlson, Lance	1950, L.A., lebt ebd.	– Verwendung von Leinenuntergrund für die fotografische Vorlage	P, T
Carrol, Lewis	1832, Daresbury, † 1898, Guidford	Mathematiker, Schriftsteller und Fotograf – zahlreiche Porträts von Mädchen im viktorianischen Stil, oft in erotischen Posen	
Carroll, Patty	1946, Chicago, lebt ebd.	1964-72 University of Illinois, Urbana (Grafik-Design) und Institute of Design, Illinois (Fotografie) – Collagen von und mit angerissenen Fotografien	S
Casebere, James	1953, Lansing (Mich.), lebt in N.Y.	1971-79 Michigan State University, East Lansing/Minneapolis College of Art and Design und California Institute of the Arts, Valencia – seit 1975 Aufnahmen von selbstgebauten, menschenleeren Raummodellen die als Metaphern für bestimmte historische Ereignisse dienen – Anfang der 80er Jahre Plakataktion in N.Y., in der die öffentliche Zurschaustellung von Bildern thematisiert wurde	B, J, L, S, T, U
Charlesworth, Sarah	1947, East Orange (N.J.), lebt in N.Y.	Bis 1969 Barnard College, New York – Detailvergrößerungen aus vorgefundenen Bildern, die auf buntfarbigen Hintergründen in einen neuen Zusammenhang gestellt werden	S, T
Charlesworth, Bruce	1950, Davenport (Iowa), lebt in Minneapolis	Bis 1975 University of Iowa, Iowa City – seit 1976 Filme, Installationen und Fotografien, in denen der Künstler selbst Protagonist ist	S, T
Chong, Albert	1958, Kingston (Jamaica), lebt in Brooklyn	1978-81 School of Visual Arts, N.Y. – Nutzung von alten Familienfotografien, Bilder religiöser Ikonen zur Untersuchung ritueller Handlungen in der Kunst	T
Christenberry, William	1936, Tuscaloosa (Alabama), lebt in Washington	1954-61 University of Alabama – Maler, erst seit 1977 professioneller Gebrauch der Fotografie, hier häufig dokumentarisch	T
Clegg + Guttmann, Michael + Martin	1957, Jerusalem / 1957 Dublin, leben in N.Y. u. Köln	– in Fotografien und Installationen Fortführung, Erweiterung und Reflexion im und über das Genre des Porträts (z. B. großformatige Gruppenporträts in den 80er Jahren)	M 84, T, X
Close, Chuck	1940, Monroe (WA), lebt in N.Y.	1958-64 University of Washington (Malerei) und Yale University of Art and Architecture, New Haven – Porträtmalerei (stark aufgerastert) nach Fotografien – ab 1979 Experimente mit der Polaroidgroßbildkamera	S, V
Cohen, Mark	1943, Wilkes Barre (Pennsylvania), lebt ebd.	– Ausschnitte/Fragmente sog. Schnappschußmotive (70er Jahre)	O

Coleman, Judy	1944, N.Y., lebt in Marina del Rey (CA)	– surrealistische Fotografien (surrealistische Effekte durch Manipulation am Negativ)	T
Colette	1947, Tunis, lebt in N.Y. u. München	– seit 1970 Arbeit mit Performances, später Fotoperformances, oft als aufwendige Selbstdarstellungen z. B. in der Rolle historischer Frauenfiguren	U
Collins, James			F
Collins, Steve	1949, Great Britain (MA)	– in den 70er Jahren großformatige Farbfotografien von Glassplittern und -haufen	B
Colvin, Calum	1961, Glasgow, lebt in Edinburgh	1983-86 Duncan of Jordanstone College of Art, Dundee und Royal College of Art, London – Fotografien von aufwendig konstruierten kulissenhaften Räumen (z. B. »Ornithology«) – Zyklus der 7 Todsünden (»The seven Deadly Sins and the Four Last Things«) – Anwendung verschiedener Techniken und Verfahren: Inszenierung vor gemalten Kulissen, Montage, digital manipulierte Fotografien	U, Y, Z
Coplans, John	1920, London, lebt in N.Y.	– seit 1980 Porträts und Selbstporträts, häufig als Aktdarstellungen	T, Y
Corbijn, Anton	1955, Strijen (NL), lebt in London u. L.A.	– Porträts von Schauspielern, Pop- und Rockmusikern	Z
Cordell, Michael			I
Cortright, Steven	1942, S. Barbara (CA), lebt ebd.	Stanford University und University of New Mexico	D, P
Cowin, Eileen	1947, Brooklyn (N.Y.), lebt in S. Monica (CA)	Bis 1970 State University of New York, New Paltz und Illinois Institute of Technology, Chicago (Fotografie) – »Overlays« 1971 (übereinandergelagerte Fotografien) und »Transfers«, 1972 – »Kwik-Proofs«, 1974 – »Lady-Killer«, »One-Night-Stands« 1977-79 – »Family Docudrama« 1980-84 – ab Mitte der 80er Jahre großformatige Polaroids und/oder Schwarzweißfotografien, oft als Dyptichon angeordnet – Bildsequenzen von einem Film abfotografiert, 1986 – Fotografien nach Vorbildern aus der Malerei, ab 1986 – Film und Videoinstallation, in Kombination mit Fotografie	E, H, I, K, L, O, Q, S, T, V, Y
Cumming, Robert	1943, Worcester (MA), lebt in Whately (MA)	Bis 1967 College of Art, Boston (Malerei) und University of Illinois, Urbana (Malerei und Fotografie) – Objekt-, Stilleben- und Installationsfotografien – Fotografien von Ereignissen, die an wissenschaftliche Versuche erinnern – Beschäftigung mit illusionistischen Effekten in der Fotografie	A, B, D, I, J, P, Q, S
Curran, Darryl, J.	1935, S. Barbara (CA), lebt in L.A.	1958-64 Ventura College, Ventura und University of California, Los Angeles – Gebrauch ungewöhnlicher Kameras (Spielzeugapparate, Lochkameras etc.) – »L.A.-Series«, 1969/70	P
Cypis, Dorit	1951, Tel Aviv, lebt in Minneapolis	– Installationen und Performances	T

D., Hanna		– Fotoserie, die sich in Form und Inhalt auf den *film noir* bezieht	M 83
Dahn, Walter	1954, St. Tönis bei Krefeld, lebt in Köln	1971-77 Kunstakademie Düsseldorf – Maler und Zeichner, nur vereinzelt mit Fotografie arbeitend	M 84
Dater, Judy	1941, Hollywood (CA), lebt in Palo Alto	1959-66 University of California, Los Angeles und S. Francisco State University – Porträts, auch Selbstporträts (u. a. in der Wüste), häufig mit weiblichen Akten zur Erkundung der menschlichen Psyche	I, K
David, Ramon	1963, Barcelona, lebt ebd.	Escuela Massana, Barcelona (Malerei und Fotografie)	Z
David-Tu, Alan	1949, Niederlande, lebt in Amsterdam	1969-75 St. Martin's School of Art, London und Royal College of Art, London – Fotografien handeln per definitionem von der Fotografie (oft als surrealistische Stilleben angelegt, z. B. in der Serie »Faces«)	N, Z
Davis, Lynn	1944, Minneapolis, lebt in N.Y.	– Porträts und Aktfotografien (»Body Work«, 1978-85) in schwarzweiß, an Bildhauerstudien angelehnt	Y
DeFilipps Brush, Gloria	1947, Duluth (Minnesota)	– bis 1984 Fotografien kleiner Theaterbühnen	P
Defraoui, Cherif	1935, St. Gallen, † 1994	– in verschiedenen Werkgruppen Beschäftigung mit dem Thema Verfremdung	F
DeLory, Peter	1948, Orleans (MA), lebt in Aspen (CO)	Bis 1971 S. Francisco Art Institute – handkolorierte Landschaftsaufnahmen (70er Jahre)	C, I
Deluise, Regina		Bis 1981 State University, N. Y. – Gebrauch von Platinum- u. Palladiumdrucken	Y
Deschamps, Francois	lebt in New Paltz (N.Y.)	1964-72 Sorbonne Paris und Illinois Institute of Technology	P
deSoto, Lewis	1954, S. Bernardino (CA), lebt in S. Francisco	Bis 1978 University of California, Riverside	P
Diamand, Paul	1942, Brooklyn, lebt in N.Y.	Bis 1980 Pratt Institute und Purdue University, Massachusetts	A
Dibbets, Jan	1941, Weert, lebt in Amsterdam	1959-67 Akademie, Tilburg und St. Martin's School of Art, London – ab 1967 Beschäftigung mit Fotografie, hier Auseinandersetzung mit Wahrnehmungsphänomen (»Perspective Corrections«, 1967-69) und Zeit-Raum-Problemen (»Flood Tice«, 1969) – ab 1971 Serie mit panoramischen Arbeiten (»Horizon«)	F
Divola, John	1949, S. Monica, lebt in Venice (CA)	1970-74 California State University, Northbridge und University of California, Los Angeles – Interieur- u. Fensterausblicke aus zerstörten Räumen/ Rahmen (»Zuma«, 1977/78 u. »Vandalism«, 1974/75) – mit Colorgel bearbeitete Fotografien von Skulpturen/ Objekten in Landschaften	D, I, L, Q, T, U, V, W, Y

Dlugos, Caroline	1959, Berlin, lebt ebd. u. in Köln	1979-84 Gesamthochschule Kassel und Nationale Supériore des Arts Décorativ, Paris – vorgefundene Fotografien, die mit malerischen Gesten verändert werden (80er Jahre) – digital manipulierte Landschaftsfotografien (»Imaginäre Skulpturen« und »Aus fremden Gärten«, 90er Jahre)	M 84
Donohue, Bonnie	1946, Philadelphia, lebt in Boulder (CO)	Tyler School of Art at Temple University (Fotografien und Film)	C
Drahos, Tom	1947, Jablon (Tschechei), lebt in Paris	1967-72 Grafikschule, Prag und Institut des Hautes Etudes du Cinéma, Paris (Film) – 1967-73 Reportagefotografie – seit 1973 inszenierte/konstruierte Fotografien, auch Manipulationen u. a. mit Farbgel – 1978-82 Serie der »Metamorphose«	F, G, J, S, U, Z
Drtikol, Frantisek	1883, Pribam, † 1961, Prag	– Porträt- und Aktfotografien im piktorialistischen Stil, seit den 20er Jahren auch Beschäftigung mit geometrischen Formen, sowie mit Licht und Raum	K
Duchow, Achim		Vor allem als Kunsthistoriker tätig – dokumentarisch wirkende Fotografie, oft humorvoll	M 83
Dunning, Jeanne	1960, Granby (Connecticut), lebt in Chicago	– Fotografien, in denen sich durch starke Vergrößerung von Details andere Motivzusammenhänge ergeben	T
Dureau, George	1930, New Orleans	1946-52 Louisana State Unviersity (CA) und 1952 School of Architecture, New Orleans – Gemälde und Fotografien, oft von groteskem Inhalt	Y
Eißfeldt, Dörte	1950, Hamburg, lebt ebd.	– seit 1978 Beschäftigung mit Fotografie – Porträtcollagen und andere »Montagen«	X
Elenga, Henk	1947, Rotterdam, lebt in Hollywood (CA)	1965-69 Akademie voor Beeldende Kunsten, Rotterdam – abstrakte Stillebenkompositionen	N
Elk, Ger van	1941, Amsterdam, lebt ebd.	1961-65 Kunstgewerbeschule, Amsterdam, Imaculate Heart College, Los Angeles und Universität Groningen (Kunstgeschichte) – seit ca. 1970 Fotografien mit ironischem Inhalt, ausgestellt in dreieckigen oder trapezförmigen Rahmen – Übermalungen, Fotografien in Collagetechnik	R
Esclusa, Manel	1952, Barcelona	1952-66 Escuela de Maestria Indusrial – fantastische Fotografie	O
Ess, Barbara	1948, N.Y.City, lebt ebd.	– mit der Lochkamera aufgenommene Fotografien	P, T
Estabrook, Reed	1944, Boston (MA), lebt in Kansas City und N.Y.	Bis 1971 School of Design und Art Institute of Chicago – konzeptuelle Fotografie, die um die Untersuchung des Raumes und der Raumwahrnehmung kreist	I
Evergon	1946, Rochester, lebt in N.Y. u. Rom	Bis 1974 Allison University, Sackville und Rochester Institute of Technology – großformatige Polaroid-Selbstporträts, oft mit mythologischen Bezügen	M 83, T
Evers, Winfried	1954, Haarlem, lebt in Amsterdam	1973-76 Vrije Akademie Psychopolis, Den Haag (audiovisuelle und grafische Techniken) – Bildmontagen, die vor der Kamera entstehen, später auch direkte Manipulation am Negativ, seit 1986 ausschließlich Farbfotografien	N, R, U

Faigenbaum, Patrick	1954, Paris, lebt ebd.	1968-73 Studium der Malerei und Grafik – Porträts, anfangs stilistisch angelehnt an Richard Avedon und Bill Brandt, meist mit der eigenen Familie oder Personen aus der französischen und italienischen Aristokratie	O
Farrel, John F.	1950, Hinton (West Virginia), lebt in N.Y.City		T
Fastenaekens, Gilbert	1955, Brüssel, lebt ebd.	– Nachtserien (u. a. von Brüssel)	O
Faucon, Bernhard	1950, Apt-en-Provence (F), lebt in Paris	1969-73 Sorbonne, Aix-en-Provence (Philosophie) – seit 1976 inszenierte Fotografien, anfangs mit Porzellanpuppen (»Summer-Camp«, 1976-81), später ganz ohne Akteure (»Chambres D'Amour«, 1984-87) – seit 1991 Verschmelzung von Fotografie und sprachlicher Aussage (»Ecriture«, 1991-93)	D, G, I, J, K, S, U
Felber, Gina Lee	1957, Zweibrücken, lebt in Köln	– Fotografien selbstgebauter Gegenstände oft aus Draht in surreal wirkenden Interieurs	M 84, Z
Fichter, Robert	1939, Fort Myers, lebt in Tallahassee	1959-66 University of Florida, Gainesville und Indiana University, Bloomington – Einsatz unterschiedlichster Techniken in der Fotografie (Handkolorierung, Mehrfachbelichtung etc.)	D, L, Q, S, Z
Fischli und Weiss, Peter und David	1952/1946, beide in Zürich, leben ebd.	1975-77 Kunstakademie, Urbino und Bologna bzw. 1963-65 Kunstgewerbeschule, Zürich und Basel. Seit 1979 Zusammenarbeit als Künstlerduo – Stilleben-Performances (»Stiller Nachmittag«, 1985/86) und Filme	M 84, U
Fleischer, Alain	1944, Paris, lebt in Rom, Paris u. Tourcoing	Sorbonne, Paris (Literatur, Semiotik, Anthropologie) – Projektionen von Großstadtbildern kombiniert mit intimen, erotischen Szenen – Anwendung computergestützter Bildverarbeitung	Z
Fontcuberta, Joan	1955, Barcelona, lebt ebd.	1972-77 Universität Barcelona (Kommunikationswissenschaften) – Experimente mit dem Fotogramm, Übereinanderlagerungen von Fundstücken und Schattenrissen zur Erweiterung der Abbildfunktion von Fotografie – fotografische Parodien zu Kunst und Künstlern	Z
Förg, Günther	1952, Füssen, lebt in Areuse (Schweiz)	1973-79 Akademie der Bildenden Künste, München – ab 1982 Porträts – in den 80er Jahren großformatige Fotografien oft Architekturmotive in Kombination mit Wandmalereien	M 84
Frailey, Stephen	1957, Evanston (Illinois), lebt in N.Y.	Bis 1979 Bennington College – Fotografien von realen Dingen in Verbindung mit Produktfotografien, die in Collagenform extrem räumlich-illusionistisch wirken	L, S, T
Frenzel, Hanna		– Performancekünstlerin, verwendet Fotografie als rein dokumentarisches Medium	M 84
Friedlander, Lee	1934, Aberdeen, lebt in N.Y.	1953-55 Art Center School, Los Angeles – wichtiger Vertreter der späten Street Photography in den USA	A
Friedman, Benno	1945, N.Y., lebt ebd.	Bis 1966 Brandeis University, Waltham – Versuch, die Methode des Action-Painting auf die Fotografie zu übertragen – Kombination von Malerei und Fotografie	S

Frima, Toto	1953, Den Haag, lebt in Amsterdam	– Polaroids sorgfältig arrangierter Selbstdarstellungen, z. T. als Diptychon oder Triptychon angeordnet	M 84
Fröhlich, Elfi	1951, Lünen, lebt in Berlin	1968-76 Werkkunstschule, Dortmund/College of Art, Leeds und Hochschule der Künste, Berlin	E, Z
Fulton, Hamish	1946, London	– seit den 70er Jahren Wanderungen durch Landschaften, die in Fotografien dokumentiert werden	F
Fuss, Adam	1961, London, lebt in N.Y.	– Fotogramme	T
Galgiani, Philip	1951, S. Francisco, lebt in N.Y.	– Fotografien von Objekten, die die Wahrnehmung hinsichtlich Perspektive und Bedeutung des Dargestellten verwirren	B, D, I, T
Gall, Sally			Y
Gantz, Joe	1954, Cincinatti, lebt in L.A.	1973-77 Cornell University, Ithaka (Literatur u. Fotografie), Stanford University, Palo Alto und University of Wisconsin, Madison – zunächst sozialkritische Fotodokumentationen, seit 1983 verstärkt Arbeit mit Video, in jüngster Zeit digital manipulierte Fotografien von christlichem oder mythologischem Inhalt	K, M 83, U
Garnet, Eldon	1946, Toronto, lebt ebd.	– Fotografien von allegorischem Charakter	K
Garvens, Ellen	geb. in Omro (Wisconsin), lebt in Oberlin (Ohio)	Bis 1982 University of Albuquerque – Kombination von Malerei und Fotografie und z. T. skulpturaler Elemente	V
Gaskell, Anna	1969, Des Moines (Iowa), lebt in N.Y.	1990-95 Benington College, Yale University, New Haven und Art Institute of Chicago – Porträts im Stil des Bildnisses, das J. M. Cameron von Alice Liddle machte – Inszenierte Fotografie (»Wonder-Series«, 1996; »Override«; »Hide«, 1999; »by proxy«/»Sally salt says«, 1999)	
Geesaman, Lynn			P
Gémes, Péter	1951, Budapest, lebt ebd.	1971-76 Akademie der Bildenden Künste, Warschau	Z
Gerdes, Ludger	1954, Lastrup	1975-82 Kunstakademie, Düsseldorf – Inszenierte Fotografien mit Miniaturfigürchen (»Wenn die Formen des Lebens die Sprache verlieren«, 1976-83) – G. arbeitet auch mit Grafik, Installation, Malerei	M 84
Gerhardt, A. H.	1954, Rotterdam		G
Gerlovina, Rimma	1951, Moskau, lebt in N.Y.	Studium an der Moscow School of Artists – Porträts, die mittels Übermalungen das Verhältnis von Bild/Sprache und linguistischer/ numerologischer Systeme untersuchen (konzeptuelle Fotografie)	T
Gerz, Jochen	1940, Berlin, lebt in Paris	1958-62 Universität zu Köln und Universität Basel (Germanistik, Anglistik, Sinologie) – seit 1968 Foto-Text-Arbeiten, seit den 80er Jahren in Verbindung mit monochromen Tafeln – Auseinandersetzung mit Wahrnehmung und fotografischer Wirklichkeit	F, M 84, X
Gette, Paul-Armand	1927, Lyon, lebt in Paris	– dokumentarisch-typologische Untersuchungen zu wissenschaftlichen Themen (Zoologie, Biologie, Pflanzenkunde)	F

Ghirri, Luigi	lebt bei Modena	– narrative Bildsequenzen (»Kodachrome«, 1970-78) – Stilleben (»Stil Life«, 1975-80) – Stadt- und Landschaftsansichten (»Topographie Iconographie«, 1979-82)	F
Gibson, Ralph	1939, L.A., lebt in N.Y.	1956-60 Fotografiestudium bei der United States Navy – Schwarzweißfotografien mit fantastisch-surrealen Motiven, häufig mit besonderen Lichteffekten (»The Somnambulist«, 1969)	A, C, O
Gilbert und George	1943, Ladiner Dolomiten/ 1942, Devon (GB), leben in London	St. Martin's School of Art, London (Bildhauerei). Seit 1967/68 Zusammenarbeit als Künstlerduo – Foto- und Lifeperformances	F, K
Gioli, Paolo	1942 Prov. Rovigo (IT), lebt ebd.	– Fotografien, die das Verhältnis vom Bild zur Chemie und zum fotosensitiven Material untersuchen	Z
Gloeden, Wilhelm van der	1865, Volkshagen, † 1931 Taormina	Bis 1877/78 Akademie Weimar – Landschaftsfotografien und Genreszenen, seit 1890 Aktaufnahmen junger Männer in antikisierenden Posen	K
Golden, Judith	1934, Chicago, lebt in Tucson (AZ)	Bis 1975 School of the Art Institute of Chicago und University of California, Davis – Selbstporträts im Stil idealisierter Magazin-Schönheiten, meist handkoloriert (»Magazine Series«, »Magazine Makeovers«) – in den 80er Jahren Gruppen- u. Einzelporträts (»Relationships«)	F, I, Q
Goldes, David			I
Goldin, Nan	1953, Washington D.C., lebt in N.Y.	1974 School of the Museum of Fine Arts, Boston – Fotografien des Freundes- u. Bekanntenkreises, oft in intimen Situationen, (»The Ballad of sexual dependency«) in der Art eines persönlichen, visuellen Tagebuches	M 83
Goldring, Nancy	1945, Oak Ridge (Tennessee), lebt in N.Y.	Bis 1970 Smith College und New York University – Bildprojektionen auf eigene architektonische Zeichnungen und Studioeinrichtungen	T
Gonzales, Maria	1953, Frankfurt, lebt in New Orleans	– sog. »Lichtzeichnungen«	T
Gormezano & Minot			O
Groover, Jan	1943, Plainfield (N.J.), lebt in N.Y.	1964-70 Pratt Institute, Brooklyn (Malerei) und Ohio State University, Columbus – 1971-76 Außenaufnahmen von Bewegungs- u. Architekturdetails, oft als Diptychen angelegt – seit 1976 Experimente mit Palladium-Prints – Stilleben	I, U, Y
Haber, Sandra	1956, Sharon (Pennsylvania), lebt in N.Y.	Bis 1981 Occidental College, Los Angeles und Rochester Institute of Technology – Panoramafotografien mit Doppelbelichtungen oder übereinandergelegten Negativen, z. T. auch mit bereits vorhandenen Bildern – seit 1984 Arbeit mit vorgefundenen Bildern aus Postern, Graffiti, Fernsehen	S, T

Hahn, Betty	1940, Chicago, lebt in Albuquerque	Bis 1966 Indiana University, Bloomington – Fotoserien (z. B. »Chysanthemum«) mit ungewöhnlichen Entwicklungsverfahren oder Manipulationen	Q, S, V
Hallman, Garry Lee	1940, St. Paul (MI), lebt in N.Y.	Bundestextilschule (Österreich) und University of California, Berkely – Serie impressionistischer Landschaften in den 70er Jahren – Aufnahmen von der Umgebung des Künstlers (Galerie und Museum)	I
Hammann, Barbara	1945, Hamburg, lebt in Kassel u. München	1967-72 Studium der Kunstgeschichte u. Archäologie, München/Wien; 1976 Sommerakademie Salzburg – seit 1978 Video- u. Fotoarbeiten (u.a. Polaroidfotografien des eigenen Körpers)	M 84
Haxton, David	1943, Indianapolis, lebt in N.Y.	1961-67 University of South Florida, Tampa und University of Michigan, Ann Arbor – seit 1975 Fotoarbeiten, die sich allgemein aus dem Film oder verschiedener Bühnenkulissen entwickelt haben	D, F, I, U
Hayden, Jacqueline	1950, Cinncinatti, lebt in Washington	– dokumentarische Fotografie, stark nachkoloriert	T
Head, Tim	1946, London, lebt ebd.	1965-69 Newcastle University und St. Martin's School of Art, London – Stilleben	U
Heemskerk, Cees		– Fotomontagen, häufig mit surrealistischen Effekten	M 84
Heinecken, Robert	1931, Denver, lebt in Chicago	1949-60 Riverside College und University of California, Los Angeles – Visualisierung menschlicher Triebe wie Sexualität, Gewalt oder Konsum unter Verwendung bereits vorhandener Fotografien	Q, S, V, W, Y
Helg, Beatrice	1956, Genf, lebt ebd.	1965-77 Musik Konservatorium, Genf (Violincello) und California College of Arts and Crafts, Oakland (Fotografie) – Stilleben mit geometrischen Formen, oft unter Verwendung von Metall und Plexiglas	S
Hellebrand, Nancy	1944, Philadelphia, lebt ebd.	– Porträt- und Körperfotografien, häufig nur von Körperfragmenten	T
Henkle, James	1927 Cedar Ropids, lebt in Oklahoma	University of Nebraska und Pratt Institute, New York	I
Hill, Edward	1935, Springfield (MA), lebt in Houston	Seit 1974 Zusammenarbeit mit Suzanne Bloom unter dem Namen »Manual«	Q
Hilliard, John	1945, Lancaster, lebt in London	1962-67 St. Martin's School of Art, London (Bildhauerei) – Sequenzen des gleichen Motivs mit unterschiedlichen Tiefenschärfen (Auseinandersetzung mit Raum, Zeit und Wahrnehmung) – seit Anfang der 90er Jahre auch Einzelbilder ähnlicher Thematik	F, K, M 84, U, Z
Hock, Rick		– Aneignung von bereits vorhandenem Bildmaterial, dabei Bearbeitung des Fotopapiers durch Übermalung oder Kratzer	V
Hockney, David	1937, Bradford, lebt in L.A.	1953-63 Bradford College of Art und Royal College of Art, London Maler und Fotokünstler – Fotocollagen, die sich aus zahlreichen (Polaroid-) Einzelfotografien zusammensetzen	S, V

Hocks, Teun	1947, Leiden, lebt in Breda	1966-71 Akademie voor Beeldende Kunsten Sint Joost, Breda – Inszenierte Fotografien, häufig in mystisch-surrealem Stil	M 84, N, R, U, Z
Höfer, Candida	1944, Eberswalde, lebt in Köln	1973-76 Kunstakademie Düsseldorf (Becher-Schülerin) – konzeptuelle Fotografie von großer Klarheit und Nüchternheit	M 83
Hogan, Melissa	Nashville, lebt in Genf	– seit 1985 Zusammenarbeit mit Patrick Amblard unter dem Pseudonym P.M. Hoblargan	Z
Holland Day, Fred	1864, Nordwood (MA), † 1933 ebd.	– piktorialistische Fotografien, oft von religiöser Thematik	K
Hondrogen, Nicolas	1952, Concord (New Hampshire)		F
Hosoe, Eikoh	1933, Yonezawa, lebt in Tokyo	1951-54 Tokio College of Photography – seit 1961 Fotografien als Serien angelegt, meist als Buch publiziert	A, K, S
Howe, Graham	1950, Sydney	– Fotografien, die durch illusionistische Effekte die Sehgewohnheiten des Betrachters hinterfragen	D, I
Huber, Felix Stephan	1957, Zürich, lebt in Köln u. N.Y.		Z
Husebye, Terry	1945, El Paso, lebt in Santa Fe	Bis 1975 University of Wisconsin und University of New Mexico – Landschaftsfotografien, die sich mit wahrnehmungstechnischen Fragen beschäftigen (z. B. »Ocotillo Flat«)	P
Hutchinson, Peter	1930, London, lebt in Provincetown (MA)	Bis 1960 University of Illinois – mittels der Fotografie systematische Analyse von Kunst in Verbindung mit poetisierenden Texten (»Alphabet«); oft besondere Konzentration auf formale Komponenten	V
Hütte, Axel	1951, Essen, lebt in Düsseldorf	1973-79 Universität, Köln (Soziologie) und Kunstakademie Düsseldorf (Fotografie) – sachliche Fotografie, oft dokumentarisch	M 84
Ionesco, Irina	1935, Paris, lebt ebd.	– Darstellungen von Frauen und Jugendlichen in erotischen aber auch Gewalt assoziierenden Posen	A
Jaar, Alfredo	1956, Santiago (Chile), lebt in N.Y.	Bis 1981 Universidad de Chile, Santiago de Chile (Kunst, Architektur, Film) – sozialkritische Konzeptkunst in Verbindung von Film, Architektur, Fotografie (auch Einsatz von Leuchtkästen) – »Geography War«, 1989 (illegale Giftmülltransporte in Dritte-Welt-Ländern) – »Ruanda Project«, 1994-97	T
Jachna, Joseph	1935, lebt in Oak Lown	Bis 1961 Illinois Institute of Technology, Chicago (Kunst und Fotografie) – Landschaftsfotografien in Schwarzweiß mit eingestellten irritierenden Objekten	A
Jaeger, Stephande	1957, Brüssel		F, G
Jahoda, Susan Eve	lebt in Amherst	– inszenierte Fotografien, die familiäre Konflikte thematisieren, u.a. Auseinandersetzung mit Bildern (psychisch) kranker Frauen	V
Jama, Waldemar	1942, Praszka, Polen, lebt in Katowice (Polen)	Bis 1973 Studium der Malerei und Plastik	Z

James, Christopher	1947, Boston, lebt in Cambridge (MA)	Bis 1971 College of Art, Boston und Rhode Island School of Design, Providence – manipulierte Fotografien im Stil alter Stiche	S
Johnson, Larry	1959, L.A., lebt ebd.		T, W
Jones, Bill	1946, Antioch (CA), lebt in N.Y.		D
Josephson, Kenneth	1932, Detroit, lebt in Chicago	Bis 1960 Rochester Institute of Technology, New York und Illinois Institute of Technology, Chicago – medienanalytische Untersuchungen (»Bild-in-Bild-Serie«, ab 1963) – 1968 Collagen + Objekte – ab 1975 »History of Photography«-Serie	A, D, I, P
Joyce, David	1946, Kindersley, lebt in Madison (OR)	Bis 1972 Carleton University, Ottawa und University of Oregon	P
Jürgenssen, Birgit	1949, Wien, lebt ebd.	1968-71 Hochschule für Angewandte Kunst, Wien – mehrteilige Fotoarbeiten, die um die »Ursachen erotischer Manipulation und ihr Verhältnis zum Selbstbewußtsein« kreisen (Kat.)	Z
Kaap, Gerald van der	1959, Enschede, lebt in Rotterdam / Amsterdam	1978-80 Akademie voor Beeldende Kunsten Sint Joost, Breda	G, J, N
Kasten, Barbara	1936, Chicago, lebt in N.Y.	1958-70 University of Arizona, Tucson und California College of Arts and Crafts, Oakland – seit 1975 Beschäftigung mit Fotografie – kameralose Fotogramme und Assemblagen, z. T. sehr minimalistisch – seit 1980 Fotoinstallationen (»Constructs« u. »Metaphases«) in intensiver Farbigkeit	L, Q, S, T, U, Y
Keller, Pierre			M 84
Kerekes, Gábor	1945, Oberhart, lebt in Budapest		Z
Kern, Pascal	1952, Paris, lebt ebd.	1970-76 École des Beaux Arts, Paris und Sorbonne, Paris – seit 1982 Konstruktion von Assemblagen aus Industrieschrott	U, J
Kippenberger, Martin	1953, Dortmund, † 1997, Wien	1978 Hochschule für Bildende Künste, Hamburg – Verwendung von Fotografie neben Malerei, Skulptur etc., z. B. Fotografien von Gemälden/Bildcollagen, die Kippenberger nach der Aufnahme zerstörte	M 84
Kiraly, Josif	1957, Rumänien, lebt in Bukarest	Institut für Architektur, Bukarest	Z
Kirstel, Richard	lebt in Baltimore		A
Klauke, Jürgen	1943, Kliding b. Cochem, lebt in Köln	1964-69 Hochschule für Kunst und Design, Köln (Freie Grafik) – inszenierte Fotografien und Fotoperformancen mit der eigenen Person, um die Themen Identität, Sexualität, Androgynität und Psyche kreisend; seit 1979 vor allem Arbeit in Zyklen	M 84, Z

Klein, Astrid	1951, Köln, lebt ebd.	1973-77 Hochschule für Kunst und Design, Köln – Verwendung und Neubearbeitung von bereits gedruckten, vorgefundenen Bildern mit Themen aus den Massenmedien	M 84, X
Klett, Mark	1952, Albany, lebt in Arizona	Bis 1977 State University of New York	Y
Kluckmann, Udo	1941, Potsdam	– seit 1978 Ensembles Inszenierter Fotografien	G
Knorr, Karen	1954, Frankfurt, lebt in London	1974-80 Académie des Beaux Arts, Paris, Harrow College of Art and Design und Polytechnic of Central, London (Film und Fotografie) – Porträts in alltäglichen, oft würdevollen Interieurs, aber mit verstörenden Details (»Academies«) – allegorische Fotografien aus der Welt der Hochfinanz	O, Z
Kolbowski, Sylvia	1953, Buenos Aires, lebt in N.Y.	1974-78 Hunter College, New York – Refotografien von Magazinbildern, die anschließend bearbeitet, (z. B. mit Übermalungen) oder in verändertem Kontext ausgestellt sind	S, T, V
Koons, Jeff	1955, York, (Pennsylvania), lebt in N.Y.	1972-76 Maryland Institute of Art, Baltimore und School of the Art Institute of Chicago – Thematisierung des »Kitsches« in der Fotokunst – Fotografien, die als Werbekampagne zu seinen Arbeiten/ Ausstellungen entstehen (1988)	U
Koppitz, Rudolf	1884, Schreiberseifen (Polen), † 1936, Wien	1912-13 Graphische Lehr- und Versuchsanstalt – Aktaufnahmen und Porträts im piktorialistischen Stil – Landschaftsaufnahmen und Genreszenen	K
Kruger, Barbara	1945, Newyark (N.J.), lebt in N.Y. u. L.A.	1963-67 Syracuse University, Parsons School of Design, New York – seit Ende der 70er Jahre Fotocollagen aus stark gerasterten Schwarzweißbildern mit farbigen Schriftbalken in einfacher, plakativer Sprache	H, M 84. S, T, V
Kummer, Raimund	1854, Mengeringhausen, lebt in Berlin	– Fotografien von Rauminstallationen, oft in Verbindung mit Film- oder Theaterkulissen	X
Kunc, Milan	1944, Prag, lebt in Düsseldorf und N.Y.	1964-75 Akademie, Prag und Kunstakademie, Düsseldorf	M 83, U
Kune_, Ale_	1954, Tschechoslowakei, lebt in Prag	Grafikschule, Prag und Filmfakultät, Prag – Fotografie im Negativverfahren	Z
Kuppel, Edmund	1947, Blumenfeld, lebt in Karlsruhe u. Paris	– konzeptuelle (Landschafts)fotografie; K. arbeitet auch mit Filmen und Installationen	F
Kuprijanow, Vladimir	1954, Moskau	1976-85 Institut of Culture (Theater) und Studium der Malerei und Fotografie	Z
Landweber, Victor	1943, Washington D.C, lebt in Berkely (CA)	Bis 1976 University of Iowa und University of California, Los Angeles – konzeptuelle Arbeiten	C
Laster, Paul	1951, Flint Michigan, lebt in N.Y.	– Übertragung von bereits bestehenden Fotografien durch Klebeband auf andere Bildflächen	T

Laughlin, Clarence John	1905, Lake Charles, † 1985 New Orleans	Autodidakt – Dokumentarfotografien (»Ghosts Along the Mississippi«, 1948) – Inszenierte Fotografien und Experimente mit Mehrfachbelichtungen	A, S
Lawler, Louise	1947, Bronxville (N.Y.), lebt in N.Y.	Bis 1969 Cornell University, New York – Fotografien von häuslichen oder institutionalisierten Arrangements Bildender Kunst (z. B. Museum) mit dem Ziel, die fortdauernde Rekontextualisierung von Kunst aufzuzeigen	P, T
Le Gac, Jean	1936, Alès (F), lebt in Paris	– 1968-71 Serie der »Cahier«, in der mit Text und Fotografie Reisen, Handlungen etc. dokumentiert sind – seit den 70er Jahren Problematisierung des Begriffspaars Fiktion/Wirklichkeit z. B. in fiktiven Biographien	F, M 84
Leatherdale, Marcus	1952, Montreal, lebt in N.Y.		T
Lecourt, Jean Francois	1958, Perche (F), lebt in Le Mans	Bis 1979 Ecole des Arts Plastique, Le Mans (Malerei und Fotografie) – Selbstporträts als Ergebnis von Performances, oft um das Thema Selbstmord kreisend	S
Leeuwen, Piet van	1942, Rotterdam, lebt in Haarlem	– Stilleben, in den 70er und 80er Jahren häufig mit Nahrung	N
Legrady, Georges	1950, Budapest, lebt in L.A.	1968-76 Loyola College, Montreal, Goddart College, Vermont und S. Francisco Art Institute – narrative Stilleben	G, J, T
Leisgen, Barbara und Michael	1940, Gengenbach /1944 Spital a. Pyhrn, leben in Aachen	1961-67/1965-69 Kunstakademie, Karlsruhe – seit den 70er Jahren Auseinandersetzung mit den Themen »Mensch in der Landschaft« und »Mimesis« – Entstehung sog. »Sonnenschriften«, bei denen sich die Kamera gemäß dem Lauf der Sonne bewegt	F
Lemene, Marc	1957, Lorient		J
Lemieux, Annette	1957, Norfolk (Virginia), lebt in N.Y.	Bis 1980 University Hartford, Conneticut – konzeptuelle Fotoarbeiten – Malerei	T
Leontiev, Sergeij	1962, Kharkov (Ukraine), lebt in Moskau	Lehrerhochschule, Moskau	Z
Les Krims (Leslie Robert)	1943, N.Y., lebt in Buffalo (N.Y.)	Bis 1967 Cooper Union und Pratt Institute, New York – 1971-71 »Little People of America«, »The Deerslayers«, »The Incredible Case of the Stack O'Wheat Murders« – 1979 »Fictcryptokrimsographs« (Polaroids von sexuellen, z. T. bewußt anstößigen Fantasiemotiven)	A, B, F, G, I, J, O, Q, S
Leske, Peter	1937, Königsberg, lebt in Berlin	– Reportagefotografie	X
Levine, Michael	1952, Newark (N.J.), lebt in L.A.		D
Levine, Sherrie	1947, Hazleton (Pennsylvania), lebt in N.Y.	1965-73 University of Wisconsin, Madison – Aneignung der Bilder anderer in unveränderter Form (z. B. Fotografien Edward Westens von seinem Sohn)	H, S, T

Levinthal, David	1949, S. Francisco, lebt in N.Y.	1966-73 Stanford University und Yale University, New Haven (Fotografie) – Miniaturszenen, in denen kleine Puppen menschenähnlich agieren (»Hitler moves east: a graphic chronicle 1941-43«, »,Wild West«, »Cowboys«)	Q, S, T, U, Y
Lhoták, Zdenek	1949, Turnov, Tschechoslowakei, lebt in Prag	1980-85 Famu, Akademie für Kunstfotografie, Prag	Z
Lieshout van, Wijnand	1940, Tilburg, lebt ebd.		U
Lockhart, Sharon	1964, Norwood (MA), lebt in L.A.	Bis 1993 Art Center College of Design, Pasadena und S. Francisco Art Institute – Inszenierte Fotografie und Filme (u. a. »Shaun«, 1993 und »Khalil, Shaun, A Women under Influence«, 1994; »Audition«, 1994; refotografierte Bilder aus Lockharts Familienalbum »Untitled Study«, 1994; »Goshogaoka«, 1997) – Porträtstudien (1994) – »Teatro Amazonas« (Dokumentarfotografien, 1999)	
Lüthi, Urs	1947, Luzern, lebt in München u. Zürich	– in den 60er und70er Jahren Selbstporträts in exzentrischer Selbststilisierung, meist als serielle Bildfolgen	M 84, O, U, Z
MacAdams	1943, South Walse (GB), lebt in N.Y.	1966-69 Cardiff College of Art, Cardiff (Design und Art Teacher) und Rutgers University – Serie der »Mysteries« (seit 1974) als Diptychen angelegt, mit Sequenzen, die im Stil eines Kriminalfotoromans Geschichten erzählen – Stilleben, die indirekt Verbrechen dokumentieren	G, K, P, S
MacGregor, Gregory	1941, La Crosse (Wisconsin), lebt in Oakland	Bis 1971 University of California, S. Francisco – Auseinandersetzung mit der Beziehung von Mensch und Maschine, z. B. Fotografien von Explosionen in der Landschaft (»Explosions: A Handbook for Blasters«) z. T. manipuliert	U
MacKay, Angus Calum	1964, Outer Hebrides (Schottland)	1982-90 Castel College, Stornoway und Glasgow School of Art – Schwarzweißfotografien mystischer Tier- und Menschendarstellungen	Z
Maclay, David	1946, Boston, lebt in S. Francisco	Bis 1968 S. Francisco Art Institute – in den 70er Jahren Landschaftsaufnahmen	C, I
Madigan, Martha	1959, Wisconsin, lebt in Grosse Pointe (Michigan)	Bis 1973 University of Wisconsin und Arizona State University – Fotogramme, z. B. mit Laub als Lichtblocker (»Leaf Drawings«)	C
Mahr, Mari	1941, Santiago (Chile), lebt in London	Bis 1976 School of Journalism, Budapest und Polytechnic of Central London (Fotografie) – Stilleben in schwarzweiß von vergessenen/verlorenen Gegenständen (Auseinandersetzung mit dem Aufarbeiten von Erinnerungen) – narrative Szenen in Minaturformat	Z
Majore, Frank	1948, Richmond Hill (N.Y.), lebt in N.Y.	Bis 1969 Philadelphia College of Art – Nachahmung eines kommerziellen Stils (Werbung) mit Gegenständen der Begierde, meist als Cibachrome	L, M 83, S, T
Maldonado, Adal	geb. in den USA	– fantastische Fotografie	A

Man Ray	1890, Philadelphia, † 1976, Paris	1909-12 National Academy of Design, New York – 1919/22 Erfindung der Rayographie/Rayogramm – Porträts und Stilleben im surrealistischen Stil	J, K
Mandel, Mike	1950, L.A., lebt in S. Cruz	Bis 1974 California State University (Philosophie) und S. Francisco Art Institute (Fotografie) – Buchstaben in Stadtlandschaften, Lichtzeichnungen	A, Q
Mann, Sally	1951, Lexington (Virginia.), lebt ebd.	1966-72 Hollins College/Praestgaard Film School (Fotografie) und Aegean Film School of Fine Arts, Apeiron – inszenierte Fotografien der eigenen Familie, vor allem der Kinder, oft um Tabuthemen kreisend wie kindliche Erotik und Sexualität, daneben auch Stilleben- und Landschaftsfotografien	Y
Manon	lebt in Zürich	Kunstgewerbeschule St. Gallen und Schauspielakademie Zürich – Fotografie anfangs als Dokumentation von Performances (zum Thema Identität), später als eigenständige inszenierte Fotografien (z. B. »La dame au crâne rasé«, 1977)	M 84
Mapplethorpe, Robert	1946, N.Y., † 1989 ebd.	1963-70 Pratt Institute, New York – Stilleben, Porträts und Aktfotografien, letztere oft in offenkundig homoerotischen Darstellungen	K
Maul, Tim	1951, Stanford (Connecticut), lebt in N.Y.		T
Mayer, Maix	1960, Leipzig, lebt ebd.	– Fotografien, die während einer Fortbewegung entstehen und die Auseinandersetzung mit der Thematik Raum-Zeit-Bewegung dokumentieren	Z
McCollum, Allan	1944, L.A., lebt in N.Y.	Autodidakt	T
McFadden, Mark	1952, Watertown (N.Y.), lebt in Chicago	– illusionistisch wirkende Fotografie von Raumkonstruktionen	D, I
Meatyard, Ralph Eugene	1925, Normal, † 1972 in Lexington	– Schwarzweißfotografien, häufig mit grotesken Elementen (»The Family Album of Lucibelle Crater«, 1969-71 mit jeweils einer Person, die eine Halloweenmaske trägt)	A, O, S
Meißner, Peter	1944, Zagan, lebt in Berlin	– seit 1977 freischaffender Modefotograf und Bildjournalist	X
Mercier, Pierre	1946, Ariège		J
Messager, Annette	1943, Berck-sur-Mer, lebt in Paris	– verschiedene Werkgruppen, die sich mit den »Mythen des Alltags« beschäftigen; auch Rauminstallationen und skulpturale Objekte	F, M 84
Mettig, Klaus	1950, Brandenburg, lebt in Düsseldorf	– Fotografie auf materialfremde Bildträger projiziert (»Stahlnetz«, 1985)	M 84
Michals, Duane	1932, McKeesport (Pennsylvania), lebt in N.Y.	1949-53 University of Denver – »Wegbereiter des Narrativen Tableaus« (Köhler) durch mehrteilige Fotosequenzen, die sich unmittelbar aufeinander beziehen	A, I, O, P, S, U, V
Michejda, Narmi	1955, Warschau,	Bis 1979 Universität, Warschau (Molekularbiologie)	Z
Mikhailov, Boris	1938, Kharkov, lebt ebd. und in Berlin	– Inszenierte Fotografien und Porträts im dokumentarischen Stil (»Case History«, 1999)	Z
Millikan, Jeff			P

Minkkinen, Arno	1945, Andover (MA)	– (fantastische) Selbstporträts, oft nackt und in freier Natur (z. B. Körper, der über Wasser geht)	P
Misrach, Richard	1949, L.A., lebt in Emeryville (CA)	Bis 1971 University of California, Berkely – Untersuchungen dessen, was nur mit der Kamera wahrgenommen werden kann, dabei intensiver Einsatz von Blitzlicht	Y
Mitzka, Ernst	1945, Marburg, lebt in Hamburg	– skulpturale Fotografien (z. B. auf Glasplatten montiert), die aktuelle Geschehnisse thematisieren	X
Mock, Stanley	1941, N.Y, lebt in L.A.	Bis 1966 University of California, S. Barbara und Cranbrook Academy of Art – großformatige Fotografien von skulpturalem Charakter	Q
Moffatt, Tracey	1960, Brisbane (Australien), lebt in Sydney u. N.Y.	Bis 1982 Queensland College of Art Brisbane – Inszenierte Fotografie, immer als Serien angelegt (»Some Lads«, 1986/98; »Something More«, 1989; »Pet Thing«, 1991; »Scarred for Life«, 1994/1999; »Guapa (Goodlooking)«, 1995; »Up in the Sky«, 1997; »Backyard-Series«, 1998; »Laudanum«, 1998) – Spielfilme, u.a. »Bedevil« (1993), »Heaven« (1997) und Videos	
Mol, Pieter Laurens	1946	– Fotografie als »Metaphern für persönliche Sein-Zustände«	K
Molder, Jorge	1947, Lissabon, lebt ebd.	Studium der Philosophie	Z
Molinier, Pierre	1900 in Agen (F), † 1976	– Fotomontagen und Ölgemälde, meist mit fragmentierten Frauenakten im surrealistischen Stil	A
Moons, Spank	1956, Antwerpen		G
Mori, Mariko	1967, Tokyo, lebt ebd. u. in N.Y.	1986-88 Bunka Fashion College, Tokio, anschließend Byam Shaw School of Art und Chelsea College of Art, London – aufwendige Inszenierungen in futuristischer Umgebung mit der Künstlerin als Protagonistin	
Morimura, Yasumasa	1951, Osaka, lebt ebd.	1971-78 Kyoto City University of Arts – Reinszenierungen abendländischer Malerei mit der eigenen Person als Protagonist	
Mortensen, William	1897, Park City (Utah), † 1965, Laguna Beach	– Bis ca. 1930 Porträt- und Filmstillfotograf in Hollywood, später Fotografien im piktorialistischen Stil, meist manipuliert	Q
Moukhin, Igor	1961, Rußland	1977-81 Construction Technical College, Moskau	Z
Nagatani, Patrick	1945, Chicago, lebt in Albuquerque	1967-80 California State University und University of California, Los Angeles. Seit 1983 Zusammenarbeit mit André Tracey – inszenierte Fotografien in surreal wirkenden Kulissen	L, T, U, V
Nauman, Bruce	1941, Fort Mayne, lebt in Galileo (Mexiko)	1960-66 University of Wisconsin (Mathematik, Physik und Kunst) und University of California, Davis (Kunst) – in den 60er Jahren körperbezogene Arbeiten, die im Film oder in Fotografien festgehalten sind	A
Neidich, Warren	1956, Yonkers (N.Y.), lebt in N.Y.	– Serie der »Unknown Artists«	T

Neimanas, Joyce	1944, Chicago, lebt ebd.	Bis 1969 School of the Art Institute of Chicago – Collagen mit Polaroidfotos – Collagen aus bereits vorhandenen Bildern (z. B. Magazinbildern), die die Eindrücke der Künstlerin über ihre soziale Umgebung wiedergeben	P, Q, S, V
Nettles, Bea	1946, Gainesville, lebt in Urbana (IL)	Bis 1970 University of Florida und University of Illinois, Urbana – Collagen und Bildmanipulationen mit vorgefundenen und eigenen Bildern, Produktionen limitierter Bücher – Stilleben in ungewöhnlichen Drucktechniken (z. B. Bichromat)	S
Neusüss, Floris	1937, Lennep, lebt in Kassel	1955-63 Werkkunstschule, Wuppertal und Hochschule für Bildende Künste (Malerei, Fotografie) – Entwicklung und Fortführung der kameralosen Fotografie (Nudogramm, abstrakte chemische Arbeiten etc.)	M 84
Nicosia, Nic	1951, Dallas, lebt ebd.	1972-75 North Texas State University, Denton und University of Houston – inszenierte Fotografien häuslicher Dramen (»Domestic Drama«1981/82) oder Katastrophen (»Near modern Disaster«, 1983-85), unter Einbeziehung echter und künstlicher Hintergründe (z. B. zerstören Haken und Drähte die Illusion des Realistischen)	J, L, S, U
Nixon, Nicholas	1947, Detroit, lebt in Boston	– Fotojournalist und Porträtfotograf (Serie der »Brown-Schwestern«, seit 1975 und Serie »Menschen mit AIDS«)	Y
Nooijer, Paul de	1943, Eindhoven, lebt ebd.	1960-63 Akademie voor Industrielle Vormgeving, Eindhoven (Industrielles Design) – Fotoarbeiten für öffentliche Räume, z. B. Trompe-l'œil-Fotografien in Anlehnung an barocke Architektur	J
Noord, Ruurd van der	1951	– surreale Landschaftsfotografien	M 84, R
North, Kenda	1951, Chicago, lebt in Dallas	Bis 1972 Colorado College, Colorado Springs – Close-Ups bekleideter und nackter Figuren	I
Novak, Lorie	1954, L.A., lebt in N.Y.	1971-73 University of California, Los Angeles (Kunst und Psychologie) – Bildmontagen im z. T. surrealistischen Stil	P, T, Y
O'Donnel, Bill			I
O'Donnell, Ron	1952, Stirling, lebt in Edinburgh	1970-73 Stirling University und Napier College, Edinburgh (Fotografie) – Aufnahmen gemalter Skelette o. ä. in bühnenartigen Räumen, denen oft eine lange Suche nach Requisiten vorausgeht	Z
Oehlen, Albert	1954, Krefeld, lebt in Hamburg u. La Palma	1977-81 Hochschule für Bildende Künste, Hamburg – Malerei, oft mit fotografischen Versatzstücken	M 84
Olaf, Erwin	1959, Hilversum, lebt in Amsterdam	1977-81 Journalistenschule, Utrecht – Tableaus Vivants mit Accessoires aus der Modewelt	Z
Ontani, Luigi	1951, bei Bologna, lebt in Rom	– Performances für die Kamera, meist als Selbstdarstellung, anschließend Manipulation am Bild	K, U
Otten, Hanno		– Maler, der mit den Mitteln der Fotografie operiert und die Synthese beider Medien auslotet	M 84

Ottinger, Ulrike		– seit Anfang der 70er Jahre Filme und Fotoarbeiten (Inszenierte Fotografien, von der Performance kommend)	M 83
Oyne, Ben		– Inszenierte Fotografien, die Begebenheiten des Alltags darstellen	M 83
Parker, Bart	1934, Fort Dodge, lebt in Providence	Bis 1969 University of Colorado, Boulder (Literatur) und Rhode Island School of Design (Fotografie)	P, Q
Parker, Olivia	1941, Boston, lebt in Manchester (MA)	Bis 1963 Wellesley College (Kunstgeschichte) – Fotografien von Stilleben aus Federn, Blumen, Knochen etc. dabei bewußte Auswahl der Rahmungen	I, S, Y
Pellety, Dominique	1956, Caen, lebt in Amsterdam	1980-85 Gerrit Rietveld Akademie, Amsterdam	N
Penone, Giuseppe	1947, Garessio (I)	– Vertreter der Arte Povera, hier: Fotografie als Dokumentationsmedium	F
Perlman, Hirsch	1960, Chicago, lebt ebd.	Bis 1982 Yale University – Fotografie auf Fieberholzplatten – Malerei	T
Perna, Luciano	1958, Neapel, lebt in Mar Vista (CA)	– konzeptuelle Fotografie	T
Pfahl, John	1939, N.Y., lebt in Buffalo	– Dokumentation minimaler Eingriffe in die Natur (»Altered Landscapes«1974-78), oft in Kombination mit Musik – sozialkritische, landschaftsanalytische und dokumentarische Fotografie (»Power Places«)	A, B, I, P, Q
Pichier, Paul	geb. in Wien	– um 1900 bukolische Landschaftsfotografien, mit antiken Figuren bevölkert	K
Pierre et Gilles		Seit 1976 Zusammenarbeit als Künstlerduo – Inszenierte Porträts der (Pariser) Mode-, Kunst- und Popszene, meist vor extrem artifizieller Kulisse, aber auch zu sozialkritisch-politischen Themen – Serien »La création du monde« + »Paradis« (1981)	
Pietsch, Janet			I
Pinkava, Ivan	1961 Náchod, Tschechoslowakei, lebt in Prag	Filmakademie, Prag (Kunstfotografie) – Porträts einer »Dynasty«	Z
Platt-Lynes, George	1907, East Orange (N.J.), † 1955 N.Y.	– Porträt- und Modefotografien, oft in surrealistischem Stil – Serie der »Mythologies« mit klassizierenden männlichen Akten	K
Polke, Sigmar	1941, Oels / Niedersachsen, lebt in Köln u. Hamburg	1961-67 Staatliche Kunstakademie, Düsseldorf (Malerei) – Gebrauch der Fotografie als Notizbuch; seit den 70er Jahren manipulative Eingriffe in die chemischen Prozesse von Fotografie, seit Ende der 80er Jahre Experimente mit von außen kommenden Einflüssen (z. B. Meteoritenspäne) auf Fotopapier	M 84
Potter, Tina	1950, N.Y., lebt ebd.		T
Prince, Richard	1949 in der Panama-Kanal Zone, lebt in Rensselaerville (N.Y.)	Autodidakt – Reproduktionen bereits vorhandener Bilder (vor allem aus der Werbung)	E, F, H, S, T

Prinz, Bernhard	1953, Fürth, lebt in Hamburg u. Düsseldorf	1975-81 Universität Erlangen (Kunstgeschichte) und Akademie der Bildenden Künste, Nürnberg – Stilleben – allegorische Darstellungen und Porträts	M 83, U, Z
Rainer, Arnulf	1929, Baden b. Wien, lebt ebd. u. in Enzenkirchen	1947-50 Staatsgewerbeschule Villach und Hochschule für Angewandte Kunst, Wien – Maler, entwickelt 1953 das »Übermalprinzip«, seit 1969 auch Übermalungen von Fotografien (z. B. des eigenen Körpers)	F, S
Rankaitis, Susan	1949, Cambridge (MA), lebt in Inglewood (CA)	Bis 1977 University of Illinois (Malerei) und University of Southern California (Fotografie) – malerisch wirkende Fotocollagen, z. T. mit chemisch behandelter Fläche des Fotopapieres	Q, T
Rauschenberg, Robert	1925, Port Arthur (Texas), lebt in N.Y. u. auf Captiva Island	1947-50 Académie Julian, Paris/Black Mountain College, North Carolina und Art Students League, New York – seit 1962 Verwendung der Siebdrucktechnik, oft unter Einbeziehung von (Presse-)Fotografien	
Rejlander, Oscar Gustave	1813, Schweden, † 1875, London	– Genreszenen, Fotografien von mythologischem und christlichem Inhalt (»The two ways of life«) – Kompositfotografien (mehrere Negative werden für einen Abzug miteinander kombiniert)	K
Resnick, Marcia	1950, N.Y., lebt ebd.	Bis 1973 New York University, Cooper Union und California Institute of Art – fotografische Rekonstruktionen von Kindheitserinnerungen (»Re-Visions«) – konzeptuelle Bildreportagen	D
Reusse, Stephan	1954, Pinneberg, lebt in Köln	1979-89 Folkwangschule Essen (Kommunikationswissenschaften und Fotografie)/Kunstakademie Kassel und Cal Arts Los Angeles (Kunst und Philosophie) – Künstlerporträts – Experimente mit Wärmestrahlungen »Thermographien«)	M 84
Rice, Leland	1940, L.A, lebt in Emeryville (CA)	Bis 1969 Arizona State University und California State University, S. Francisco – Fotografien abstrakter, minimalistischer Rauminstallationen, oft auf die Absenz von Personen verweisend	Q
Robbins, David	1957, Whitefish-Bay (Wisconsin), lebt in Köln	Bis 1979 Brown University, Providence – konzeptuelle Fotografie	T
Roberts, Holly	1951, Boulder (CO), lebt in Zuni (NM)	Bis 1981 University of New Mexico und Arizona State University	Q
Robinson, Henry Peach	1830, Ludlow (GB), † 1901 Royal Tunbridge Wells	– Genreszenen – Kompositfotografien (mehrere Negative werden für einen Abzug miteinander kombiniert)	Q
Rodan, Don	1950, Cincinatti (Ohio), lebt in N.Y.	1968-72 Cooper Union, New York – Stilleben (z. B. »Die 7 Todsünden«) in steriler Werbeästhetik, oft vor grellfarbigem Hintergrund	B, E, G, H, I, K, S, T
Rodriguez-Lopez, Geno	1947, N.Y., lebt in Paris	– von Surrealismus beeinflußt – Stilleben und Aktfotografien, die allegorisch auf Themen wie Sexualität, Ritual und Religion verweisen	T, V
Rohrbach, Brigitte			M 84

Roloff, Stefan	1953, Berlin, lebt in N.Y.	– computergenerierte Polaroidfotografien mit z. T. fantastischen Motiven	T
Rondepierre, Eric	1950, Orleans (F), lebt in Paris	Académie des Beaux Arts, Paris – Auseinandersetzung mit Wahrnehmung in der Fotografie, z. B. wahrnehmungsloser Bereiche wie der ›Blinde Fleck‹	Z
Ross, Richard	1947, N.Y., lebt in S. Barbara		C
Rousse, Georges	1947, Paris, lebt ebd.	– in der Verknüpfung von Malerei, Architektur, Licht und Ort entstehen als Endprodukte Fotografien	J, M 84, Z
Rowland, Anne	1957, Washington, lebt in Newhall (CA)	1979-89 School of the Museum of Fine Arts Boston und California Institute of Art – Manipulation/Collagieren bereits vorhandener Fotografien	T
Rubenstein, Meridel	1948, Detroit, lebt in Santa Fe	Bis 1974 Mass Institute und University of New Mexico und – Dokumentarfotografie, seit 1983 auch mit Mitteln der Inszenierung und Konstruktion	I, T, V
Ruscha, Edward	1937, Omaha, lebt in L.A.	1956-60 Chouinard Art Institute – Fotografie alltäglicher, gewöhnlicher Motive ausschließlich in Buchform präsentiert (»Twentysix Gasoline Stations«, 1962)	A, F, Q
Salazar Simpson, Sylvia	1939, Santa Fe, lebt in Southern California	– Performancekunst, unter Einsatz fantastischer Elemente	D
Salinger, Adrienne	1956, L.A., lebt in Syracuse (N.Y.)	Bis 1986 Art Institute of Chicago	T
Salvo	1947, Sizilien, lebt in Turin	– Fotografie als eines unter vielen Medien, hier vor allem im konzeptuellen Sinn (u. a. Selbstporträt in einer Pose Raffaels)	K
Samaras, Lucas	1936, Kastoria (GR), lebt in N.Y.	1955-60 Rutgers University, New Brunswick und Stella Daler Studio, New York (Schauspiel) – Selbstporträts in Form von Fotoperformances (»Autopolaroids«, 1969-71) – buntfarbige, konstruierte Stilleben (seit 1978) – Manipulationen am Negativ durch Verreiben der Entwickler-Emulsion – panoramaartige Collagen	A, D, I, K, L, P, S, U, V
Sample, Tricia	1949, Scottsbluff (Nebraska), lebt in Gainesville	– Landschaftsfotografien	C
Sana, James de	1950, Detroit, lebt in N.Y.		E, H, T
Sandrow, Hope	1951, Philadelphia, lebt in N.Y.	1972-75 Philadelphia College of Art	T, V
Santos, René	1954, Arecibo (Puerto Rico)	Bis 1976 Tufts University, Medford	E
Sarkis	1938, Istanbul, lebt in Paris	1957-60 Kunstakademie Istanbul (Innenarchitektur) – Maler und Installationskünstler, fotografiert nur zur Dokumentation seiner Arbeit	F

Saudek, Jan	1935, Prag, lebt ebd.	1950-52 Grafik Schule, Prag (Fotografie) – Porträts und Inszenierte Fotografien in marode wirkender Atmosphäre, oft in einer deftigen Bildsprache um das Thema Sexualität kreisend	J, O, S, Y
Schalie, Eric van der	1954, Rotterdam	– »Connotations« (1983), Postkarten ihren Originalen gegenübergestellt	R
Schlesinger, John	1954, Topeka (Kansas), lebt in Brooklyn		T
Schouten, Lydia	1948, Leiden, lebt in Rotterdam	1973-76 Akademie voor Beeldende Kunsten, Rotterdam – mehrteiligen Fotoinstallationen, auch mit Text und Fotografien mit comicartigen Sujets	M 84, N
Schrager, Victor	1950, Bethseda (Maryland), lebt in N.Y.	1968-75 Harvard University, Cambridge (Kunstgeschichte) und Florida State University, Tallahassee (Fotografie) – 1978-83 Stilleben, die Schragers Interesse an Literatur und Geschichte (Bücher, Drucke) wiedergeben – Collagen aus refotografierten Fundbildern	B, T, U
Schulze el Dowy, Gundula	1954, Erfurt, lebt in Berlin	1972-84 Fachschule für Werbung und Gestaltung, Berlin und Hochschule für Grafik und Buchkunst, Leipzig – sozialkritische Serien in Schwarzweiß und Einzelbilder von Menschen ihres Umfeldes, seit 1983 auch Farbfotografien	Z
Schwartz, Elliot	1949, Brooklyn, lebt in N.Y.	1971-74 University Cininnatti und California Institute of Art – Stilleben mit alltäglichen, industriell gefertigten Gebrauchsgegenständen, die oft auf politische Ereignisse Bezug nehmen	T
Schwarzkogler, Rudolf	1940, Wien, † 1969 ebd.	1957-61 Grafische Lehr- und Versuchsanstalt, Wien – Fotografie als Dokumentation von Performance im Umfeld der Wiener Aktionisten	K
Schweizer, Helmut	1946, Stuttgart, lebt in Düsseldorf	1967-73 Staatliche Akademie der Bildenden Künste, Karlsruhe und Universität Karlsruhe (Philosophie und Kunstgeschichte) – Fotografie in Kombination mit Übermalung, Montage, Umkehrung, Kopieren u.ä. (z. B. »Französische Landschaften«, 1987/88)	M 84
Sempere, Thom			I
Serck-Hanssen, Fin	1958, Baerum, Norwegen, lebt in Oslo	1981-84 Studium der Fotografie in Derby	Z
Serrano, Andres	1950, N.Y, lebt ebd.	1967-69 Brooklyn Museum Art School – Fotografien mit bewußt schockierenden Motiven (z. B. Menschen im Leichenschauhaus)	T
Sherman, Cindy	1954, Glen Ridge (N.J.), lebt in N.Y.	1972-76 State University of New York, Buffalo – Inszenierte Fotografie (»Untitled Film Stills«, 1977; »Rear-Screen-Projections«, 1980; »Centerfolds«, 1981; »Pink Robes«, »Color Tests«, 1982; »Fashion Pictures«, 1983-85; »Disasters«, 1985-89; »Molding Foods« 1987; »Fairy Tales«; »History Portraits«, 1988; »Civil-War-Series«, 1991) – seit 1992 Fotografien mit Puppen, häufig von sexueller Thematik – 1997 »Office Killer« (Horrorfilm)	F, G, H, I, K, L, M 84, S, T, U, V, X, Y
Shulgin, Alexey	1963, Moskau		Z

Siede, Michael	1952, Hearne (Texas), lebt in Atlanta		C
Sieverding, Katharina	1944, Prag, lebt in Düsseldorf	1963-74 Hochschule der Künste, Hamburg und Staatliche Kunstakademie, Düsseldorf – Selbstporträts, die die Person des Künstlers thematisieren (60er und 80er Jahre) – großformatige Fototableaus, z. T. mit Kombination von Text und Bild, oft politisch motiviert – Experimente mit Belichtungstechniken (z. B. mit Scheinwerfern)	M 84
Sievers, Ed			A
Simmons, Laurie	1949, Long Island, lebt in N.Y.	1969-72 University of Iowa und Tyler School of Art, Philadelphia – Inszenierte Fotografien mit Puppenhausinterieurs (1976-79), Cowboy-Figuren oder Schwimmer oft zu feministischen Fragestellungen – »Girl Vent Press Shots« und »Boy Vent Press Shots«, 1988-90 (Pressefotos von Bauchrednern) – »Portraits« (Porträts von Torten und Petit Fours), 1990 – Fotografien von Architekturmodellen	D, G, H, J, K, S, T
Simpfendörfer, Thomas	lebt in Frankfurt	Fachhochschule, Darmstadt (Fotografie) – Inszenierung des Autobiographischen in der Fotografie	K
Sixma, Tjarda	1962, Sittard (NL), lebt in Arnheim	1979-84 St. Joost Akademie, Breda und Akademie voor Beeldende Kunsten, Arnheim – seit 1982 Selbstdarstellungen, die um das Thema des idealisierten Frauenbildes kreisen	N, U
Skoglund, Sandy	1946, Boston, lebt in N.Y.	1966-72 Smith College, Northampton und University of Iowa – seit 1979 Konstruierte Fotografien (Stilleben), dann Inszenierte Fotografien in satter Farbigkeit mit multiplizierten Objekten (Füchse, Puppen etc.) – »True fictions«, Serie von Freunden	G, I, J, L, O, Q, S, T, U, V
Smith, Brent			I
Smith, Stan			I
Snow, Michael	1929, Toronto, lebt ebd.	1948-52 Ontario College of Art, Toronto – seit den 70er Jahren als Musiker, Filmemacher und Fotokünstler tätig – Auseinandersetzung mit Fotografie und ihrem Bezug zur Realität	F
Sonneman, Eve	1946, Chicago, lebt in N.Y.	Bis 1969 University of Illinois und University of New Mexico, Albuquerque – in den 70er Jahren Serie von je zwei Fotos, die die Vergleichbarkeit von Dingen thematisieren – dokumentarische Fotografien von perfekter ästhetischer Schönheit (80er Jahre)	F, M 83
Souza, Al	1944, Plymouth, lebt in Amherst	1967-72 Art Student League, New York und University of Massachusetts, Amherst (Malerei und Bildhauerei)	V
Squier, Joseph			I
Stark, Sandra	1951, Lafayette (Indiana), lebt in Cambridge	– Fotografien fantastischer Rauminstallationen	T

Starn, Doug und Mike	1961, Northfield (N.J.), leben in Boston	School of the Museum of Fine Arts, Boston – Experimente mit Fotokopien/Abzügen als archetypischem Bildmaterial – absichtliche Darstellung von Fehlern (»Anne-Frank«-Serie)	T, V
Stevens, Bruno	1949, Paris, lebt ebd.		F
Stewart, Doug			A
Stillman, Steel	1955, N.Y., lebt ebd.		T
Sugimoto, Hiroshi	1948, Tokio, lebt in N.Y.	Bis 1970 Saint Pauls University, Tokio und Art Center College of Design, Los Angeles – seit 1980 Fotoserien von Meereslandschaften, Theaterräumen (»Filmtheater/Autokinos«), Dioramen oder »Seestücken«, die das Verstreichen von Zeit dokumentieren – »Portraits«, 90er Jahre (Porträts von Wachsfiguren)	
Sultan, Larry	1946, lebt in Greenbrae (CA)	Bis 1973 University of California, Berkely und S. Francisco Art Institute – Bildserien, die den amerikanischen Traum thematisieren, oft mit autobiographischen Fotografien	Q, W
Syrop, Mitchell	1953, Yonkers (N.Y.), lebt in L.A.	Bis 1978 Pratt Institute, Brooklyn und California Institute of Arts, Valencia – konzeptuelle Fotografie (Kombination von Bild und Text)	P, T
Tajiri, Shinkichi	1923, L.A., lebt in Baarlo/Venlo	– Verwendung historischer Verfahren (Daguerrotypie, Stereofotografie, Panoramafotografie)	X
Tas, Henk	1949, Rotterdam, lebt ebd.	1967-72 Akademie voor Beeldende Kunsten, Rotterdam (1977-79 Kalifornienaufenthalt) – Fundfotos als refotografierte Originalabzüge – seit den 80er Jahren inszenierte Fotografien, oft von Miniaturbühnen in dekorativer, z. T. surrealistischer Manier	M 84, N, R, U
Taylor-Wood, Sam	1967, London, lebt ebd.	Bis 1990 Goldsmiths' College, London – Inszenierte Fotografie und Filminstallationen (u. a. »Five Revolutionary Seconds«, Soliloquy, 1998 oder »Third Party«, 1999)	
Teske, Edmund	1911, Chicago, lebt in L.A.	Autodidakt – Fotomontagen im Duo-Ton-Verfahren	A
Theewen, Gerhard		– Kunsthistoriker	M 84
Thomas, Lee	1932, S. Francisco, lebt in Houston	Bis 1963 University of S. Francisco	Q
Thorne-Thomson, Ruth	1943, N.Y., lebt in Denver	Bis 1976 Southern Illinois University, Columbia College, Chicago und School of the Art Institute of Chicago – seit 1976 »Expeditionen« als Thematisierung der romantischen Momente einer Reise – Lochkameraaufnahmen als Parodien auf die Fotogeschichte	L, T
Tillmann, Ulrich	1951, Linnich, lebt in Köln	1971-80 Fachhochschule, Köln (Fotografie) und Universität, Köln (Kunstgeschichte, Theaterwissenschaft). Seit Mitte der 80er Jahre Zusammenarbeit mit Wolfgang Vollmer (Vollmer/Tillmann) – Reinszenierungen von Inkunabeln der Fotogeschichte (z. B. August Sanders Bauern)	M 84, Z

Tosani, Patrick	1954, Boissy-l'Aillerie (Val d'Oise) (F), lebt in Paris	1973-79 Ecole Spéciale D'Architecture, Paris (Architektur) – seit 1982 großformatige Fotografien, oft als Serie angelegt, und mit Detailaufnahmen	J, S, Z
Toth, Carl	1947, Cleveland (Ohio)	Bis 1972 Rochester Institute und State University, N.Y. Buffalo – humorvolle Landschaftsdarstellungen, u. a. inspiriert von den Aktivitäten seines Sohnes	B, C
Tracey, Andrée	1948, La Jolla (CA)	– Zusammenarbeit mit Nagatani	U, V
Tress, Arthur	1940, Brooklyn, lebt in N.Y.	1958-62 Bard College, Hudson (Malerei und Kunstgeschichte) – bis ca. 1968 Bildjournalist, anschließend erste »erfundene« Motive (narrative Personentableaus), häufig in surrealistisch-fantastischem Stil – um 1980 Stilleben in Miniaturbühnen (»The Teapot Opera«)	A, I, K, S, U
Tromeur, Riwan	1946, Cornouaille, lebt in Paris u. Burgund	Studium der Literatur, Naturwissenschaften und Philosophie – »Motivlose Fotografien«, in denen es um das Ausloten der »empfindlichen Fläche« geht	Z
Turbeville, Deborah	1937, Medford (MA), lebt in N.Y.	May School, Boston – in den 50er und 60er Jahren Modefotografie	O
Turyn, Anne		– Fotografie in Kombination mit Text/Sprache	V
Uelsmann, Jerry	1934, Detroit, lebt in Gainesville (FL)	Bis 1960 Rochester Institute of Technology und Indiana University, Bloomington (Fotografie) – Fotomontagen, z. T. in surrealistischem Stil, unter Einsatz verschiedenster Techniken	A, P, S
Vallhonrat, Javier	1953, Madrid, lebt ebd.	Bis 1972 Universität, Madrid (Facultad de Bellas Artes)	Z
Vermeulen, Alex	1954, Eindhoven, lebt ebd.	– Inszenierte Fotografie, oft mit surrealistischen Elementen	N
Ververs, Angeliek	1969, Kaatsheuvel, lebt in Amsterdam	1981-85 Gerrit Rietveld Akademie, Amsterdam – Stilleben in surrealistischer Manier	N
Viaplana, Marc	1962, Barcelona	– Zusammenarbeit mit Mabel Palacin	Z
Villinger, Hannah		– Fotografien des eigenen Körpers (bzw. Körperfragmenten)	M 84
Vincent, Peter			I
Vogel, Reece			Y
Vormwald, Gerhard	1948, Heidelberg, lebt in Paris	1966-70 Freie Akademie, Mannheim (Grafik, Malerei und Plastik) – seit 1975 Inszenierte/Konstruierte Fotografie – Pionier inszenierter Werbefotografie, oft humorvoll und im Stil surrealistischer Fotografie	Z
Wachweger, Thomas	1943, Breslau, lebt in Berlin	1963-70 Hochschule für Bildende Künste, Hamburg – in den 80er Jahren vor allem als Maler tätig	M 84

Wall, Jeff	1946, Vancouver, lebt ebd.	1970-73 University of British Colombia, Vancouver und Courtauld Institute, London (Kunstgeschichte) – in den 70er Jahren theoretische Auseinandersetzung mit Kunst und Fotografie – 1978 erstes inszeniertes Fotobild im Leuchtkasten (»The Destroyed Room«) – seit den 90er Jahren auch Fotografien in schwarzweiß, ohne Leuchtkasten	K, M 84
Waplington, Nick	1965, Scunthorpe (GB)	Trent Polytechnic Nottingham und Royal College of Art, London – Serien »Living Room« (1989) und »The Wedding« (1996), beide als Bücher veröffentlicht	
Wasow, Oliver	1960, Madison (Wisconsin), lebt in N.Y.	Bis 1984 Hunter College, New York und New School for Social Research – tätig als Fotograf, Kurator und Galerist	T
Watts, Todd	1945, N.Y., lebt ebd.		T
Webb, Boyd	1947, Christchurch (Neu Zealand), lebt in Brighton	1968-75 Ilam School of Art (Bildhauerei) und Royal College of Art, London – Inszenierte Fotografie mit ins Absurde übersteigerten Alltagsbegebenheiten, oft in einem bühnenhaften Raum – Stilleben, Landschaften und Seestücke – Fotografien aus dem Mikrokosmos (90er Jahre)	D, G, J, K, M 84, S, U
Wegman, William	1943, Holyoke (MA), lebt in N.Y.	Bis 1967 College of Art, Boston und University of Illinois, Urbana – in den 70er Jahren Fotografien konzeptuelle Fotografie, häufig sehr humorvoll – Inszenierte Fotografien von Weimaraner-Hunden in vermenschlichten Märchen-, Mode- und Alltagsszenen	A, D, J, K, M 84, S, U, V, Y
Weiss, Jeff	1942, Bronx (N.Y.), lebt in L.A.	Bis 1964 University of Michigan (Zoologie)	T, Q
Welling, James	1951, Hartford (Connecticut), lebt in L.A.	1969-74 Carnegie-Mellon University und California Institute of Arts, Valencia – in den 80er Jahren abstrahierende Fotografie in Form von Materialaufnahmen – Aufnahmen von Lampen u. Lichtphänomenen (»Light-Sources«, 90er Jahre) – Fotogramme (»New Abstractions«, 90er Jahre)	S, Q
Wesely, Michael	1963, München, lebt ebd.	1986-94 Fotoschule, München und Akademie der Bildenden Künste, München – seit 1988 Lochkamera-Aufnahmen in Langzeitbelichtung	
Wevers, Ursula	1943, lebt in Köln	– »Tiere aus New York«, 1985 (Bilder der Dioramen des New Museums of Natural History)	M 84
Widmer, Gwen	1945, Chicago, lebt in Cedar Falls (Iowa)	Bis 1973 Art Institute Chicago	C
Willmann, Manfred	1952, Graz, lebt ebd.	1966-70 Kunstgewerbeschule Graz – Schnappschüsse (Porträts, Landschaft), oft mit stark überbelichteten Details im Bildvordergrund	M 84
Winogrand, Garry	1928, N.Y., † 1984, Mexiko	1947-51 City College of New York (Malerei) und Columbia University, New York – wichtiger Vertreter der Street Photography in den USA	

Winokur, Neil	1945, N.Y., lebt ebd.	Bis 1967 Hunter College, New York – Porträts	T, V
Witkin, Joel-Peter	1939, Brooklyn, lebt in Albuquerque	1973-76 Cooper Union, New York und University of New Mexico, Albuquerque – Arrangements und Inszenierungen von surrealen, z. T. schockierenden Motiven, dabei chemische Manipulation der Negative	G, J, K, L, M 83, O, Q, S, T, U, V, Y
Wodiczko, Krysztof	1943, Warschau, lebt in Valencia (CA)	– Fotografien von Bildern, die auf Gebäude projiziert sind	T
Wood, Brian	1948, Saskatoon (Kanada), lebt in N.Y.		T
Wüst, Ulrich	1949, Magdeburg, lebt in Blowssiege u. Berlin	1967-72 Hochschule für Architektur und Bauwesen, Weimar	Z
Zaza, Michele	1948, Molfetta (I), lebt ebd.	– analytische Fotografie, oft mit Familienmitgliedern als Modell (Z. fotografiert nicht selbst)	F
Zidlick_, Vladimir	1945, Hodonine, lebt in Brünn	1970-75 Filmakademie, Prag (Kunst und Fotografie) – Fotografien mit sichtbaren Schäden (Kratzer, Furchen), die als »Übertragungspunkte« (Kat.) dienen	Z
Zwerver, Ton	1951, Amsterdam, lebt ebd.	1978-85 Akademie, Amsterdam (audio-visuelle Medien) und Rijksakademie, Amsterdam (Druckgrafik) – Fotografien von Haushaltsassemblagen (»Huiskamer Skulpturen«)	N, U

Verzeichnis der im Anhang aufgenommenen Literatur (chronologisch)

A A. D. Coleman, The Directorial Mode, in: *Artforum International* Nr. 1, Vol. 15, Sept. 1976 (von Colemans Essay sind nur diejenigen Künstler aufgenommen, die er als zeitgenössisch anführt)

B Ausst. Kat. Fabricated to be Photographed, Museum of Modern Art, San Francisco 1979

C Ausst. Kat Invented Landscapes, The New Museum, New York 1979 (Die gezeigten Arbeiten sind ausschließlich durch Eingriffe des Fotografen in das Motiv entstanden: »The photographer constructs a picture that draws its values not from nature, but from the photographer's own actions« Kat. Marcia Tucker, S. 8)

D Ausst. Kat Invented Images, UCSB Art Museum, University of California, Santa Barbara 1980

E William Olander, 6 Photographers: Concept/Theater/Fiction, in: *Bulletin Allen Memorial Art Museum*, Oberlin (Kansas), 1981 (begleitendes Essay zur gleichnamigen Ausstellung)

F Ausst. Kat. Ils se disent peintres, ils de disent photographers, Musée d'Art moderne, Paris 1981 (Die Ausstellung ist eine der wenigen, die sich sehr früh außerhalb der USA mit dem Thema der *Fabricated Photography* beschäftigte)

G Mariëtte Haveman, »Staged photo events – The Frontiers of Meaning« in: *Zien Magazine*, No. 4, Vol. 1 Fall 1982 (begleitendes Essay zur gleichnamigen Ausstellung)

H Ausst. Kat. Image Scavengers: Photography, Institute of Contemporary Art, University of Pennsylvania 1982/83

I Ausst. Kat. Arranged Image Photography, Gallery of Art, Boise 1983

J Ausst. Kat. Images Fabriquée, Musée d'Art national moderne, Centre Georges Pompidou, Paris 1984

K Peter Weiermair, Zum Problem der inszenierten Fotografie im 19. und 20. Jahrhundert, in: *alte und moderne Kunst*, Heft 198/199, 30. Jg. 1985

L Ausst. Kat. Photographic Fictions, Whitney Museum of Modern Art, New York 1986

M Dokumentation: Inszenierte Fotografie in: *Kunstforum International*, Bd. 83/84, März/April/Mai und Juni/Juli/August 1986

N Ausst. Kat Fotografia Buffa. Staged Photography in the Netherlands, Groninger Museum, Groningen 1986

O Ausst. Kat. Théâtre des Réalités, Metz por la Photographie, Metz 1986 (Die Ausstellung zeigte ausschließlich Arbeiten der *Fabricated Photography*; »But going beyond any specific affinities or differences all these photographers [of the exhibition] have one thing in common, none of their images would have come to life had they not first be conceived.« Kat. Patrick Roegiers, S. 117)

P Visual paradox: Truth and fiction in the photographic image, John Michael Kohler Arts Centre, Sheboygan (Wisconsin) 1988 (Die Ausstellung beschäftigte sich mit Fotografie, die den »Mythos fotografischer Wahrheit herausfordert« Kat. Joanne

Cubbs, S. 1. Hervorzuheben an der Ausstellung ist, daß die »invented images« explizit mit dem narrativen Tableau in Verbindung gebracht werden.)

Q Ausst. Kat. Photography and Art. Interactions since 1946, Los Angeles County Museum of Art, Los Angeles L. A. 1987 (Von dieser sehr umfangreichen Ausstellung wurden nur die Fotografen aufgenommen, die in dem Kapitel »In the studio: Construction and Invention« besprochen sind)

R Hripsimé Visser, Konstruierte Wirklichkeiten. Inszenierte Fotografie in den Niederlanden der 80er Jahre, in: *European Photography*, Nr. 31, Vol. 8, Issue 3, Juli/Aug./Sept. 1987

S Anne H. Hoy, Fabrications – Staged, Altered and Appropriated Photographs, New York 1987

T Ausst. Kat. The Photography of Invention. American Pictures of the 1980s, National Museum of American Art/Smithsonian Institution, Washington 1989

U Ausst. Kat. Das konstruierte Bild. Zur Fotokunst der 80er Jahre, Kunstverein München, München/Zürich 1989/1995

V Ausst. Kat. Fantasies, Fables and Fabrications: Photo Works from the 1980's, Herter Art Gallery, Amherst 1989

W Ausst. Kat. California Photography: Remaking Make-Believe, Museum of Modern Art, New York 1989 (»The work of these seven artists reflects the theatricality and artifice, saturated color, and fragmentation of narrative and time [in photography] found in film«, Kat. Susan Kismaric, S. 8)

X Ausst. Kat. Inszenierte Wirklichkeit, Focus '89, Museum für Kunst und Kulturgeschichte, Dortmund 1989 (Aus dem Katalog sind ausschließlich die Arbeiten aufgenommen, die auch in der Ausstellung gezeigt wurden. Nicht berücksichtigt sind die ebenfalls im Katalog publizierten Arbeiten des studentischen Wettbewerbs.)

Y Ausst. Broschüre Altered Truth. Contemporary Photography from the Michael Myers/Russell Albright Collection, Museum of Art, New Orleans 1990

Z Ausst. Kat. 2. Internationale Foto-Triennale Esslingen 1992. Erfundene Wirklichkeiten, Galerie der Stadt Esslingen, Stuttgart 1992

Personenregister

Bildnachweise

Courtesy Paula Cooper Gallery, New York, Abb. 1
Nick Waplington, Abb. 3
George Eastman House, Rochester, Abb. 4
Eileen Cowin, Abb. 5-12, Tafel 1-3
Jeff Wall, Abb. 13-14, 16, Tafel 4
The Courtauld Institute Gallery, Somerset House, London Abb. 15
Courtesy the artist and Metro Pictures, Abb. 2, 17, Tafel 5
Courtesy Casey Kaplan 10-6, New York, Tafel 6
Courtesy neugerriemschneider, Berlin, Abb. 18-19, Tafel 7
Courtesy L.A. Galerie, Frankfurt, Abb. 20-21, Tafel 8
Courtesy Jay Jopling / White Cube (London), Abb. 22-23, Tafel 9

Farbtafeln

Farbtafel 1 Eileen Cowin, *Untitled* (Der Kuß), 1980

Farbtafel 2 Eileen Cowin, *Untitled*, 1980

Farbtafel 3 Eileen Cowin, *Untitled* (Double-Departure Scene), 1981

Farbtafel 4 Jeff Wall, *Picture for Women*, 1979

Farbtafel 5 Cindy Sherman, *Untitled # 222*, 1990

Farbtafel 6 Anna Gaskell, *Wonder Series # 4, # 3, # 6, # 1, # 2, # 17*, 1996

Farbtafel 7 Sharon Lockhart, *Audition I - V*, 1994

Farbtafel 8 Tracey Moffatt, aus der Serie »Scarred for Life«, 1994

Farbtafel 9 Sam Taylor-Wood, *Five Revolutionary Seconds III*, 1996